This is an intensive one-year introductory course in Japanese
those who wish to work at a slower pace. Students who finis
have a firm grasp of how the language works and enough knowledge of the
writing system to tackle everyday written material with no more than a
dictionary. Particular attention is paid to questions of grammar which foreign
learners often find difficult, so Book one can also serve as a reference grammar.
An Introduction to Modern Japanese uses both spoken and written forms from the
outset. There are word lists for each lesson, and a comprehensive vocabulary for
the whole course.

Book two comprises the exercises and word lists which accompany the
fifty-two lessons in Book one. The exercises ensure that the student has
understood the grammar explained in the relevant lessons and give further
practice in reading and recognising characters. Book two also contains a full
vocabulary, Japanese to English and English to Japanese.

An Introduction to Modern Japanese

Book 2: Exercises and Word Lists

An Introduction to Modern Japanese

Book 2: Exercises and Word Lists

RICHARD BOWRING
Professor of Modern Japanese Studies
University of Cambridge

and

HARUKO URYŪ LAURIE
Senior Language Teaching Officer
University of Cambridge

CAMBRIDGE UNIVERSITY PRESS

PUBLISHED BY THE PRESS SYNDICATE OF THE UNIVERSITY OF CAMBRIDGE
The Pitt Building, Trumpington Street, Cambridge, United Kingdom

CAMBRIDGE UNIVERSITY PRESS
The Edinburgh Building, Cambridge CB2 2RU, UK
40 West 20th Street, New York NY 10011–4211, USA
477 Williamstown Road, Port Melbourne, VIC 3207, Australia
Ruiz de Alarcón 13, 28014 Madrid, Spain
Dock House, The Waterfront, Cape Town 8001, South Africa

http://www.cambridge.org

First published 1992
Reprinted with corrections 1993
First paperback edition 2004

A catalogue record for this book is available from the British Library

Library of Congress cataloguing in publication data

Bowring, Richard John, 1947–
An Introduction to Modern Japanese / Richard Bowring and Haruko Uryū Laurie
   p.   cm.
Includes index.
Contents: Bk. 1. Grammar Lessons – Bk. 2. Exercises and Word Lists.
ISBN 0 521 43839 X (Bk. 1). – ISBN 0 521 43840 3 (Bk. 2) hardback
1. Japanese language – Textbooks for foreign speakers – English. 2. Japanese language –
Grammar. I. Laurie, Haruko Uryū. II. Title.
PL539.5.E5B68 1992
495.6′82421 – dc20 92–12777 CIP

ISBN 0 521 43840 3 hardback
ISBN 0 521 54888 8 paperback

Transferred to digital printing 1998

Contents

Preface   *ix*

Exercises 1–52   1
Word Lists for Lessons and Exercises 1–52   177
Vocabulary: Japanese–English   251
Vocabulary: English–Japanese   315

Preface

Book 2 contains exercises and word lists for each lesson, followed by a full vocabulary, Japanese–English and English–Japanese. As the course has not been designed primarily with self-study in mind, keys to the exercises have not been provided, although they can be produced if demand requires. In a number of cases there is no single correct response.

The exercises are not simply 'listen and repeat' drills. The aim is not so much to increase fluency as to test whether the student has fully understood the grammar explained in the relevant lesson. In line with the general philosophy behind the course, romanisation has again been kept to a minimum so that another aim of the exercises is to give further practice in reading and recognising characters. It is hoped that teachers will be able to use the exercises as guidelines for further practice as and when necessary, so adapting the course to their own specific needs and requirements.

Exercise 1

1.1 Question and response. Repeat and then substitute for the underlined word a new word from the list below. Use all the words and make sure that you know what each word means as you use it.

(a)　　Example:
これは何ですか。　　　　　それは<u>めがね</u>です。

　　　　Substitute:
ノート、テレビ、つくえ、木、花、かぎ、いす、ラジオ、ふで

(b)　　それは<u>えんぴつ</u>ですか。　　　ええ、そうです。
　　　　　　　　　　　　　　　　　　はい、これは<u>えんぴつ</u>です。

　　　　本、かぎ、ふで、いす、ペン、花、めがね、テレビ、かさ、ノート

(c)　　あれは<u>花</u>ですか。　　　　　はい、あれは<u>花</u>です。

　　　　山、木、つくえ、かさ、川、ふで、テレビ、かさ、いす、ラジオ

(d)　　これは<u>めがね</u>ですか。　　　いいえ、そうではありません。
　　　　　　　　　　　　　　　　　　それは<u>かぎ</u>です。

かさ	いす
花	木
ふで	えんぴつ
ラジオ	テレビ
ペン	ノート
かぎ	かさ
山	川
えんぴつ	ペン
ノート	本
いす	つくえ

1.2 Question and response. Answer the question by referring to each illustration in turn.

(a)   Example:

これは何ですか。
それは木です。

これは何ですか。

これは何ですか。

これは何ですか。

これは何ですか。

これは何ですか。

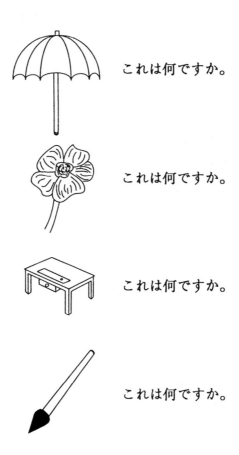

これは何ですか。

これは何ですか。

これは何ですか。

これは何ですか。

(b)   This is a double response, with a negative element in the first response of the kind 'no, it's not X (label) it's Y (picture).

かさ

あれはかさですか。
いいえ、かさではありません。
あれは花です。

本

ふで

かぎ

いす

花

テレビ

ペン

かさ

川

えんぴつ

(c)   Answer the questions.

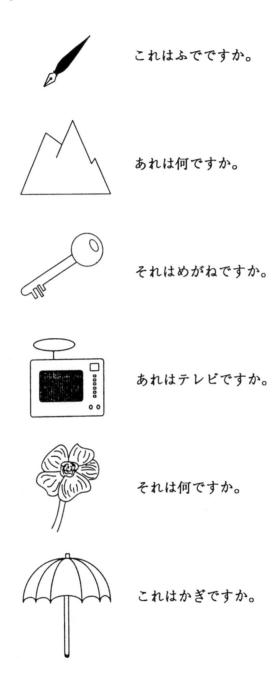

これはふでですか。

あれは何ですか。

それはめがねですか。

あれはテレビですか。

それは何ですか。

これはかぎですか。

 それはつくえですか。

 あれは山ですか。

 これは何ですか。

 それは本ですか。

Exercise 2

2.1 Question and response. Repeat and substitute.

(a)　Example:
これはだれのかさですか。
それは<u>妹</u>のです。

Substitute:
兄、私、あの男の子、弟、私の友達

(b)　それはどなたの本ですか。
これは<u>山本先生</u>のです。

あの方、私達の先生、山川さん、あの男の方、山川さんの
おかあさん

(c)　あの方はどなたですか。
あの方は<u>山川さん</u>です。

兄の先生、山川さんのおとうさま、山本先生、私達の先生、
弟の学校の先生

(d)　この<u>テレビ</u>はあなたのですか。
いいえ、それは私のではありません。<u>父</u>のです。

かぎ	私達の先生
ふで	姉
絵	山本先生
車	兄
ラジオ	友達
かさ	母

2.2 Study the example and then perform the same operation on the following
sentences.

    Example:
    これは花です。(日本)
    これは日本の花です。

    それはかさです。(妹)
    あれはふでです。(山本先生)
    これは車です。(イギリス)
    それは本です。(あの女の方)
    あれはテレビです。(私)

2.3 Change the sentences you have just produced in 2.2 into negative statements.

2.4 Study the example and then perform the same operation on the following
sentences.

    Example:
    これは弟さんのえんぴつですか。(兄)
    いいえ、弟のではありません。兄のえんぴつです。

    これはあなたのおとうさんの車ですか。(母)
    あの男の子は妹さんの友達ですか。(弟)
    それはイギリスのテレビですか。(日本)
    あれは山本先生のペンですか。(私)
    あの絵はあなたのですか。(山本先生)

2.5 Practise shifting between 'my (father)' and 'Yamakawa's (father)'.

(a)   Example:
    あの方はどなたですか。
    私の父です。

山川さんのおとうさんです。

姉、弟、兄、祖父、妹、祖母

(b)   この車はあなたの<u>おかあさん</u>のですか。
いいえ、母のではありません。山川さんのおかあさんのです。

おとうさん、おばあさん、おにいさん、いもうとさん、おじいさん

2.6 Translate the following sentences into Japanese.

That wooden desk is my elder brother's.
My father's car is Japanese.
Is your mother a school teacher?
These are English flowers.
These pencils are not my elder sister's.
That boy over there is my younger brother's schoolfriend.
That girl is my younger sister's friend.
These televisions are not Japanese. They are British.
This is a picture of Japanese mountains.

Is that picture yours?
No, it's my grandfather's.

Is this a radio?
No, that is a television.

Whose glasses are they?
They are Mr Yamamoto's.

Who is that man over there?
He is my younger sister's teacher.

What is that thing over there?
That is a Japanese writing brush.

Are these your keys?
Yes, they are mine.

Exercise 3

3.1 Question and response. This time you have a double pair of sentences. Again make sure you fully understand what the example means before going on to substitute.

(a)   Example:
これは何ですか。
それは<u>かぎ</u>です。
それもかぎですか。
ええ、これもかぎです。

Substitute:
ノート、いす、ふで、ラジオ、えんぴつ

(b)   あなたは<u>イギリス人</u>ですか。
はい、そうです。
あの方もイギリス人ですか。
ええ、あの方もイギリス人です。

お医者さん、学校の先生、正さんのお友達、学生さん、フランス人

(c)   The following exercises partly involve negatives. You must therefore be ready to respond with a different word:

これは<u>つくえ</u>ですか。
はい、そうです。
あれもつくえですか。
いいえ、あれはつくえではありません。<u>いす</u>です。

テレビ	→	ラジオ
あなたのかさ	→	母のかさ
日本の花	→	フランスの花

イギリスの車　　　　→　　日本の車
ジョンさんのえんぴつ　→　　マリーさんのえんぴつ

(d)　　ジョンさんは<u>お医者さん</u>ですか。
はい、そうです。
あの方もお医者さんですか。
いいえ、あの方は<u>学校の先生</u>です。

イギリス人　　　　　→　　　フランス人
正さんのお友達　　　→　　　実さんのお友達

(e)　　マリーさんは<u>フランス人</u>ですか。
ええ、そうです。
あの男の方もフランス人ですか。
いいえ、あの方は<u>イギリス人</u>です。

学生さん　　　　　　　　　→　　　お医者さん
ジョンさんのお友達　　　　→　　　明子さんのお友達

3.2　Study the main text again and then answer the following questions in Japanese, using full sentences, not just 'yes' or 'no'.

実さんは正さんのおにいさんですか。
木下明子さんは実さんの友達ですか。
木下さんは学生ですか。
マリーさんも学生ですか。
ジョンさんも学生ですか。
マリーさんとジョンさんは正さんの友達ですか。
ジョンさんはイギリス人ですか。
マリーさんもイギリス人ですか。
木下さんの大学は東京ですか。
実さんは東京の大学の学生ですか。

3.3 Translate into Japanese.

> Is this your father's car?
> No, it isn't. It's my mother's.
>
> Is this your pen?
> Yes, it is.
> Is that also your pen?
> No, it's my younger sister's.
>
> Is this a Japanese tree?
> Yes, it is.
> Is that (over there) also a Japanese tree?
> Yes, that is also a Japanese tree.
>
> Is John English?
> Yes, he is.
> How about Marie?
> Marie is French.
>
> Is this a wooden desk?
> Yes, it is.
> Is that a wooden desk as well?
> No, it's not.
>
> Is this your television?
> Yes, it is.
> Is that also your television?
> No, it isn't. It's my grandmother's.

3.4 Further conversation practice. Study, practise reading out aloud and try to memorise.

(a)   木下: 始めまして。木下明子です。どうぞよろしく。
　　　ジョン: 始めまして。こちらこそどうぞよろしく。

木下:　　　　ジョンさんは学生さんですか。
ジョン:　　　いいえ、私は医者です。
　　　　　　木下さんは実さんの大学のお友達ですか。
木下:　　　　ええ、そうです。

(b)　　木下:　　　　始めまして。どうぞよろしく。
マリー:　　　こちらこそどうぞよろしく。
　　　　　　木下さんは学生さんですか。
木下:　　　　ええ、マリーさんは。
マリー:　　　私も学生です。
木下:　　　　大学はどちらですか。
マリー:　　　東京です。木下さんの大学は。
木下:　　　　京都です。

(c)　　マリー:　　　正さん、今日は。
正:　　　　　やあ、今日は。マリーさん、父と母です。
マリー:　　　始めまして。マリー・ペレです。
　　　　　　どうぞよろしくお願いします。
山川信子:　　こちらこそどうぞよろしく。
山川一:　　　マリーさんもお医者さんですか。
マリー:　　　いいえ、私は学生です。
山川一:　　　そうですか。

Exercise 4

4.1 Question and response. Note that this time the substitution is written in English. You have to work out the Japanese equivalent before responding.

(a)   Example:
どの<u>本</u>が実さんのですか。
あの本が実さんのです。

Substitute:
car, desk, umbrella, glasses, key, pencil, chair, radio,
writing brush, notebook

(b)   この<u>えんぴつ</u>はあなたのですか。
いいえ、私のではありません。<u>ジョン</u>のです。

car	+	John's father
television	+	my younger sister
flower	+	Marie
key	+	my mother
umbrella	+	my younger brother

(c)   どの方が<u>山川さん</u>ですか。
あの方です。
あの方が山川さんです。

Mr Yamamoto's wife, John's teacher, Minoru's friend, Professor Hara,
Marie's grandmother

(d)   あの方はあなたの<u>おとうさま</u>ですか。
いいえ、私の父ではありません。あの方は<u>原教授</u>です。

elder brother	+	elder brother's friend
mother	+	Professor Hara's wife
teacher	+	my mother's friend

elder sister   +   Miss Kinoshita
grandfather   +   elder brother's teacher

4.2 Translate the following sentences into Japanese.

(a)   You are Yamakawa Tadashi.

My father's name is Hajime.
My mother's name is Nobuko.
My younger brother's name is Minoru.
I am a doctor.
My teacher is Professor Hara.

(b)   You are Tadashi's friend.

Tadashi's younger sister's name is Kuniko.
Tadashi's teacher is Professor Hara.
Tadashi is a doctor.
My friend Tadashi is a Japanese.
Tadashi's younger brother is a student of Kyōto University.

4.3 Translate the following sentences into Japanese.

Who is that girl?
She is my younger sister's friend.
Is she French?
No, she isn't. She is English.

What is your elder brother's name?
His name is Tadashi.
Is he a student?
No, he is a doctor.

Which is yours?

This one is mine.

Are these glasses your mother's?

No, they are my grandmother's.

Which umbrella is Marie's?

That one over there is.

Where are you from (which is your country)?

I am from France (my country is France).

Who is that person?

She is my mother's friend.

Tadashi, is Akiko your younger sister?

No, she is not. She is my younger brother's friend.

My younger sister's name is Kuniko.

4.4 Rewrite the following numbers both in *kanji* and *hiragana*.

14;	78;	99;	152;	348;
673;	3,847;	11,111;	27,936;	58,625.

4.5 Further conversation practice. As in 3.4, study, practise reading out aloud and try to memorise.

(a)   ジョン：   あの方はどなたですか。

       正：   妹の学校の先生です。

       ジョン：   お名前は。

       正：   山本先生です。

       ジョン：   あちらの方も妹さんの学校の先生ですか。

       正：   いいえ、あの方は私の大学の教授です。

(b)　マリー:　　どの方が原教授のおくさまですか。

　　　　正:　　　あの方です。

　　　マリー:　　おくさまもお医者さんですか。

　　　　正:　　　いいえ、先生のおくさまはお医者さんではありません。

(c)　木下:　　　ジョンさん、お国はどちらですか。

　　　ジョン:　　イギリスです。

　　　木下:　　　イギリスのどちらですか。

　　　ジョン:　　カンタベリーです。木下さんの大学はどちらですか。

　　　木下:　　　京都です。

　　　ジョン:　　木下さんは正さんの弟さんのお友達ですか。

　　　木下:　　　ええ、そうです。

(d)　マリー:　　あれは正さんの車ですか。

　　　　正:　　　いいえ、あれは父のです。

　　　マリー:　　こちらの車もおとうさまのですか。

　　　　正:　　　いいえ、こちらのは祖父のです。

Exercise 5

5.1 Question and response.

(a) Example:

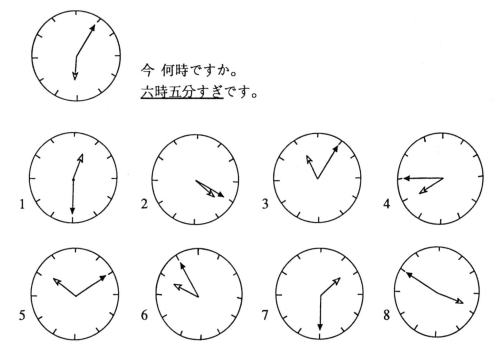

今 何時ですか。
六時五分すぎです。

(b) 東西銀行はどこですか。
あそこです。

京都大学、ブリティッシュ・エンジニアリング、東京駅、
電話、大手町駅

(c) ここは一階ですか。
いいえ、ここは一階ではありません。二階です。

二階　　　　　　　　＋　　　三階

大手町駅	+	東京駅
ブリティッシュ・エンジニアリング	+	東西銀行
北口	+	中央口

(d) こちらが<u>正さん</u>の電話番号ですか。
　　　ええ、そうです。<u>3713-1451</u>です。

マリー・ペレさん	+	3594-6287
原教授	+	045-2-2890
山本先生	+	888-2463
ジョン・スミスさん	+	2901-8459
ブリティッシュ・エンジニアリング	+	3580-7298

(e) ミーティングは何時から何時までですか。
　　　<u>十時半</u>から<u>十二時</u>までです。

from	9:30	to	10:45
	8:15	to	11:30
	5:30	to	7:00
	3:15	to	4:30

(f) ミーティングは<u>八時半</u>からですか。
　　　いいえ、八時半からではありません。<u>九時</u>からです。

11:45	+	11:30
4:30	+	5:15
7:00	+	7:30
5:00	+	6:00
12:15	+	12:30

5.2 は or が? Decide which particle should go in the brackets. If you have made many mistakes, go back and study the grammar of these particles once again.

東西銀行（　）どちらですか。
あちらのビル（　）東西銀行です。

マリーさんのお国（　）イギリスですか。
いいえ、私の国（　）フランスです。

どのかぎ（　）ジョンさんのですか。
こちらの（　）私のです。

あれ（　）京都大学ですか。
いいえ、あのビル（　）ブリティッシュ・エンジニアリングです。

ミーティング（　）三時からですか。
いいえ、ミーティング（　）三時半からです。

どの方（　）正さんのおとうさんですか。
あの方（　）正さんのおとうさんです。

あの女の方（　）国子さんのおかあさまですか。
いいえ、あの女の方（　）国子さんのおかあさまではありません。

どれ（　）明子さんのかさですか。
あのかさ（　）私のです。

どちら（　）東京駅の中央口ですか。
あちら（　）そうです。

大手町駅の北口（　）どちらですか。
こちら（　）大手町駅の北口です。

5.3 Translate into Japanese.

Is *this* your telephone number at the university?
No, it isn't. That one is.

Is the meeting starting at 2:30?
No, it will start at 3:15.

Is that building a bank?
Yes, it is.

What is the name of that station?
It's Ōtemachi.

5.4 Further conversation practice.

(a)   ブラウン: すみませんが、ここは東京駅ですね。
       歩行者: そうですよ。
       ブラウン: あのう、北口はあちらですか。
       歩行者: いいえ、北口はこちらです。
       ブラウン: どうもありがとうございます。
       歩行者: どういたしまして。

(b)   原: 始めまして。東京大学の原です。
       ブラウン: 始めまして。ブリティッシュ・エンジニアリングのブラ
                   ウンです。どうぞよろしくお願いいたします。
       原: こちらこそどうぞよろしく。ブラウンさんのお国は
                   イギリスですか。
       ブラウン: はい、そうです。
       原: イギリスのどちらですか。
       ブラウン: ヨークです。
       原: そうですか。

(c)   歩行者 (A): すいませんが、京都駅の中央口はどちらですか。
       歩行者 (B): あちらです。
       歩行者 (A): どうも。あのビルは東西銀行ですか。
       歩行者 (B): いいえ、東西銀行はこちらのビルです。
       歩行者 (A): どうもありがとうございます。
       歩行者 (B): いいえ、どういたしまして。

Exercise 6

6.1 Question and response.

(a)   Example:
電話はどこにありますか。
<u>あのつくえの上</u>にあります。

入口の左、あのビルの中、テレビの横、大手町駅の前、二階

(b)   ジョンさんはどこにいますか。
ジョンさんは<u>正さんの右がわ</u>にいます。

日本、あの銀行の中、電話の後ろ、あのビルの入口、
マリーさんのとなり

(c)   実さんの大学にも<u>アメリカ人</u>がいますか。
ええ、たくさんいますよ。

フランス人、外国人、スイス人、中国人、女の学生

(d)   長谷川さんの銀行には<u>イギリス人</u>はいますか。
いいえ、私の支店にはイギリス人はいません。

フランス人、中国人、ドイツ人、タイ人、インド人

(e)   そのつくえの<u>上</u>に<u>ふで</u>はありますか。
いいえ、このつくえの上にふではありません。

ラジオ、電話、国子さんのノート、正さんの時計、
山本先生のめがね

6.2 Study the example and then perform the same operation on the following
sentences.

(a)   Example:
        私の会社には日本人がいる。(中国人)
        私の会社には日本人と中国人がいる。
        私の会社には日本人も中国人もいる。

        このつくえの上には本がある。(ノート)
        私の大学にはアメリカ人がいます。(フランス人)
        マリーさんの横に明子さんがいる。(正さん)
        あのテーブルの上にラジオがあります。(テレビ)
        入口の左に電話がある。(時計)

(b)   カンタベリーはイギリスにある。(ヨーク)
        カンタベリーとヨークはイギリスにある。
        カンタベリーもヨークもイギリスにある。

        駅は川の向こうにある。(銀行)
        父はあそこにいます。(母)
        ブラウンさんは東西銀行にいる。(長谷川さん)
        私の会社は大手町駅の前にあります。(ブラウンさんの会社)
        つくえは明子さんの後ろにある。(いす)

6.3 Translate into Japanese.

        Is there a bank in that building?
        No, there isn't a bank in that building. There is a bank on the left (side) of
        the station.

        Where is John?
        He is behind that tree over there.

        Where is your university?
        Our university is on the other side of the river.

        Who is that foreigner?
        She is my mother's friend.

Where is your company's head office, Mr Brown?
It's in London.

What is there on that table?
There are pencils, pens, writing brushes and keys on that table.

Where is Marie's watch?
It's on the right-hand side of the telephone.

Who is there in front of the station?
Mr Brown of British Engineering and Mr Hasegawa of the Tōzai Bank are there.

Are Marie's mother and father in France?
Yes, they are.

Are John's mother and father in York?
No, they are not in York, they are in Canterbury.

6.4 Further conversation practice.

(a) ジョン:　　　木下さんの大学はどちらですか。
　　　木下:　　　　京都です。
　　　ジョン:　　　そうですか。男の学生もいますか。
　　　木下:　　　　もちろん。男の学生も女の学生もいます。
　　　ジョン:　　　そうですか。外国人もいますか。
　　　木下:　　　　たくさんいますよ。イギリス人もアメリカ人も
　　　　　　　　　　スイス人も中国人もいます。
　　　ジョン:　　　そうですか。

(b) ブラウン:　　すみませんが、今 何時ですか。
　　　歩行者:　　　六時十五分前です。
　　　ブラウン:　　どうも。あのう、このビルの中に電話はありますか。
　　　歩行者:　　　入口の右がわにあります。
　　　ブラウン　　　どうもありがとうございます。

歩行者:　　　どういたしまして。

(c)　　長谷川:　　ブラウンさん、四階の方へどうぞ。
　　　ブラウン:　どうも。ミーティングは十時十五分からですね。
　　　長谷川:　　そうです。
　　　ブラウン:　すみませんが、お電話はこの階にありますか。
　　　長谷川:　　四階にはありません。三階にあります。どうぞこちらへ。
　　　ブラウン:　失礼します。

(d)　　実:　　　　これは明子さんのノートですか。
　　　明子:　　　ええ。
　　　実:　　　　こちらのも明子さんのですか。
　　　明子:　　　ええ、それも私のです。
　　　実:　　　　あれは。
　　　明子:　　　ああ、あれは私のじゃありません。友達のです。

Exercise 7

7.1 Question and response.

(a)   Example:
何時に起きますか。
朝<u>七時</u>に起きます。

Six thirty, quarter past eight, about five, just before nine

(b)   何を食べますか。
<u>すし</u>を食べます。

apple, toast, sandwich, bread

(c)   何を飲みますか。
<u>コーヒー</u>を飲みます。

beer, tea (English tea), milk, water

(d)   駅から大学まで何分かかりますか。
<u>三十分ぐらい</u>かかります。

about fifteen minutes, twenty-five minutes, forty-five minutes, about fifty minutes.

(e)   <u>日本の銀行</u>は何時から何時までですか。
<u>九時</u>から<u>三時</u>までです。

afternoon class	+	from 1:30	to 4:30
Kuniko's school	+	from 8:00	to 3:45
Mr Hasegawa's branch office	+	from 9:15	to 6:00
your company's head office	+	from 8:30	to 5:00

(f)   どこからどこまでバスで行きますか。
         <u>ここから</u><u>大学</u>までバスで行きます。

My bank	+	Tōkyō Station
Kyōto University	+	your house
Mr Brown's company	+	Tōzai Bank
British Engineering	+	Yamakawa's house

7.2 Fill in the brackets with a particle. If no particle is needed, mark with an x.

大学（　）駅（　）バス（　）行きます。
朝（　）紅茶（　）飲みます。
りんご（　）サンドイッチ（　）食べます。
兄はドイツ語（　）本を読みます。
姉は十二時ごろ（　）家（　）出ます。
父の会社の友達がスイス（　）来ます。
長谷川さんは九時半すぎ（　）銀行（　）着きます。
ラジオ（　）ニュース（　）聞きます。
長谷川さんとブラウンさんのミーティング（　）十時半（　）
十二時（　）です。
木下さんは実さんの大学（　）友達です。

7.3 Translate into Japanese. First of all into the polite form and then into the plain form.

I write a letter in Japanese.
I listen to the radio in the morning.
I listen to the news on the radio at nine.
I get on the bus in front of the bank.
I go to London by bus.
I write a letter to my French friend.
I write a letter with my writing brush.
I eat with chopsticks.
I meet Akiko at two thirty.

I go into Tadashi's room.
A friend comes from Kyōto in the afternoon.
It takes about ten minutes from here to Mr Hasegawa's house by bus.
I buy French books.
My friend speaks in Japanese.

7.4 Study the main text again and then answer the following questions in Japanese, using full sentences, not just 'yes' or 'no'.

木下さんは朝何時に起きますか。
ラジオで何を聞きますか。
朝、紅茶を飲みますか。
何時ごろ家を出ますか。
どこからバスに乗りますか。
大学まで何で行きますか。
駅の前から大学まで何分かかりますか。
何時ごろ大学に着きますか。
午前中のクラスは何時から何時までですか。

7.5 Answer the following questions.

あなたはイギリス人ですか。
学生ですか。
あなたの大学はどちらですか。
朝 何時ごろ起きますか。
朝 コーヒーを飲みますか。
あなたの部屋には何がありますか。
あなたの部屋にはテレビがありますか。
ロンドンはどこにありますか。
ジョンさんは学生ですか。
木下さんは東京の学生ですか。
マリーさんはお医者さんですか。

7.6 Complete the following table.

kanji	kana	conj. form	meaning
飲む	のむ	のみます	drink
	まつ		
		あるきます	
			eat
行く			
	でる		
		ききます	
			come
話す			
	おきる		
		のります	
			meet

Exercise 8

8.1 Question and response.

(a) 英会話のクラスは何曜日にありますか。
     <u>月曜日</u>と<u>水曜日</u>にあります。

Tuesday and Saturday	Wednesday and Thursday
Monday and Friday	Tuesday and Thursday
Friday and Saturday	

(b) どこで<u>昼</u>ごはんを食べますか。
     <u>大学の食堂</u>で食べます。

at Tadashi's, at a restaurant, at home, in the kitchen,
in a restaurant in that building.

(c) ミーティングは何曜日の何時からですか。
     <u>金曜</u>の<u>九時</u>からです。

Tuesday	+	eleven thirty
Thursday	+	three p.m.
Monday	+	eight a.m.
Wednesday	+	noon
Saturday	+	quarter to six

(d) <u>夜</u>は何をしますか。
     <u>テレビを見ます</u>。

Wednesday afternoon	+	play tennis
Saturday afternoon	+	do (*sic*) club activities
Sunday	+	read newspapers and books
in the morning	+	listen to the news on the radio
Monday evening	+	write a letter to my grandmother

(e)　　どこで<u>野菜</u>を買いますか。
　　　　<u>マーケット</u>で買います。

watch	+	Switzerland
newspaper	+	station
bread	+	bakery
book	+	book shop
flowers	+	florist

8.2 Study the examples and then perform the same operations on the following sentences in turn.

Example 1:
電話　　　　　　本　　　　　　　つくえの上

電話と本がつくえの上にあります。
電話や本などがつくえの上にあります。
電話も本もつくえの上にあります。

Example 2:
ジョンさん　　　マリーさん　　　　大学

ジョンさんとマリーさんが大学にいます。
ジョンさんやマリーさんなどが大学にいます。
ジョンさんもマリーさんも大学にいます。

野菜	くだもの	台所のテーブルの上
いす	つくえ	山本先生の部屋
アメリカ人	スイス人	長谷川さんの銀行
国子さん	明子さん	駅の前
英文学の授業	英会話のクラス	水曜日
銀行	レストラン	このビル
お医者さん	大学の先生	あの部屋
男の子	女の子	このバスの中
中国人	インド人	実さんの大学

8.3 Fill in the brackets. If no particle is needed, mark with an x.

兄（　）母は台所（　）お茶を飲みます。
この部屋にはつくえ（　）いす（　）電話などがあります。
このバスは十時前（　）ロンドン（　）着きます。
私はフランス語（　）友達（　）手紙を書きます。
毎日（　）八時すぎ（　）家（　）帰ります。
母は駅（　）前のマーケット（　）野菜（　）くだものを買います。
ねこがつくえ（　）下（　）います。
弟は朝（　）六時（　）起きます。
ブラウンさんは水曜日（　）九時（　）長谷川さん（　）会います。
夜（　）七時半ごろ（　）友達が私の家（　）来ます。

8.4 Translate into Japanese.

There are a bakery, a book shop, a florist (and some other shops) in this building.
There are many foreigners in Tōkyō.
It takes about forty-five minutes by bus from my bank to the Yamakawa's.
I will meet John in front of the bank at six.
Marie and Kuniko go into a florist.
I will buy a television set and a radio in Tōkyō.
I walk from here to there.
There are many mountains and rivers in Japan.
Mr Hasegawa, Mr Brown (and some others) are coming to my house on Saturday evening.
I wait for my father in front of the Tōzai Bank.

8.5 Describe in Japanese your typical daily schedule.

8.6 Further conversation practice.

(a)　　明子:　　　実さんは何時ごろ起きますか。

　　　　実:　　　　八時半ごろですね。

　　　　明子:　　　そうですか。私は毎日七時に起きます。

　　　　実:　　　　授業は何時からですか。

　　　　明子:　　　午前のクラスは九時からです。

　　　　実:　　　　英語のクラスは毎日ですか。

　　　　明子:　　　ええ、そうです。

　　　　実:　　　　英会話のクラスは。

　　　　明子:　　　英会話は月曜と水曜にあります。

　　　　実:　　　　宿題もたくさんありますか。

　　　　明子:　　　毎日あります。夕食の後はたいてい十一時ごろまで
　　　　　　　　　宿題をします。それから少し新聞や本を読みます。

　　　　実:　　　　十二時前に寝ますか。

　　　　明子:　　　ええ、たいていそうですね。

(b)　　ジョン:　　　正さん、おはようございます。

　　　　正:　　　　おはようございます。今日のミーティングは何時から
　　　　　　　　　ですか。

　　　　ジョン:　　　午前のは九時半からです。

　　　　正:　　　　私達のミーティングは午後にもありますか。

　　　　ジョン:　　　そうですよ。午後のは一時半からです。

　　　　正:　　　　そうですか。

　　　　ジョン:　　　ミーティングの部屋は三階の324番です。

　　　　正:　　　　ありがとう。

Exercise 9

9.1 Question and response.

(a) おじいさんやおばあさんによく会いますか。
<u>一年に二回</u>ぐらい祖父や祖母に会います。

twice a month, about once every three months, once a week,
about five times a year, every day

(b) りんごは<u>何個</u>ありますか。
<u>十二個</u>あります。

cars   5
pencils   36
television sets   2
oranges   68
writing brush   19

(c) この<u>ビール</u>はいくらですか。
<u>二百二十</u>円です。

computer   173,000
watch   28,000
sandwich   350
umbrella   3,350
radio   7,540

(d) この<u>大学</u>に<u>男の学生</u>は何人いますか。
<u>一万二千</u>人います。

bank   foreigners   37
room   boys   2
hospital   doctors   100

| company | Japanese people | 56 |
| class | Thai people | 1 |

9.2   Study the example and then perform the same operation on the following sentences.

(a)   Example:
　　　父は車を買う。(4 cars)
　　　父は車を四台買います。

　　　私はりんごを食べる。(2 apples)
　　　兄はドイツへ行く。(5 months)
　　　妹はふでを買う。(8 writing brushes)
　　　姉は毎日テニスをする。(1 hour)
　　　私は休む。(12 weeks)

(b)   Example:
　　　父の部屋にコンピューターがあります。(二台)
　　　父の部屋にコンピューターが二台もある。

　　　毎日、日本語の勉強をします。(八時間)
　　　マーケットでりんごを買います。(百個)
　　　日曜日に友達が私の家に来ます。(三十人)
　　　父は仕事でアメリカへ行きます。(一年に六回)
　　　姉がいます。(七人)
　　　ジョンさんは毎日運動します。(二時間半)
　　　弟は旅行に行きます。(一ヶ月に四回)
　　　兄はフランスの友達に電話をします。(一週間に六回)
　　　ジョンさんは毎日日本語の発音の練習をします。(三時間)

(c)   Example:
　　　来年、私と兄は六ヶ月中国へ行きます。
　　　来年、私は兄といっしょに六ヶ月中国へ行きます。

　　　ジュリアンとピーターは三時から五時までテニスをします。

ジョンさんとマリーさんは散歩します。

正さんとジョンさんは駅でマリーさんを待ちます。

今日から父と母は旅行に行きます。

夜、私と妹はテレビを見ます。

ジョンさんと正さんはビールを飲みます。

正さんとジョンさんは今日の午後原教授に会います。

ブラウンさんと長谷川さんは十二時半に銀行を出ます。

朝の七時に正さんと実さんはラジオでニュースを聞きます。

私と母はマーケットで野菜を買います。

9.3   Translate into Japanese.

It takes as long as three hours to go to Oxford from Cambridge by bus.

Doctors work in the evenings as well.

I do my homework with my friends.

My younger sister goes shopping with my mother.

It's still five thirty in the morning.

In the evening I watch television with my family.

My mother and father often go for a walk together on Sundays.

Mr Brown is often absent from work because of illness.

Students ask teachers many questions.

My elder sister is twenty years old.

My lunch is sandwiches and an apple.

I drink tea with my father in the kitchen.

I wait for my German friend at the station with my younger brother.

Mr Hasegawa is not an engineer.

9.4   Study the main text again and then answer the following questions in Japanese using full sentences, not just 'yes' or 'no'.

正さんの家族はみんなで八人ですか。

正さんのおとうさんはお医者さんですか。

正さんのおとうさんは一年に二回仕事でアメリカへ行きますか。

正さんのおとうさんの部屋にはコンピューターが何台ありますか。

正さんの弟さんはいくつですか。
正さんの妹さんの名前は何ですか。
正さんのおかあさんは学校の先生ですか。
正さんの仕事は何ですか。
実さんの大学はどこにありますか。
正さんは休みの日には何をしますか。

9.5   Answer the following questions about your family, using full sentences, not just 'yes' or 'no'.

家族はみんなで何人ですか。
おとうさんの名前は何ですか。
おかあさんはいくつですか。
弟さんがいますか。
おねえさんがいますか。
おかあさんはお医者さんですか。
おとうさんは時々仕事で外国に行きますか。
おかあさんやおとうさんとよく散歩に行きますか。
おとうさんは日曜日にも仕事をしますか。
あなたは休みの日には何をしますか。

Exercise 10

10.1   Question and response.

(a)   Example:
来週の水曜日は何日ですか。
<u>十月十日</u>です。

一月三日、五月五日、六月六日、七月二十日、十一月八日

(b)   <u>十二月十四日</u>は何曜日ですか。
<u>月曜日</u>です。

三月四日	火曜日
八月一日	日曜日
四月二日	木曜日
九月九日	土曜日
二月七日	金曜日

(c)   <u>京都</u>までのきっぷはいくらですか。
<u>京都</u>までの乗車券は<u>7830</u>円です。

金沢	9,170
新大阪	8,340
仙台	5,670
広島	11,120
青森	10,300

(d)   ひかり 315 号は何時発ですか。
13時24分発です。午後<u>一時二十四分</u>発です。

こだま507号	14:20
ひかり267号	20:32
こだま463号	19:16
ひかり123号	17:24
こだま461号	18:48

(e)   <u>ひかり 79 号</u>は東京駅の何番線からですか。
        <u>十七番線</u>からです。

        こだま415号   19番線
        ひかり119号   16番線
        ひかり237号   14番線
        こだま441号   18番線

(f)   Decide here whether or not to use に in the answer.
        いつ<u>京都</u>に行きますか。
        <u>来週の水曜日</u>に行きます。

        shopping   in the evening
        Kanazawa   tomorrow
        France   January next year
        England   Saturday of next week
        camping   August

(g)   いつの新幹線ですか。
        <u>あしたの五時二十八分</u>のです。

        火曜日の午後
        金曜日の八時三十七分
        あしたの朝七時十五分
        来週の月曜の四時五十三分
        木曜の午前中

10.2   Study the example and then perform the same operation on the following
sentences.

(a)   Example:
        apples   6
        りんごを六個下さい。

        pencils   6

writing brushes	10
oranges	3 kilograms
220 yen stamps	8
eggs	2 dozen

(b)　電話を下さい。(Wednesday)
　　　水曜日に電話を下さい。

　　　tomorrow morning
　　　before noon
　　　on Saturday around five o'clock
　　　this afternoon
　　　next week

(c)　この部屋に学生がいますか。
　　　(男の学生、女の学生)
　　　男の学生はいますが、女の学生はいません。

　　　長谷川さんの銀行には外国人もいますか。
　　　(アメリカ人、イギリス人)

　　　台所にくだものがありますか。
　　　(りんご、みかん)

　　　つくえの上にノートがありますか。
　　　(ジョンさんのノート、正さんのノート)

　　　仙台までの新幹線のきっぷはありますか。
　　　(あしたのきっぷ、今日のきっぷ)

　　　英会話の授業は毎日ありますか。
　　　(月曜と水曜、火曜と木曜と金曜)

(d)　ジョンさんもマリーさんも学生ですか。
　　　マリーさんは学生ですがジョンさんは学生ではありません。

マリーさんもジョンさんもイギリス人ですか。
マリーさんも実さんも京都大学の学生ですか。
この車もあの車も正さんのおとうさんのですか。
来週は月曜も火曜も休みですか。
木下さんのおとうさんも実さんのおとうさんもエンジニアですか。

10.3   Further conversation practice.

(a)

駅員:	どちらまでですか。
ブラウン:	仙台までの新幹線のきっぷをお願いします。
駅員:	何日のですか。
ブラウン:	あしたの午前十時ごろのをお願いします。
駅員:	はい。九時五十六分発やまびこ137号はどうですか。
ブラウン:	仙台着は何時ですか。
駅員:	十一時五十六分です。
ブラウン:	それではそれをお願いします。
駅員:	指定席ですね。
ブラウン:	はい。
駅員:	どうぞ。乗車券と指定席特急券で10,190円になります。
ブラウン:	どうも。

(b)

駅員:	次の方どうぞ。
マリー:	あしたの夕方の広島までの新幹線のきっぷを下さい。
駅員:	指定席ですか。
マリー:	お願いします。
駅員:	東京十六時発のひかり23号はどうですか。二十時三十分に広島に着きます。
マリー:	ええと、午後四時発ですね。はい。それでけっこうです。
駅員:	お一人ですか。
マリー:	いいえ、二枚お願いします。
駅員:	それでは乗車券二枚と指定席特急券二枚、全部で35,400円になります。

Exercise 11

11.1 Question and response.

(a) Example:
どちらが<u>実さんの車</u>ですか。
あの<u>赤い</u>のです。

国子さんのノート　　　　　小さい
マリーさんのかさ　　　　　黄色い
東西銀行のビル　　　　　　新しい
あなたの時計　　　　　　　古い
明子さんのセーター　　　　白い

(b) <u>マリーさんの自動車</u>は何色ですか。
<u>青</u>です。

ロンドンのタクシー　　　　黒
山川さんの犬　　　　　　　茶色と白
駅員さんの制服　　　　　　紺
国子さんのセーター　　　　うすい桃色
あの花　　　　　　　　　　紫

(c) こちらが<u>山川さんの家</u>ですか。
いいえ、こちらは山川さんの家ではありません。
山川さんの家はあちらの<u>古い</u>のです。

正さんのコンピューター　　　　新しい
マリーさんのアパート　　　　　小さい
実さんの車　　　　　　　　　　赤い
イギリスのビール　　　　　　　おいしい
ブラウンさんの会社のビル　　　高い

(d)   <u>ジョンさんの車</u>はどんな<u>車</u>ですか。
         ジョンさんのはとても<u>小さい車</u>です。

         マリーさんの時計   古い
         正さんのコンピューター   高い
         東西銀行のビル   新しい
         国子さんのセーター   うすい桃色
         JR線の駅員さんの制服   こいこん色

(e)   この本は正さんのですか。(実さん)
         いいえ、正さんのではありません。実さんのです。

         あの車はアメリカのですか。(イギリス)
         あのビルは東西銀行のですか。(ブリティッシュ・エンジニアリング)
         そのラジオは国子さんのですか。(木下さん)
         このねこは山川さんのですか。(木村さん)
         その時計は日本のですか。(スイス)

11.2   Study the examples and then perform the same operation on the following
sentences.

(a)   Example:
         かさ、青い、赤い
         この青いかさは私のですが、あの赤いのは私のではありません。

         かぎ、大きい、小さい
         ねこ、黒い、白い
         めがね、古い、新しい
         手紙、短い、長い
         ラジオ、安い、高い

(b)   小さい、大きい、木
         ここには小さい木はありますが、大きいのはありません。

         黒、白、ねこ
         ここには黒のねこはいますが、白のはいません。

高い、安い、テレビ
長い、短い、小説
青い、赤い、鳥
古い、新しい、建物
緑と白、茶色と灰色、かさ
赤い、黒い、電話
大きい、小さい、動物

11.3　Translate into Japanese.

John writes to his mother with his new pen.

Mr Yamakawa is going to buy a very expensive computer.

That blue car is John's.

These are really delicious vegetables.

My grandfather's old clock is in my father's room.

There is a huge cat on the top of that tree over there.

There are many long rivers and high mountains in Japan.

That red bus goes to London.

There are many birds with beautiful colours in India and China.

I often read long novels.

11.4　Further conversation practice.

ブラウン：	失礼ですが、長谷川さんのお友達の木村さんですか。
木村：	ええ。ブリティッシュ・エンンジニアリングのブラウンさんですね。
ブラウン：	そうです。始めまして、どうぞよろしく。
木村：	こちらこそどうぞよろしく。東西銀行、京都支店の木村です。私の名刺です。どうぞ。
ブラウン：	ありがとうございます。それでは、私のもどうぞ。
木村：	ありがとうございます。京都は初めてですか。
ブラウン：	ええ、大阪へはよく仕事で来ますが、京都は初めてです。東京や大阪には人がたくさんいますが、京都にもずいぶんいますね。
木村：	そうですよ。とても大きな町です。古い建物もたくさんありますが、新しいビルもたくさんあります。

Exercise 12

12.1   Study the example and then perform the same operation on the following sentences.

(a)   Example:
高い山
この山はとても高い。
この山はあまり高くない。

大きな部屋、　　　　　　　　長い小説、　　　おいしい酒、
新しいコンピューター、　　　高いビル、　　　小さなねこ、
古い家、　　　　　　　　　　おもしろい話、　よい色、

(b)   父の目は青い。
父は目が青い。

京都の冬は寒い。
新幹線の指定席券は安い。
ジョンの足は長い。
この寺の庭の木は美しい。
このビルの入口は広い。

(c)   妹の目は大きい。
妹はあまり目が大きくない。
妹は目があまり大きくありません。

この絵の色はおもしろい。
この車のエンジンはよい。
アメリカの歴史は古い。
日本語の文法はやさしい。
私のアパートの台所は広い。

(d)　このお寺の庭、木、花
　　　このお寺の庭には木も花もあります。
　　　このお寺の庭には木も花もない。
　　　このお寺の庭には木も花もありません。

　　　この部屋、ラジオ、テレビ
　　　台所、いす、テーブル
　　　このビルの中、花屋、本屋
　　　あの町、神社、お寺
　　　駅の前、ジョンさん、マリーさん
　　　私の銀行、イギリス人、アメリカ人

(e)　えんぴつを下さい。(赤い、青い、三本)
　　　赤いえんぴつと青いえんぴつを三本づつ下さい。

　　　絵はがきを下さい。(大きい、小さい、五枚)
　　　くつ下を下さい。(黒い、茶色、八足)
　　　お茶を下さい。(高い、安い、二百五十グラム)
　　　ばらを下さい。(赤い、白い、六本)
　　　りんごを下さい。(大きい、小さい、十個)

12.2　Question and response.

(a)　Example:
　　　京都にはお寺がありますか。(教会)
　　　はい、あります。
　　　教会もありますか。
　　　いいえ、お寺はたくさんありますが、教会はありません。

　　　マリーさんの大学には中国人の学生がいますか。(スイス人の学生)
　　　正さんの部屋には本がありますか。(写真)
　　　台所には野菜がありますか。(くだもの)
　　　長谷川さんの銀行にはアメリカ人がいますか。(フランス人)
　　　京都の駅の前には銀行がありますか。(本屋)
　　　その自動車工場には大きな車がありますか。(小さな車)
　　　この本屋には英語の本がありますか。(フランス語の本)

スイスには高い山がありますか。(長い川)

(b)   このふではおいくらですか。
        一本二千円です。

みかん   一キロ   400円
えんぴつ   一ダース   660円
絵はがき   一枚   50円
お茶   三百グラム   1,840円
くつ下   一足   530円

12.3   More practice on the problem 'should it be は or が?'

イギリスにはあまり高い山( )ありません。
パリには教会( )たくさんあります。
日本( )春と秋( )特にいいですね。
どの方( )マリー・ペレさんですか。
あの赤いセーターの方( )そうです。
特急券( )いくらですか。
このビルの中に電話( )ありますか。
東京駅( )どちらですか。
正さんの家族( )全部で何人ですか。
どちら( )あなたのかさですか。あの赤いの( )私のです。
このばら( )一本二百円です。
あの本屋に( )外国の本( )ありません。
インドの象( )人々といっしょに働きます。
正さんの病院( )どちらですか。
オーストラリアにはどんな動物( )いますか。

Exercise 13

13.1 Study the example and then perform the same operation on the following sentences.

(a)   Example:
ジョンさんは医者です。
ジョンさんは医者だが、マリーさんは医者ではない。

ジョンさんはイギリス人です。
ジョンさんは元気です。
ジョンさんは体が丈夫です。
ジョンさんは背が高い。
ジョンさんは目が青い。
ジョンさんはピアノが上手です。
ジョンさんはひまです。
ジョンさんは忙しい。
ジョンさんは料理がきらいです。
ジョンさんは旅行が好きです。

(b)   教室、静か
この教室は静かだが、あの教室は静かではない。

くだもの、	+	高い	国、	+	平和
ワープロ、	+	便利	花、	+	きれい
家、	+	新しい	小説、	+	長い
入口、	+	広い	作家、	+	有名
男の子	+	正直	学生、	+	頭がいい
写真、	+	大切	女の子の目	+	美しい
村、	+	静か	部屋、	+	明るい
建物、	+	立派	車、	+	安い
すし、	+	おいしい	話、	+	おもしろい

(c)   正さんはりんごが好きです。(みかん)
        正さんはりんごもみかんも好きです。
        正さんはりんごは好きですが、みかんは好きではありません。

        正さんは青い色が好きです。(緑色)
        正さんは山が好きです。(海)
        正さんは夏が好きです。(冬)
        正さんはねこが好きです。(犬)
        正さんは英語が上手です。(フランス語)
        正さんはテニスが上手です。(スキー)
        正さんはピアノがきらいです。(ヴァイオリン)
        正さんはジョギングがきらいです。(ピクニック)
        その週は水曜がひまです。(金曜)
        パリは地下鉄が便利です。(バス)
        京都は古いお寺がきれいです。(新しいビル)

(d)   京都は夏は暑い。
        京都は冬は寒い。
        京都は夏は暑いが冬は寒い。

        このみかんは高かった。
        このみかんはおいしくない。

        この部屋は静かだ。
        この部屋はあまり明るくない。

        この大学は建物は立派だ。
        この大学は町の中心から遠い。

        このワープロは安かった。
        このワープロは便利ではない。

        私の家は郵便局に近い。
        私の家は駅から遠い。

        あの国は割に平和だ。
        あの国はあまり自由ではない。

その学生は頭はいい。
その学生は正直ではない。

この写真はおもしろい。
この写真は色があまりよくない。

この作家の小説は有名だ。
彼の小説はおもしろくない。

パリの地下鉄は古い。
パリの地下鉄はとても便利だ。

(e) 正さんは山登りが上手だ。
実さんは山はきらいだ。
正さんは山登りが上手だが実さんは山はきらいだ。

今日まではとてもひまだった。
あしたからは忙しい。

正さんの家族は五人だ。
マリーさんの家族は十人だ。

きのうまで毎日あたたかかった。
今日は朝からとても寒い。

木下さんはたいていバスで大学へ行く。
実さんは毎日大学まで歩く。

このミーティングには多くの人が来た。
アジアからの人は一人だけだった。

13.2 Further conversation practice.

マリー: ジョンさん、今日は。
ジョン: やあ、マリーさん。今日は。元気ですか。
マリー: ええ、ありがとう。ジョンさんは。

ジョン:　　まあまあです。

マリー:　　京都はいいところでしたか。

ジョン:　　ええ。とても楽しい旅行でした。

マリー:　　お天気は。

ジョン:　　割にあたたかかったですよ。

マリー:　　どんな町ですか。

ジョン:　　とても古い町です。お寺や神社がたくさんありますが、
　　　　　　新しい建物もずいぶんあります。

マリー:　　そうですか。正さんの弟さんは京都大学の学生さん
　　　　　　ですね。

ジョン:　　そうです。実さんの下宿はいい部屋でしたよ。

マリー:　　大きな部屋ですか。

ジョン:　　いいえ、でも静かなところでした。

マリー:　　東京の中心には静かなところが少ないですね。

ジョン:　　そうですね。実さんの下宿までは町の中心から車で
　　　　　　二十分ぐらいかかります。

マリー:　　それでは大学からもあまり遠くありませんね。

ジョン:　　そうです。マリーさんは旅行が好きですか。

マリー:　　うーん。あまり好きではありません。時々近くのお寺や
　　　　　　公園には行きますが。

ジョン:　　京都のお寺はきれいでしたよ。特に庭がおもしろかった。

マリー:　　どんな庭ですか。

ジョン:　　白い小石と岩だけの庭です。ここにそのお寺と庭の
　　　　　　絵はがきがあります。

マリー:　　本当にきれいですね。

Exercise 14

14.1 Question and response.

(a) Example (Decide here whether or not to use に in the answer):
Last Monday (Monday of last week)　　+　　friend
<u>先週の月曜日</u> (に) 何をしましたか。
<u>友達</u>と金沢へ行きました。

yesterday	+	my parents
last Wednesday	+	John and Marie
the day before yesterday	+	Professor Hara
last Friday	+	my grandfather
yesterday afternoon	+	my younger sister

(b) 日曜日には何をしましたか。
<u>テレビを見たり</u>、<u>ラジオを聞いたり</u>しました。

see friends	go for a walk
do homework	listen to the radio
go driving	play tennis
read newspapers	write letters
do the cooking	practise the piano

14.2 Study the examples and then perform the same operation on the following sentences.

(a) Example:
国子さんに会う。(明子さん)
国子さんにも明子さんにも会った。
国子さんにも明子さんにも会いました。

インドへ行く。(中国)
父と話す。(母)

53

妹に絵はがきを出す。(祖母)
この大学にはアジアの国から学生が来る。(ヨーロッパ)
ブラウンさんにロンドンで会った。(パリ)

(b)   ジョンさんは<u>来週</u>日本へ行く。(先週)
        ジョンさんは先週日本へ行った。
        ジョンさんは先週日本へ行きました。

        <u>あした</u>北海道から友達が来る。(きのう)
        <u>今週</u>は一日六時間勉強する。(先週)
        <u>今月</u>はよく雨が降る。(先月)
        <u>今年</u>の夏休みには弟といっしょに海で泳いだり、山に登ったりする。

                                                              (去年)

        <u>今日</u>中国語の先生に手紙を出す。(先週)
        <u>今日</u>の夜はユース・ホステルに泊まる。(きのう)
        <u>今年</u>の冬はスイスへスキーに行く。(去年)
        <u>今</u>、この国は平和だ。(六ヶ月前まで)
        <u>今週</u>の水曜日にマリーさんと映画を見る。(先週)

(c)   先週友達からこの車を (安い) 買いました。
        先週友達からこの車を安く買いました。

        京都では毎日 (楽しい) 過ごしました。
        この学生は (よい) 勉強します。
        日本では三月ごろから (あたたかい) なります。
        きのうの晩は (早い) 寝ました。
        このごろ野菜が (高い) なりましたね。
        花の季節には京都は特に (美しい) なります。

14.3   Translate into Japanese.

        Kuniko and Marie bought a jersey of the same colour.
        I went to Japan in 1985 for the first time.
        Since early evening, it has become very cold.
        I met Tadashi's younger brother in Kyōto for the first time.
        Akiko and Minoru are students of the same university.

I sent five postcards to England from Kyōto.
On Sunday I studied all day long.
We have Japanese language lessons every day apart from Thursday.
This child eats very well.
Recently our English class has become quite interesting.

14.4 Study the main text again and then answer the following questions in Japanese using full sentences, not just 'yes' or 'no'.

ジョンさんはいつ京都へ行きましたか。
ジョンさんは京都でどこに泊まりましたか。
ジョンさんは京都でだれとだれに会いましたか。
ジョンさんは京都で何をしましたか。
去年の十月にジョンさんはどこへ行きましたか。
そこのお天気はどんなでしたか。
京都では毎日いいお天気でしたか。
ジョンさんは京都で毎日楽しく過ごしましたか。
ジョンさんはおばあさんにどんな絵はがきを出しましたか。

Exercise 15

15.1   Study the example and then perform the same operation on the following sentences.

(a)   Example:

ジョンさんは<u>京都</u>へ行った。(金沢)
ジョンさんは金沢へは行かなかった。
ジョンさんは金沢へは行きませんでした。

ジョンさんは<u>十月半ば</u>に京都へ行った。(五月半ば)
マリーさんは<u>日本語</u>が上手です。(中国語)
<u>東西銀行</u>の建物は高い。(京都大学)
正さんのおとうさんは<u>エンジニア</u>です。(医者)
<u>明子さん</u>は夜十二時前に寝ます。(実さん)
ジョンさんは京都で<u>山下さん</u>に会いました。(国子さん)
正さんは<u>大学時代の友達</u>と山に登った。(マリーさん)
正さんは<u>山小屋</u>に泊まった。(ユースホステル)
ジョンさんは<u>京都</u>が気に入った。(大阪)
国子さんは<u>ピアノ</u>が好きです。(ヴァイオリン)
<u>正さん</u>は海で泳ぎました。(実さん)
正さんはめずらしい<u>鳥</u>を見ました。(動物)
<u>明子さん</u>はラジオを聞きます。(国子さん)
国子さんは<u>高校生</u>です。(大学生)
<u>東京</u>の夏は暑い。(ロンドン)

(b)   京都へ行きました。
明子さんに会いました。
京都へ行ったが、明子さんには会わなかった。

きのうは日曜日でした。
仕事をしました。

北海道へ行きました。
スキーをしました。

母と買物をしました。
野菜を買いました。

友達と旅行しました。
家族に絵はがきを出しました。

ジョンさんと散歩に行きました。
神社やお寺を見ました。

レストランで昼ごはんを食べました。
ビールを飲みました。

きのう手紙をたくさん書きました。
ワープロを使いました。

毎日発音の練習をしました。
発音がよくなりました。

正さんの病院に電話をしました。
正さんはいました。

家族と海へ行きました。
泳ぎました。

15.2   Question and response.

(a)   Example:
あなたはドイツ語の本を読みますか。(フランス語)
いいえ、フランス語の本は読みますが、ドイツ語の本は読みません。

実さんの下宿にテレビはありましたか。(ラジオ)
正さんは十月に海へ行きましたか。(山)
きのうのミーティングにブラウンさんは来ましたか。(長谷川さん)
日曜日に漢字の練習をしましたか。(発音の練習)
おとうさんやおかあさんによく手紙を書きますか。(友達)
マーケットで野菜を買いましたか。(くだもの)

おととい映画を見ましたか。(テレビ)
朝紅茶を飲みますか。(コーヒー)
おとうさんの仕事を手伝いますか。(母)
おねえさんとよく散歩しますか。(父や母)

(b)   マリーさんは何を買いましたか。(セーター) (国子)
マリーさんはセーターを買いました。
国子さんもセーターを買いましたか。
いいえ、国子さんはセーターは買いませんでした。

ジョンさんは十月にどこへ行きましたか。(京都) (正さん)
国子さんはきのう何の練習をしましたか。(英語の発音) (明子さん)
実さんはどこへ散歩に行きますか。(近くの公園) (明子さん)
正さんはたいてい何を飲みますか。(ビール) (マリーさん)
国子さんはどんな本を読みますか。(フランスの小説) (明子さん)

15.3   Change the word in brackets into a suitable form. Note that in some cases no change will be necessary.

最近ものが (高い) なりました。
フランスから友達が (急) 来た。
このごろ (ひま) 時間がほとんどありません。
公園に (きれい) 色の花がたくさんありました。
あしたから (忙しい) なります。
このワープロはとても (便利) ですが高いですね。
これは父の (大切) コンピューターです。
(めずらしい) 父と散歩に行きました。
最近この子はずいぶん (丈夫) なりました。
(静か) 部屋はありますか。
この学校の子供はみんな (元気) です。
マリーさんのアパートはあまり (大きい) ですね。
月曜から金曜までは朝 (早い) 起きます。
このりんごはちっとも (おいしい)。
かぜがちっとも (よい) ならない。

15.4   Complete the following table.

go	行く	いく	いった	いかない	いきます
	ーー	ある			
		はなす			
	買う				
	ーー	いる			
		あう			
come					
	使う				
	疲れる				
	ーー	かける			
enter					
	帰る				
	飲む				
eat					
	歩く				
	書く				
		きく			
	ーー	する			
arrive					
	出す				
	気に入る				

Exercise 16

16.1   Study the example and then perform the same operation on the following sentences.

(a)   Example:
正さんは朝から晩まで病院で働きます。(今日も)
正さんは今日も病院で働いています。

妹の国子は一日三時間もピアノの練習をします。(今も)
よくフランスの小説を読みます。(今)
六月には毎日雨が降ります。(今日は)
時々ラジオで音楽を聞きます。(今)
七時半ごろ夕ごはんを食べます。(今)
八時から十時までたいていテレビを見ます。(今も)
休みの日に妹は弟とテニスをします。(今日も)

(b)   きのうは友達と映画を見ました。(今、家族、テレビ)
きのうは友達と映画を見たが、今は家族とテレビを見ている。

去年はドイツ語を勉強しました。(今年、日本語)
先月は米田さんと仕事をしました。(今月、大川さん)
おとといはパブで友達とビールを飲みました。(今晩、家、父)
きのうは雨が降りました。(今日、雪)

(c)   町はとても混んでいる。(週末)
週末だから町はとても混んでいる。
週末なので町はとても混んでいます。

この花を買った。(安い)
安かったからこの花を買った。
安かったのでこの花を買いました。

毎日勉強する。(学生)
友達に電話した。(とても嬉しい)

バスで行く。(便利)
たくさん食べた。(おいしい)
イギリスの両親に絵はがきを出した。(京都へ行く)
同じ映画を三度も見た。(おもしろい)
いっしょにお茶を飲んだ。(駅で明子さんに会う)
海で泳いだ。(暑い)
今年は日本へ行かない。(お金がない)
このアパートはとても便利だ。(マーケットに近い)
今日は働かない。(日曜日)
祖母はよく旅行する。(とても元気)
みんなですし屋へ行く。(父の誕生日)
今日は疲れている。(きのうは一日中スキーをする)

16.2   Question and response.

(a)   Example:
ジョンさんは今何をしていますか。
彼は<u>手紙を書いています</u>。

reading a newspaper
drinking beer
talking with Tadashi
studying Japanese
eating an apple
swimming in the river
listening to the news on the radio
watching a film on the television
waiting for Tadashi at Ōtemachi Station

(b)   あなたはきのうの夕方何をしていましたか。
私は<u>ピアノの練習をしていました</u>。

walking with my friends
playing tennis
cooking
doing homework

jogging
practising English pronunciation
reading an interesting novel
drinking coffee with a friend
doing shopping
resting in my room

16.3   Further conversation practice.

ジョン：   山には人がたくさんいましたか。
正：   いいえ、もう夏休みが終ったのでとても静かでした。
          初めの日にはほとんど人に会いませんでしたよ。
ジョン：   そうですか。それはよかったですね。
正：   ええ。でも、山小屋で大学時代の友達に会いました。
ジョン：   偶然ですか。
正：   ええ、全くの偶然です。
          それで次の日はその人といっしょに登りました。
ジョン：   日本の秋の初めはまだ寒くないのでいい気持ですね。
正：   千八百メートルぐらいまでは秋の花がずいぶんたくさん
          さいていました。
ジョン：   京都の郊外でもむらさきやうすい青のきれいな花を
          見ました。山の上も全然寒くありませんでしたか。
正：   いや、頂上の近くはかなり風が冷たかったですね。

Exercise 17

17.1   Question and response.

(a)   Example:
おとうさんは今どちらですか。
父は今カナダへ行っています。

mother	in Canada with my father
younger brother	at Kyōto University
younger sister	in Hokkaidō
your section chief	in Europe
your company director	in China

(b)   正さんのおとうさんはいつどこで生まれましたか。
父は1935年に金沢で生まれました。

Tadashi's mother	1941	Kyōto
Tadashi's younger brother	1970	Tōkyō
Tadashi's younger sister	1974	America
Tadashi's friend John	1963	Scotland
Tadashi's friend Marie	1966	Montpellier

(c)   Example:
きのうの午後は何の練習をしていましたか。(Japanese pronunciation)
きのうの午後は日本語の発音の練習をしていました。

だれの作文がよく出来ていましたか。(Kuniko's)
1985年にマリーさんはどこへ行っていましたか。(America)
きのうの夜は何を読んでいましたか。(an old Chinese story)
先週の日曜日には何をしていましたか。(tennis)
おととい正さんのおかあさんは何を着ていましたか。(beautiful kimono)

17.2   Study the following conversations carefully paying particular attention to the use of punctual verbs in the ～ている form; translate them into English.

(a)   ジョン: 正君、今何時ですか。
       正: えーと、十時五分すぎです。
       ジョン: それじゃあ、もうミーティングは始まっていますね。
       正: ええ、十時きっかりに始まりましたよ。

(b)   客: コピーはもう出来ていますか。
       店員: すいません。まだです。
       客: 何時ごろまでに出来ますか。
       店員: もうすぐ出来ます。

(c)   実: 明子さん、このかぎが教室の入口に落ちていました。
       明子: あら、どうもありがとう。私のです。
       実: それはよかった。

(d)   客: 今日はいいお魚がありますか。
       魚屋: はい、お客さん。いいのが入ってますよ。
       客: 新しいのはどれですか。
       魚屋: こちらのはどうですか。おいしいですよ。
       客: あら、まだ生きているのね。

17.3   Translate into Japanese.

Was your younger brother born in 1975?
Yes, he was born in 1975.

Do you know Minoru's parents?
Well, I know his father but not his mother.

What is your father's work?
My father teaches English literature in a university in Hokkaidō.

Has the train from Sendai arrived?
Yes, it arrived twenty minutes ago.

17.4   Complete the following table.

talk	話す	話した	話さない	話している
	来る			
	行く			
	落ちる			
	手伝う			
	忘れる			
	死ぬ			
	始まる			
	覚える			
	泳ぐ			
	疲れる			
	勉強する			
	読む			
	入る			
	会う			
	出来る			
	分かる			
	着る			
	着く			

17.5   Study the passage below carefully and answer the following questions.

マリーさんの家族はモンペリエの近くの小さな村に住んでいます。
家は広い農園のまん中にあります。かなり古い建物です。庭には
オリーブの木がたくさんあります。おとうさんとおかあさんのほか
におにいさんが一人と弟さんが三人と妹さんが二人います。とても
大きな家族です。犬やねこやにわとりもたくさんいます。
おにいさんとマリーさんのほかはみんなそこに住んでいます。
おとうさんとおかあさんは毎日農園で働きます。おにいさんはパリ
で働いています。新しいコンピューターの会社の会社員です。
まりーさんは日本に来ています。弟さんや妹さんは毎日学校に
行きますが、休みの日には農園の仕事を手伝います。

(a)   マリーさんの家族は全部で何人ですか。

(b)   マリーさんの家族の家は新しい家ですか。

(c)   マリーさんのおとうさんとおかあさんは毎日何をしますか。

(d)   マリーさんのおにいさんもモンペリエにいますか。

(e)   マリーさんの家には動物がいますか。

(f)   マリーさんの弟さんや妹さんは毎日農園の仕事をしますか。

(g)   マリーさんのおにいさんは銀行員ですか。

Exercise 18

18.1   Question and response.

(a)   Example:
藤本さん、もうあの仕事は出来ましたか。
いいえ、まだ出来ていません。

ジョンさん、今日の新聞はもう読みましたか。
藤本さん、もうお客さんに電話しましたか。
長谷川さん、もう課長さんに話しましたか。
明子さん、もうこのイタリアの映画を見ましたか。
マリーさん、もう正さんにお金を返しましたか。

(b)   どの方が正さんのおとうさまですか。(右、3)
右から三番目の方です。

どの車がジョンさんの車ですか。(あの角、5)
どの家が山川さんの家ですか。(その角、4)
どの教室が山本先生の英語の教室ですか。(左、2)
どのビルが東西銀行のビルですか。(あの高い建物、6)
どの方が実さんの先生ですか。(前、8)

18.2   Study the example and then perform the same operation on the following sentences.

(a)   Example:
えんぴつ、5
えんぴつを五本下さい。

330円の切手	12
絵はがき	4
コーヒー	3
たまご	6

ふで   8
赤いばら   30
テレビ   1

(b)   六時半までに来ます。
       六時半までに来て下さい。

       野菜とくだものを買います。
       大手町の駅で十二時半まで待ちます。
       あの建物の前で止まる。
       楽しい時間を過ごす。
       よく考えます。

(c)   大きい声で話す。
       大きい声で話さないで下さい。

       外国へ行く。
       先生に言う。
       このコンピューターを使う。
       質問する。
       宿題を手伝う。
       時間を忘れる。

(d)   昼ごはんは何にしますか。(カレー・ライス)
       カレー・ライスにします。

       飲み物は何にしますか。(ジュース)
       プレゼントは何にしますか。(レコードと本)
       デザートは何にしますか。(アイスクリーム)
       あさってのミーティングは何時からにしますか。(午前九時半)
       今度の旅行はどこにしますか。(スウェーデン)

18.3 Further conversation practice.

(a)   正: 何にしますか。
       マリー: 私は紅茶にします。

正:　　　　紅茶を一つとコーヒーを一つ下さい。
　　　　　マリーさん、あそこの入口から三番目のテーブルの
　　　　　人を知ってますか。有名な役者です。

マリー：　ああ、よくテレビに出ていますね。顔はよく知ってます
　　　　　が、名前は知りません。ところで正さん、今日はジョン
　　　　　さんのお誕生日ですね。

正：　　　あっ、そうですね。忘れていました。

マリー：　私も今朝まで忘れていましたが、さっき思い出しました。

正：　　　もうプレゼントを買いましたか。

マリー：　ええ、レコードと本にしました。

正：　　　ところでこの間、日本の小説を買っていましたが、もう
　　　　　全部読みましたか。

マリー：　よく覚えていますね。今週までレポートを書いていた
　　　　　のでまだ五十ページぐらいしか読んでいません。

正：　　　僕は学生時代に読みましたが、いい話ですよ。

(b)　マリー：　この字を知ってますか。

ジョン：　えーと、読み方は分かりますが、意味は知りません。

マリー：　こちらの字は。

ジョン：　それは…。前に一度見ましたが覚えていません。

マリー：　それでは、これは。

ジョン：　それは知ってますよ。「ミ」、未来の「ミ」ですね。

マリー：　ちがいます。これは「マツ」、週末の「マツ」です。

ジョン：　ああ、そうですね。これからもう少しちゃんと漢字の
　　　　　勉強をします。

Exercise 19

19.1 Study the example and then perform the same operation on the following sentences.

(a)   Example:
イギリスへ行く。　　　　英語を勉強する。
イギリスへ行って英語を勉強します。

お金をためる。　　　　　　　　　日本へ行く。
朝早く起きた。　　　　　　　　　ジョギングをした。
マーケットで野菜や肉を買った。　母と料理した。
郵便局へ行った。　　　　　　　　速達を出した。
駅に電話をした。　　　　　　　　電車の時間を聞いた。
よく注意をする。　　　　　　　　日本語の発音の練習をする。
バスに乗った。　　　　　　　　　オックスフォードへ行った。
たくさんお金を持つ。　　　　　　銀座に買物に行く。
新しいコンピューターを使う。　　あしたから仕事をする。
母は着物を着た。　　　　　　　　出かけた。
かぜをひいた。　　　　　　　　　英文学の授業を休んだ。
本当のことを父に話した。　　　　さっぱりした。
きのうは十時間以上も歩いた。　　とても疲れた。
思い出話をした。　　　　　　　　楽しい時間を過ごした。
急にお客さんが来た。　　　　　　宿題が出来なかった。

(b)   Example:
楽しい　　　　　　私は歌を歌いました。
私は楽しくなって、歌を歌った。

とても寒い　　　　おとといは雪が降りました。
元気　　　　　　　祖母は旅行に行きました。
病気　　　　　　　私は仕事を休みました。
医者　　　　　　　いとこはアフリカに行きました。
春　　　　　　　　花がたくさんさきました。

(c)   Example: (pay special attention to the use of は and が here)
私が本を読んでいる間、弟はテレビを見ていました。
弟がテレビを見ている間に、私は本を読んだ。

私が宿題をしている間、母は料理をしていました。
私がピアノの練習をしている間、父と母は台所で話していました。
私がコーヒーを飲んでいる間、彼はたばこをすっていました。
私がおふろに入っている間、父と兄はビールを飲んでいました。
私がマーケットで買物をしている間、祖母は車の中でいねむりをしていました。

(d)   Example:
まずこの本を読む。
レポートを書く。
まずこの本を読んでからレポートを書いて下さい。

よく考える。
質問する。

長谷川さんに会う。
私のところに来る。

よく休む。
運転する。

まずこの仕事をする。
こちらの仕事を始める。

社長に話す。
私に電話をする。

(e)   Example:
大学を卒業した。(七年)
大学を卒業してからもう七年になります。
大学を卒業してからもう七年たちました。

この間いっしょに映画を見た。(三ヶ月)

東京駅で偶然会った。(一年半)
この車をいとこから買った。(五年)
日本語の勉強を始めた。(四年)
ローマに行った。(八ヶ月)

19.2　　Question and response.

Example:
日曜日<u>には</u>たいてい何をしますか。
(reading newspapers, going for a walk)
日曜日<u>には</u>新聞を読んだり、散歩をしたりします。
日曜日<u>は</u>新聞を読んだり、散歩をしたりして過ごします。

夏休み<u>には</u>たいてい何をしますか。
(going camping, doing some casual work at a post office)

土曜日<u>には</u>たいてい何をしますか。
(doing the shopping, playing tennis)

休みの日<u>には</u>たいてい何をしますか。
(seeing friends, writing letters)

午前中<u>は</u>たいてい何をしますか。
(studying Japanese, writing essays)

午後<u>は</u>たいてい何をしますか。
(doing homework, talking with friends)

19.3　　Translate into Japanese.

I know how to read this character, but I don't know its meaning.
That student understands both Japanese and Chinese.
My ideas and your ideas are not the same.
The pronunciation of this word and that word is different.
I went to Tadashi's hospital on foot (by walking).

Exercise 20

20.1 Question and response.

(a) Example:
マリーさんの新しいアパートはどんなアパートですか。
(light and comfortable)
明るくて気持のいいアパートです。

ジョンさんの車はどんな車ですか。(small and blue)
マリーさんはどんな人ですか。(young and intelligent)
京都はどんな町ですか。(old and beautiful)
マリーさんのふるさとはどんな村ですか。(quiet and peaceful)
東京はどんな都会ですか。(large and busy)

(b) 昼ごはんに何を食べましたか。
何も食べませんでした。

ミーティングには東西銀行からだれが来ましたか。
ミーティングではだれが質問しましたか。
だれに絵はがきを書きましたか。
先週の日曜日にはどこへ行きましたか。
銀座で何を買いましたか。

(c) それはどんな小説ですか。
(not so long and interesting)
あまり長くなくておもしろい小説です。

イギリスの夏はどんなお天気ですか。
(not so hot and comfortable)

あれはどんなコンピューターですか。
(not so expensive and very useful)

ブリティッシュ・エンジニアリングのビルはどんなビルですか。
(not so high and old)

英会話のクラスはどんな授業ですか。
(not so difficult and interesting)

あなたの部屋はどんな部屋ですか。
(not so light and small)

(d)　正さんのおとうさんはお医者さんですか。(エンジニア)
　　　いいえ、正さんのおとうさんは医者ではなくてエンジニアです。

ジョンさんは学生ですか。(医者)
マリーさんは学校の先生ですか。(学生)
ブラウンはアメリカ人ですか。(イギリス人)
原教授はジョンさんの先生ですか。(正さんの先生)
正さんのおかあさんは作家ですか。(主婦)
明子さんはマリーの友達ですか。(実さんの友達)
夏休みは六月十八日からですか。(六月二十日)
七月三日は火曜日ですか。(水曜日)
実さんの車は茶色ですか。(赤)
英会話のクラスは十時からですか。(九時半)

20.2　Study the example and then perform the same operation on the following sentences.

(a)　Example:
マリーさんは目が青い。(大きい)
マリーさんは目が大きくて青い。

パリは建物が古い。(美しい)
パリは地下鉄が便利だ。(速い)
マリーさんはきれいだ。(背が高い)
正さんは頭がいい。(正直)
京都大学の建物は立派だ。(古い)
この山は危ない。(けわしい)

正さんのおとうさんはおもしろい。(若い)

このお酒はおいしかった。(あまくない)

私の村は平和だ。(小さい)

日本の電車は速い。(時間に正確)

この魚は安かった。(新しい)

あのレトランの料理は高かった。(おいしくない)

日本は春は気持がいい。(あたたかい)

(b)   あの店でおいしいりんごを買いました。(安い)

あの店で安くておいしいりんごを買った。

あのカメラ屋では便利なカメラを売っています。(小さい)

正さんの家できれいな人に会いました。(日本語が上手)

大阪でおいしいおすしを食べました。(安い)

長谷川さんは正確なレポートを書きました。(短い)

マリーさんは美しい村から来ました。(平和)

20.3   Change into a negative request, taking care to change or add particles
where necessary.

Example:

百円玉を使って下さい。

百円玉は使わないで下さい。

あした来て下さい。

この手紙を読んで下さい。

このページをコピーして下さい。

六時から八時の間に電話をかけて下さい。

妹の宿題を手伝って下さい。

このコンピューターを使って下さい。

課長に話して下さい。

ここで泳いで下さい。

Exercise 21

21.1   Question and response.

Example:
あした何をするつもりですか。
(go to London and see a film)
ロンドンに行って、映画を見るつもりです。

これから何をするつもりですか。
(go to market and buy some vegetables and meat)
(practise the piano)

今度の日曜日には何をするつもりですか。
(write a letter to my cousin who is now in China)
(help Marie move)

来年何をするつもりですか。
(go to Japan and visit [see] temples and shrines)
(take part in a conference in Switzerland)

今年の秋は何をするつもりですか。
(read many books)
(start studying Japanese)

今度の週末何をするつもりですか。
(climb a mountain with my university friends)
(go to my grandfather's house)

今度の夏休みには何をするつもりですか。
(go camping with my younger brother)
(work at my uncle's farm)

21.2   Study the example and then perform the same operation on the following
sentences.

(a)   Example:
        お金をためています。
        カメラを買います。
        カメラを買うためにお金をためている。

        かぜをひきました。
        雨にぬれました。

        東西銀行へ行きました。
        長谷川さんに会います。

        ローマへ行きました。
        数学の学会に参加します。

        駅までもどりました。
        電話をかけます。

        お金が要ります。
        生きます。

(b)   きのう私は映画を見た。
        その映画はとてもおもしろかった。
        きのう私が/の見た映画はとてもおもしろかった。
        The film which I saw yesterday was very interesting.

        マリーさんは先週アパートに引っ越した。
        そのアパートはJR線の高円寺駅の近くにある。

        先月私は学会に行った。
        その学会には多くの外国人が参加していた。

        十一時五分発の新幹線に乗るつもりだった。
        私はその新幹線に間に合わなかった。

きのう久しぶりに大学時代の友達に会った。
その友達は最近小説を書いて有名になった。

ドイツの首相が今ロンドンに来ている。
彼はあした私達の大学で国際平和について話をする。

(c)   実さんに会う。
京都へ行った。
実さんに会うつもりで京都へ行ったが、実さんには会わなかった。

魚を買う。
マーケットへ行った。

学会に参加する。
大阪へ行った。

テレビを見る。
家へ帰った。

予習をする。
図書館に行った。

料理をする。
肉や野菜を買った。

21.3   Translate into Japanese.

The Mr Hasegawa that I know is not that person over there.
Those who intend to come to the next meeting, please write down your
name and address here.
The restaurant where I had lunch with John and Marie is just by
Ōtemachi station.
The man who is standing on the right-hand side of the tree is my
younger sister's teacher.
Did you understand Professor Hara's talk?
No, I didn't understand anything.

My father went to America on 13 October.
The day my father went to America was 13 October.

21.4   Translate into English.

予習をしないで授業に来る学生はいますか。
復習をきちんとしない学生はいますが、予習をしないで来る学生は
いません。

大学を卒業してから何をするつもりですか。
銀行で働いて大金持ちになって飛行機を買うつもりです。

きのう来たその手紙に返事を書くつもりですか。
いいえ、とても失礼な手紙なので、返事を書くつもりはありません。

あそこにいる黒いセーターを着た男は落ち着かない人ですね。
本当に。もう一時間も立ったり座わったりしています。

経済を勉強するつもりで大学に行ったが、おもしろくなかったので
途中で政治学に変えました。

Exercise 22

22.1 Question and response.

(a) Example:
先週引っ越しをしたのはジョンさんですか。(マリー)
いいえ。先週引っ越しをしたのはジョンさんではなくてマリーさん
です。

マリーさんが勉強しているのは中国文学ですか。(日本文学)
予習をしないで来たのはあなたですか。(金子さん)
最近物理学のノーベル賞をもらったのは山川さんの左に座わってい
る人ですか。(右)
朝の会議に遅れて来たのは藤本さんですか。(長谷川さん)
国子さんが好きな色は緑ですか。(こん色)
医者としてアフリカで働いているのは弟さんですか。(兄)
いつも時間通りに来るのはあの学生ですか。(こちらの学生)
となりの部屋から聞こえるのは国子さんの声ですか。(明子さん)
最近杉並区に移ったのはジョンさんですか。(マリーさん)
毎日遅くまで仕事をしているのは長谷川さんですか。(藤本さん)

(b) どうして今年の冬は日本へ行かないんですか。(I have no money)
お金がないんです。

なぜきのうは授業に来なかったんですか。(I was ill)
どうしてこの本を読まないんですか。(It is difficult)
なぜ山登りに行かないんですか。(I don't like climbing)
もう寝るんですか。どうしてですか。(I am tired)
どうして何も食べないんですか。(I am not hungry)
なぜ遅くまで仕事をするんですか。(I have a mountainous load of work)
どうして今日はテニスをしないんですか。(I am busy)
どうしてこのアパートはきらいなんですか。(It is noisy)
なぜ事務所に来なかったんですか。(I had urgent business to do)

22.2 Study the example and then perform the same operation on the following sentences. The point of this exercise is to see how you can shift emphasis.

(a)   Example:
        部長は<u>十月二十日</u>に<u>パリ</u>へ行きます。
           1   2   3
        1   十月二十日にパリへ行くのは部長です。
        2   部長がパリへ行くのは十月二十日(に)です。
        3   部長が十月二十日に行くのはパリ(へ)です。

        <u>英会話のクラス</u>は<u>月曜</u>と<u>水曜</u>にあります。
                1   2

        <u>二番目の兄</u>は<u>今</u><u>ドイツ</u>で<u>医学</u>の勉強をしています。
              1   2   3

        <u>ベートーベン</u>は<u>1770年</u>にボンで生まれました。
                1   2

        <u>長谷川さん</u>は<u>東西銀行の大手町支店</u>で働いています。
             1   2

        <u>マリーさん</u>は<u>おととい</u><u>銀座のデパート</u>で<u>ハンドバッグ</u>を買いました。
             1   2   3   4

22.3 Translate into Japanese.

I heard John and Marie talking in the room over there.
I saw a very young man driving a large black car.
Please come punctually.
We can hear the children laughing in the garden.
I saw a girl in a red jersey stealing a purse from that woman who was standing at the entrance of the building.

22.4   Further conversation practice.

ジョン: マリーさん、どうしたんですか。顔色が悪いですね。

マリー: 先週の土曜日に雨にぬれてかぜをひいたんです。

ジョン: 頭が痛いんですか。

マリー: ええ。それに、のどがとても痛いんです。

ジョン: それできのうの映画には来なかったんですか。

マリー: いいえ。そうではなくて、きのうの晩は宿題がたくさん
            あったのでうちで勉強していたんです。

ジョン: 大学生にも宿題があるんですか。

マリー: もちろん。ほとんど毎日ありますよ。でも今日は宿題も
            ないし、頭も痛いので早く寝るつもりです。

ジョン: よく休んで、早くよくなって下さいね。

マリー: どうもありがとう。ところで、きのうの映画はどんな話
            だったんですか。

ジョン: 昔の武士の物語だったので、僕の日本語では分からない
            部分がかなりありました。

マリー: 今の日本語とそんなにちがうんですか。

ジョン: さあ、少なくとも僕の知らない言葉が山ほどありましたね。

Exercise 23

23.1 Question and response.

(a) Example:
何をしに<u>駅</u>に行ったのですか。(buy a seat reservation)
指定席のきっぷを買いに行ったんです。

先生の部屋	ask questions
台所	drink some tea
日本	study Japanese
海	swim
京都	see Minoru
図書館	borrow books

(b) 奈良では何をしましたか。
鹿を見ました。
鹿を見てきました。

パリでは何をしましたか。
絵をたくさん見ました。

ロンドンでは何をしましたか。
大学時代の友達に会いました。

東西銀行では何をしましたか。
トラベラーズ・チェックを買いました。

北京では何をしましたか。
おいしい中国料理を食べました。

図書館では何をしましたか。
借りていた本を返しました。

23.2   Study the example and then perform the same operation on the following
sentences.

(a)   Example:
         気温が下がった。
         秋らしくなった。
         気温が下がって秋らしくなった。
         気温が下がり秋らしくなりました。

         その会議に参加した。
         たくさんの人の考えを聞いた。

         奈良に行った。
         お寺や神社を見た。

         毎日運動をした。
         とても健康になった。

         去年はローマに行った。
         名所を歩き回った。

         嵐山で見事な紅葉を見た。
         楽しい一日を過ごした。

(b)   ラジオで音楽を聞く。
         私は運転した。
         私はラジオで音楽を聞きながら運転した。

         大きな声で笑う。
         妹は友達からの手紙を読んでいる。

         写真を見る。
         私達は旅行の話を聞いた。

         コーヒーを飲む。
         宿題をした。

歩く。
私は時々考える。

お金の計算をする。
私達は旅行の準備をした。

歌を歌う。
国子さんはこちらへ歩いてくる。

仕事の話をする。
私はブラウンさんと散歩した。

料理をする。
友達と話した。

ラジオのニュースを聞いた。
部屋を片付ける。

(c)　　マーケットに行った。
魚を買う。
魚を買いにマーケットに行った。

国子さんは十二時ごろ家にもどった。
昼ごはんを食べる。

土曜ですが会社に来ました。
ブラウンさんの仕事を手伝う。

マリーさんは久しぶりにフランスへ帰った。
家族に会う。

ジョンさんは山川さんの家に行った。
お金を借りる。

ジョンさんとマリーさんはきっさ店に入った。
コーヒーを飲む。

正さんは十二月三十一日に富士山に登った。
初日の出を見る。

藤本さんは急いでここに来た。
伝言を伝える。

正さんのおかあさんは家に帰った。
夕食の準備をする。

(d)　みどりの窓口で特急指定券を買う。
　　みどりの窓口で特急指定券を買ってきて下さい。
　　みどりの窓口に特急指定券を買いに行って下さい。

郵便局で速達を出す。
デパートでプレゼントを選ぶ。
公園で子供と遊ぶ。
レストランで昼ごはんを食べる。
図書館で本を借りる。

23.3　Further conversation practice.

長谷川：　藤本さん、すいませんが東京駅まできっぷを買いに
　　　　　行ってきて下さい。
藤本：　　はい、分かりました。いつのきっぷですか。
長谷川：　あしたの朝、九時ごろ東京を出る新幹線のグリーン席の
　　　　　きっぷをお願いします。
藤本：　　グリーン席ですか。
長谷川：　これは私のためのきっぷではなくて支店長のですから。
藤本：　　ああ、そうですか。分かりました。
　　　　　それでどこまでですか。
長谷川：　新大阪までです。
藤本：　　一枚ですね。
長谷川：　そうです。
藤本：　　それでは行ってきます。
長谷川：　はい、お願いします。

Exercise 24

24.1　Study the examples and then perform the same operation on the following sentences.

(a)　　Example:
　　　　私はテレビを見ていました。
　　　　ジョンが来ました。
　　　　ジョンが来た時私はテレビを見ていました。
　　　　When John came, I was watching television.
　　　　私がテレビを見ていた時ジョンが来ました。
　　　　When I was watching television, John came.

　　　　私は宿題をしていました。
　　　　電話がなりました。

　　　　私の家にどろぼうが入りました。
　　　　家族はみんな留守でした。

　　　　課長が部屋に入ってきました。
　　　　長谷川さんは文句を言っていました。

　　　　兄はイギリスに行っていました。
　　　　ジョンさんが日本に来ました。

　　　　台風二十三号が来ました。
　　　　正さんは山登りをしていました。

　　　　私はお金を払っていました。
　　　　友達がその店に入ってきました。

　　　　試験が始まりました。
　　　　私はかぜをひいていました。

(b)　来ます。
　　　電話をかけます。
　　　来る前に電話をかけて下さい。
　　　電話をかけてから来て下さい。

　　　文句を言います。
　　　よく確かめます。

　　　この仕事を始めます。
　　　課長に聞きます。

　　　遊びに行きます。
　　　宿題をします。

　　　予習をします。
　　　復習をします。

　　　寝ます。
　　　部屋を片付けます。

　　　料理をします。
　　　手を洗います。

　　　出かけます。
　　　妹がフランス語で手紙を書くのを手伝います。

(c)　このアメリカの小説を読みました。(おもしろい)
　　　このアメリカの小説を読んでみたがあまりおもしろくなかった。

　　　すしを食べました。(おいしい)
　　　家の近くの公園に行きました。(きれい)
　　　ホテルがいっぱいだったのでユースホステルに泊まりました。(清潔)
　　　冬の初めに日本アルプスの山に登りました。(危ない)
　　　先生に質問をしました。(よく分かる)
　　　毎日練習しました。(上手になる)
　　　新薬師寺に行きました。(好き)
　　　そのビールを飲みました。(冷たい)

このコンピューターを使いました。(簡単)
きのうカレー・ライスを作った。(上手に出来た)

(d)　彼から手紙が一通来た。
彼からは手紙が一通も来なかった。

そのレストランにお客さんが一人いた。
京都にいた間に山下さんに一度会った。
きのう手紙を一通書いた。
ジョンさんは車を一台持っている。
国子さんは土曜日にピアノを一時間練習した。
その店でふでを一本買った。
その学会で私は一回質問をした。
奈良で一泊した。
今日電話が一度なった。
その子はりんごを一つ食べた。

(e)　マリーさんに東京で会った。(二年)
マリーさんに東京で二年ぶりに会いました。
マリーさんに東京で会ってからもう二年になります。

ロンドンへ行った。(六ヶ月)
四国で雪が降った。(十四年)
ジョンさんと電話で話した。(三週間)
両親に手紙を書いた。(一ヶ月)
あの有名な奈良のホテルに泊まった。(十年)

24.2　Question and response.

その手紙に返事を書くんですか。
ええ、書くかもしれません。

新しいアパートに引っ越すんですか。
かぎをかけるのを忘れたんですか。
遠足は中止ですか。
ホテルはいっぱいですか。

実さんのおにいさんはマリーさんの電話番号を知っていますか。
あした金沢へ行くんですか。
運転を習うんですか。
その人はドイツ語が分かるんですか。

Exercise 25

25.1　Study the examples and then perform the same operation on the following sentences.

(a)　Example:
夜が明けます。
出発します。
夜が明けてきたので出発します。

疲れます。
少し休みます。

おなかがすきます。
お弁当を食べます。

寒くなります。
もう一枚セーターを着ます。

文法が分からなくなります。
先生に質問します。

ワープロが安くなります。
買う人が多くなりました。

(b)　Take care where you place the word とても in the following.
国子さんはよくピアノの練習をする。
上手になった。
国子さんはよくピアノの練習をするのでとても上手になってきた。

近くに地下鉄の駅が出来た。
ここから都心へ通う人が多くなった。

十時間以上も歩いている。
疲れた。

暑い。
のどがかわいた。

日本円が高い。
海外へ旅行する日本人が増えた。

祖父は毎日散歩をする。
丈夫になった。

(c)　　この本を読む。
　　　その本を読む。
　　　この本を読んだ後その本を読むつもりです。
　　　この本を読んでからその本を読むつもりです。

　　　銀行へ行く。
　　　マーケットで買物をする。

　　　アルバイトをしてお金をためる。
　　　日本へ行く。

　　　お茶を飲む。
　　　部屋の片付けをする。

　　　電話をかける。
　　　彼の家へ行く。

　　　大学を卒業する。
　　　仕事を捜す。

(d)　　課長と話す。
　　　家に帰る。
　　　課長と話した後家に帰った。
　　　課長と話してから家に帰った。

　　　社長の考えを聞く。
　　　その手紙を書く。

弟が帰ってくる。
私は出かける。

戦争が終る。
生まれる。

京都へ行く。
奈良へ行く。

絵はがきを買う。
ホテルにもどる。

(e)   宿題をする。
友達とビールを飲む。
宿題をした後で友達とビールを飲んだ。
友達とビールを飲む前に宿題をした。

おふろに入る。
夕ごはんを食べる。

予習をする。
復習をする。

事故が起こる。
危険に気がつく。

彼は小説を書いて有名になる。
課長になる。

新幹線こだま33号は出発した。
長谷川さんが東京駅に着く。

(f)   <u>母</u>は<u>台所</u>にいます。(原教授、図書館)
原教授は図書館にいらっしゃいます。

<u>父</u>はきのう<u>アメリカ</u>へ行きました。(山本先生、中国)
<u>いとこ</u>が来週<u>仙台</u>から来ます。(マリーさんのおかあさん、フランス)

ジョン君、あしたはどこへ行くつもりですか。(ブラウンさん、どちら)
向こうから小さな男の子が来ます。(あちら、英会話の先生)
ねこはあの部屋にいます。(山本先生、あちらの教室)

25.2   Translate into Japanese.

When I was a child this village was very quiet.

I bought this house while houses were still cheap.

My mother put a kimono on for the first time in ten years.

John may not come because he has got a cold.

While I was studying law in London, I met many interesting people.

There are many people who are commuting from here to Tōkyō every day.

25.3   Further conversation practice.

ジョン：   正さんが初めてイギリスに来たのはいつでしたか。
正：   ええと、あれは水仙の花のころでしたから三月の末です
         ね。ジョンさんが日本へ来たのは確か一月でしたね。
ジョン：   ええ、一月末でした。とても寒い時でした。
正：   そうそう。あの年は一月半ばから二月半ばまでひどく
         寒い日が続きましたね。
ジョン：   着いてから二、三週間は仕事も始まっていなかったので
         下宿を捜しながら朝から晩まで東京中を歩き回りました。
正：   そうでしたね。あのころは僕も病院の仕事がまだあまり
         忙しくなかったので夕方からはよくいっしょに飲みに
         行きましたね。
ジョン：   だから僕は日本酒の味を日本へ来てすぐに覚えましたね。
正：   僕もイギリスにいたころはよくパブへ行ってビールを
         飲みました。
ジョン：   よく覚えています。あのころは西洋医学と東洋医学の
         ちがいなどについてよく議論しましたね。

Exercise 26

26.1   Question and response.

(a)   Note the use of the particle は. Example:
英語もフランス語も話すことが出来ますか。
英語は話すことが出来ますが、フランス語は話すことが出来ません。

月曜日にも火曜日にも来ることが出来ますか。
東西銀行では課長さんにも支店長さんにも会うことが出来ましたか。
そのマーケットでは肉も魚も買うことが出来ますか。
せんたくもそうじも自分ですることが出来ますか。
アラビア語もタイ語も読んだり書いたりすることが出来ますか。
この学校では科学も文学も勉強することが出来ますか。
この仕事は男も女もすることが出来ますか。
午前中にも午後にも電話をすることが出来ますか。
国子さんはピアノもヴァイオリンもひくことが出来ますか。
日本からヨーロッパへは飛行機でも船でも行くことが出来ますか。

(b)   Note again the use of は:
象を見たことがありますか。(二年前、インドで)
はい、象を見たことがあります。
いいえ、象は見たことがありません。
はい、二年前にインドで見ました。

日本へ行ったことがありますか。(三年前、両親と)
この話を聞いたことがありますか。(おととい、友達から)
生の魚を食べたことがありますか。(去年、東京のすし屋で)
お寺に泊まったことがありますか。(先週、奈良で)
中近東の国へ出張したことがありますか。(四年前、サウジアラビアへ)
新幹線に乗ったことがありますか。(日本に住んでいた時、よく)
ジョギングをしたことがありますか。(学生のころ、毎日)
この小説を書いた作家に会ったことがありますか。(先月、パリで)
授業を休んだことがありますか。(先週の水曜日に、病気で)
外国に住んだことがありますか。(1989年から1990年まで、ローマに)

(c)   アジアの国にも中近東の国にも長期滞在したことがありますか。
        アジアの国には長期滞在したことがありますが、中近東の国には
        長期滞在したことがありません。

        正さんにも実さんにも会ったことがありますか。
        九州へも北海道へも行ったことがありますか。
        ドイツの小説もフランスの小説も読んだことがありますか。
        アラビア語も中国語も勉強したことがありますか。
        せんたくもそうじもしたことがありますか。
        飛行機にも船にも乗ったことがありますか。
        アジアの音楽もアフリカの音楽も聞いたことがありますか。
        鹿も象も見たことがありますか。
        日本語のワープロも英語のワープロも使ったことがありますか。
        予習も復習もしなかったことがありますか。
        一日中コーヒーも紅茶も飲まなかったことがありますか。
        一週間の間本も新聞も読まなかったことがありますか。

26.2   Study the examples and then perform the same operation on the following
sentences.

(a)   Example:
        待ちます。   今まで待っていました。
        お待ちします。   今までお待ししていました。

        伝えます。   伝言を伝えていました。
        聞きます。   先生に聞いていました。
        借ります。   マリーさんからこの本を借りていました。
        会います。   原教授に会っていました。
        休みます。   きのうまで会社を休んでいました。

(b)   じゃまをする。   遅くまでじゃまをしていた。
        おじゃまをします。   遅くまでおじゃまをしていました。

        話をする。   おとうさまと話をしていた。
        買物をする。   夕方まで銀座で買物をしていた。
        手伝いをする。   先生の仕事の手伝いをしていた。

料理をする。　　　　　　お客さんのために特別な料理をしていた。

せんたくをする。　　　　昼前までせんたくをしていた。

(c)　　来週日本へ行きます。

来週日本へ行くことにしました。

来週日本へ行くことになりました。

その仕事は三月一日から私が担当します。

来年の四月から北海道の大学で魚の研究を始めます。

二月から五月までの四ヶ月間中国に滞在します。

アジアと南アメリカの森林を保護します。

北京で二十日から始まる学会に参加します。

大学を卒業した後は銀行で働きます。

これは危険なので私達の会社では使いません。

26.3　　Translate into English.

お医者さんから説明を聞いたことは聞いたんですがよく

分かりませんでした。

自分の気持を上手に人に説明することが出来ないことが

よくあります。

宿題はいつも自分一人でして下さい。

となりの部屋から母が笑っているのが聞こえます。

Exercise 27

27.1   Study the examples and then perform the same operation on the following sentences.

(a)   Example:
大学の調査隊の医師としてネパールへ行く。
興味のある話
大学の調査隊の医師としてネパールへ行くというのは興味のある話だ。

林田さんが来月結婚する。
本当の話

医師としてアフリカで働く。
難しい仕事

急いでいる時に聞きちがいをする。
よくあること

世界の出来事に興味を持っている。
いいこと

はっきりした目的を持って仕事を選ぶ。
案外難しいこと

(b)   長谷川: 「あした三時に来ます。」
on the same day:
長谷川さんがあした三時に来ると言っていました。
on the following day:
長谷川さんが今日三時に来ると言っていました。

山川: 「来週の木曜日からロンドンへ出張します。」
on the same day:
on the following Monday:

98

ブラウン:　　　　　「きのう父と母がイギリスから来ました。」
on the same day:
on the following day:

木下:　　　　　　「来年イギリスに英語を勉強しに行くつもりです。」
in the same year:
in the following year:

藤本:　　　　　　「来月から新しい仕事を始めます。」
in the same month:
in the following month:

27.2　Translate into Japanese.

I think that young man who is sitting over there is Mr Yamakawa's son.
I don't think he is a doctor.
I think he is coming by twelve.
I don't think Tadashi is good at playing the piano.
I don't think my mother likes this colour. [I think...does not...]
Please let me know your address and telephone number.
I think it is that lady who did this work.
Thursday is not convenient, so please come on Friday.
It is particularly difficult to talk in a foreign language on the telephone.
I understood very well what he explained to us yesterday.

27.3　Translate the following sentences into Japanese using という.

Do you know a company called British Engineering?
I have heard [there is a story to the effect] that European and African
doctors are planning a joint research project on this disease.
My elder sister is working in a place called Matsumoto.
Is it true that next Saturday is not convenient for you?
I didn't know until today that 23 November is a public holiday in Japan.

27.4   Further conversation practice.

After reading John's letter, Tadashi talks to a member of the expedition to Nepal.

正:	今朝ジョンさんから手紙が来ました。
前田:	彼は私達といっしょにネパールへ行くと言っていましたか。
正:	まだはっきり決めることが出来ないと言っていましたよ。
前田:	興味はあるんですか。
正:	ええ、とても興味はあるが、来年はイギリスに帰ることも考えていると言っています。
前田:	そうですか。調査隊の目的や調査の方法などはもう読んで分かっているんですね。
正:	ええ、読んだと言っていましたよ。ただ一つ、二つ分からないことがあると言っているので今度会った時に説明するつもりです。
前田:	ジョンさんには今度いつ会うんですか。
正:	二十三日にマリーさんのアパートにいっしょに行くことになっています。
前田:	それではその時によく話してみて下さい。
正:	はい、分かりました。

Exercise 28

28.1   Question and response.

(a)   Example:
　　　　いつジョンさんに電話をかけるつもりですか。
　　　　今かけたところです。
　　　　これからかけるところです。

　　　　いつこの仕事を始めるつもりですか。
　　　　いつそのことについて課長に話すつもりですか。
　　　　いつ飛行機の予約をするつもりですか。
　　　　いつこの手紙に返事を出すつもりですか。
　　　　いつ友達に旅行の写真を見せるつもりですか。
　　　　いつ家族をよぶつもりですか。
　　　　いつ出発の日を決めるつもりですか。
　　　　いつおふろに入るつもりですか。
　　　　いつマリーさんに借りたお金を返すつもりですか。
　　　　いつそのことについて先生に質問するつもりですか。

(b)   何か飲みますか。
　　　　いいえ、何も飲みません。

　　　　先週の日曜日はどこかへ行きましたか。
　　　　ミーティングではだれかと話しましたか。
　　　　どこか痛いですか。
　　　　だれかにお金を貸しましたか。
　　　　何か分かりましたか。

(c)   このクラスに剣道の得意な人が何人かいますか。
　　　　いいえ、剣道の得意な人は一人もいません。

　　　　そこに三百五十円の切手が何枚かありますか。
　　　　そのつくえの上に中国のふでが何本かありますか。
　　　　台所のテーブルの上にりんごがいくつかありますか。

この辺に赤い車を持っている人が何人かいますか。
その事務所にアメリカのコンピューターが何台かありますか。

28.2　Study the example and then perform the same operation on the following sentences.

Example:
この小説を読む。(interesting)
この小説は読んでみるとおもしろかった。

スキーをする。(enjoyable)
このケーキを食べる。(tasty)
日本語を勉強する。(not so difficult)
その映画を見る。(not so good)
このコンピューターを使う。(not so convenient)

28.3　Study the main text of this lesson and of lessons 20 and 22 and then answer the following questions in Japanese using full sentences, not just 'yes' or 'no'.

マリーさんのアパートは東京の何区にありますか。
地下鉄の駅のそばですか。
マリーさんのアパートは台所とおふろ場のほかに部屋がいくつ
ありますか。
マリーさんはなぜ引っ越したんですか。
マリーさんのアパートの窓から何が見えますか。
富士山が見えるのは東の方ですか。
マリーさんのアパートのとなりには何がありますか。
郵便局やお店も近くにありますか。
桜の花はいつ咲きますか。
マリーさんのアパートから自動車の音がたくさん聞えますか。
マリーさんのアパートは何階にありますか。

28.4　Translate into English.

剣道は始めてみるととてもおもしろい。

この写真を見ると昔のことを思い出す。

梅雨が明けると夏が来る。

かさを持たないで出かけると必ず雨が降る。

その子はおかあさんがお客さんと話しているのを見ると外へ遊び
に行った。

父はおこると何も言わないでだまっている。

母と公園に行くとブラウンさんが来ていた。

春になると人々は桜の木の下で歌を歌ったりお酒を飲んだりして
楽しみます。

その病気はどこか空気のいいところへ行くとよくなると思います。

年をとると足が弱くなる。

Exercise 29

29.1   Study the examples and then perform the same operation on the following sentences.

(a)   Example:
このコンピューターは使いやすい。
このコンピューターは使いにくい。

ジョンさんの説明は分かりやすい。
山本先生には質問しやすい。
このペンは書きやすい。
この言葉は発音しやすい。
この洋服は着やすい。
このかばんは持ちやすい。
この雑誌は読みやすい。
この漢字は覚えやすい。
このいすは座わりやすい。
この辺は住みやすい。

(b)   この子はチョコレートを食べて病気になった。
この子はチョコレートを食べ過ぎて病気になった。

きのうは山道を歩いて疲れた。
お酒を飲んで気持が悪くなった。
テレビを見て目が痛くなった。
細かいところを気にして損をした。
無理をして体を悪くした。

(c)   原教授は九時半から十一時十五分前まで話した。
原教授は九時半に話し始めて十一時十五分前に話し終った。
原教授は九時半に話し出して十一時十五分前まで話し続けた。

正さんは八時から十時半まで国子さんの宿題を手伝った。
ブラウンさんと長谷川さんは九時から正午まで話し合った。

国子さんは五時から八時までピアノの練習をした。
この間の土曜日は朝六時から夕方四時まで本を読んだ。
マリーさんは金曜から日曜までアパートの片付けをした。

(d) この練習を続ける。
この練習を続ける方がいい。
この練習は続けない方がいい。

その仕事を引き受ける。
難しい表現を使う。
そのことについて話し合う。
専門家の意見を聞く。
自分の考えを正直に言う。

29.2 Question and response.

Example:
この仕事を続けるんですか。
はい、この仕事を続けるつもりです。
はい、この仕事を続けるつもりにしています。

来週の土曜日に出発するんですか。
月末までにはもどってくるんですか。
高円寺のアパートに引っ越すんですか。
この本を一人で訳すんですか。
トラベラーズ・チェックを持たないで、海外旅行に出るんですか。

29.3 Translate into English.

原教授は話してみると案外話しやすい人ですよ。
山に登る時は歩きやすいくつをはいていくことが大切です。
勉強し過ぎるということはありません。
都合が悪いのはあしただけですか。
都合が悪いのはあなただけですか。
よく分からない時ははっきりそう言う方がいい。

29.4   Further conversation practice.

John, Marie and Tadashi carry on talking.

ジョン: マリーさんは前に何かフランス語から日本語に訳した
            ことがありますか。

マリー: ええ、でもその時は小説ではなかったので難しい表現は
            あまりありませんでした。

正: 確かに文学は難しいですね。僕も外国の医学雑誌を時々
            読みますが、専門家が使う言葉はだいたい決っている
            ので読みやすいですね。

ジョン: でも日本のお医者さんの書くものは読みやすく
            ありませんよ。

正: そうかなあ。

マリー: 日本人の書く文章には長いものがたくさんありますね。

正: フランス人の文章も同じですよ。長いのがたくさんある。

ジョン: 外国の文章が難しいのは言葉の背後にある考え方が
            ちがうからですね。

マリー: 私もそう思います。

Exercise 30

30.1 Study the examples and then perform the same operation on the following sentences.

(a) Example:
おいしいおすしを食べる。
おいしいおすしが食べたい。

おもしろい小説を読む。
インドの音楽を聞く。
冷たいビールを飲む。
新しい自動車を買う。
楽しい歌を歌う。

(b) 三時まで父を待つ。
三時まで父を待ちたい。

母を手伝う。
犬を散歩に連れていく。
貧しい国の子供達を保護する。
眠っている赤ちゃんを起こす。
ブラウンさんを招待する。

(c) 母に手紙を書きました。
母に手紙を書いたばかりです。

お茶を入れました。
社長にも課長にも相談しました。
中国のビザをとりました。
ブラウンさんの会社の人とも話し合いました。
東京駅の前でジョンさんと落ち合いました。

(d) 彼女に三時ごろ電話しました。
彼女に三時ごろ電話しておきました。

大阪までの指定席のきっぷを買いました。
アパートのかぎは台所のテーブルの上におきました。
実験の準備をしました。
次のミーティングの場所と時間はブラウンさんに知らせました。
さっき事務所に来た人の名前と電話番号は書き取りました。
パーティーには山川さんの奥さんも招待しました。

(e)   この仕事が終るまで待って下さい。
       この仕事が終るまで待ってほしいのですが...。

       月末まで少しお金を貸して下さい。
       フランス語で手紙を書くのを手伝って下さい。
       空港の中では写真をとらないで下さい。
       食事の間、政治の話はしないで下さい。
       私の言うことが分からない時は必ず質問して下さい。
       約束は守って下さい。
       文明と文化のちがいを説明して下さい。
       夜の十時半すぎは電話をしないで下さい。

30.2   Question and response.

       Example:
       どうして遠足に行かなかったんですか。
       遠足には行きたくなかったんです。

       どうして明子さんにあやまらなかったんですか。
       なぜ御両親に相談しなかったんですか。
       どうしてあんなにいい仕事を引き受けなかったんですか。
       なぜ彼と結婚しなかったんですか。
       きのうはどうして会議が終るまでいなかったんですか。
       なぜそのことを彼女に知らせなかったんですか。
       どうしてその学会に参加しなかったんですか。
       なぜ借りたお金は二十日までに返すと約束しなかったんですか。

30.3　Translate into English (note the use of 的).

これは歴史的な出来事ではありませんか。
私の大学時代の友達は小説を書いて世界的に有名になりました。
医学的には説明出来ない病気がまだたくさんあります。
これは政治的な問題ではなくて社会的な問題だと思います。
考え方の文化的なちがいのためにその話し合いは進まなかった。
その計画は現在の私達には経済的にちょっと無理だと思います。
弟はとても活動的なので、家でゆっくりするのは好き
ではありません。

私的なことでちょっと御相談したいのですが...。

朝は六時に起きて、夜は十時に寝るんですか。
ええ、それに毎日三十分必ず運動します。
ずいぶん健康的な生活をしているんですね。

Exercise 31

31.1 Further conversation practice.

(a)   Miss Fujimoto tells her section chief (Mr Hasegawa) about the telephone call from Mr Hayashida (see main text).

藤本:	課長、二十分ほど前に中野商事の林田様という方から お電話がありました。
長谷川:	用事は何でしたか。
藤本:	さあ、特に伝言はありませんでしたが、「もどりましたら すぐにお電話を差し上げます」と申し上げておきました。
長谷川:	ありがとう。ええと、中野商事の電話番号は…。
藤本:	はい、こちらです。

(b)   Kuniko answers the telephone at Yamakawa's.

国子:	もしもし、山川でございます。
マリー:	あのう、正さんはいらっしゃいますか。
国子:	兄はまだ病院からもどっておりませんが…。
マリー:	何時ごろお帰りになりますか。
国子:	今日は木曜日ですから、八時ごろには帰ってくると 思います。
マリー:	そうですか。それではそのころにもう一度お電話します。
国子:	あのう、お名前は。
マリー:	失礼しました。マリー・ペレです。
国子:	兄がもどりましたらお電話があったことを伝えて おきます。
マリー:	ありがとうございます。それではこれで。さようなら。
国子:	さようなら。

(c)   A conversation between Tadashi and his mother in the morning.

正:	おかあさん、今日は帰りがちょっと遅くなります。
信子:	あら、どうして。

正： 原先生が音楽会の券を下さったので、ジョンさんと
いっしょに行ってきます。

信子： そう。それは楽しみね。原先生からは前にもお能か何か
の券をいただいたんじゃない。

正： お能じゃなくて歌舞伎のきっぷですよ。半年ぐらい前
でしたね。先生はとてもお忙しいから、時々僕達助手に
きっぷを下さるんです。

信子： 原先生には仕事のことばかりではなくて特別にお世話に
なっているので、近いうちにお礼に何か差し上げたいと
思うけれど、どんなものがいいのかしら。

正： そんなことは必要ないんじゃないですか。まあ、その辺
のことはおかあさんに任せますが…。それでは行って
きます。

信子： はい、行ってらっしゃい。

(d)　A conversation between Tadashi and John.

ジョン： 来週の日曜はマリーさんのお誕生日ですね。何か
プレゼントを上げるつもりですか。

正： うーん。きのうの晩僕も考えていたんだけれどいい考え
が浮かばないんですよ。妹にも聞いてみましたが、
考えておくって言っていました。

ジョン： プレゼントを選ぶというのは案外難しいですね。

正： 僕は弟や妹にはよく本にするんですが、これは相手の人
を余程よく知らないと無理ですね。

ジョン： 子供のころクリスマスに同じ本を三人のちがう人から
もらったことがありました。

正： 僕もそんなことがあったな。

ジョン： ものを上げるのはやめて、その日はちょうど日曜日です
から三人でいっしょにどこかへ行くというのはどう
ですか。

正： 賛成だな。とてもいい考えだ。

Exercise 32

32.1   Study the examples and then perform the same operation on the following sentences.

(a)   Example:
妹が入院したのでお見舞いに行った。(ブラウンさん)
ブラウンさんが入院されたのでお見舞いに行きました。

日曜日に私は近くの公園まで散歩した。(原教授)
この計画には藤本さんも賛成した。(社長)
母は新宿で買物をした。(課長のおくさま)
マリーさんはみんなの前でそのことについて説明した。(部長)
その作家の話の後、兄が一番初めに質問をした。(私達の先生)
おばは1978年に結婚した。(社長のおじょうさん)
そのことについては母もずいぶん心配した。(明子さんのおかあさん)

(b)   ブラウンは交通事故にあった。
ブラウンさんは交通事故にあったらしい。
ブラウンさんは交通事故にあったようだ。
ブラウンさんは交通事故にあったみたいだ。

北海道ではきのう大雪が降った。
十月に入ると北海道は寒い。
祖母は若いころとても丈夫だった。
長谷川さんは四時ごろ来た。
あの建物は大学の図書館だ。
母は弟のことを心配している。
あそこに座わっている女の人はこの小説を書いた有名な作家だ。
その学生は先生の質問が分からなかった。
あのホテルは清潔だ。
冬休みにはスキーに行く人が多い。
このコンピューターは便利だ。
兄は医者になる。
明子さんの英語の先生はイギリス人ではなくてアメリカ人だ。

(c)　夕方から雨になるらしい。
　　　夕方から雨になりそうだ。

　　　彼は入院したくないらしい。
　　　日本のおばけの話はとてもこわいらしい。
　　　この車は運転しやすいらしい。
　　　姉は一人で旅に出たいらしい。
　　　あの子は頭がいいらしい。
　　　そのことについては話したくないらしい。
　　　中国語の発音は難しいらしい。
　　　父は今月はアメリカへ出張しないらしい。
　　　あの男の子は勉強が好きらしい。
　　　長谷川さんはいつも忙しそうだが、今週はひまらしい。
　　　この子は私の言うことがちっとも分からないらしい。
　　　この店のコーヒーはとてもおいしいらしい。

(d)　この写真を見ると必ず母のことを思い出す。
　　　この写真を見るたびに母のことを思い出します。

　　　うちの子はキャンプへ行くと必ずけがをする。
　　　東京へ行くと必ずおじやおばに連絡をする。
　　　雨が降ると必ず家の前に水たまりが出来て歩きにくくなる。
　　　大雪が降ると必ず列車が遅れる。
　　　生の魚を食べると必ずおなかをこわす。
　　　彼女は待ち合わせをすると必ず遅れて来る。

(e)　新しい車が買いたい。(弟)
　　　弟は新しい車を買いたがっています。

　　　早く退院したい。(ブラウンさん)
　　　そのこわい話が聞きたい。(子供達)
　　　おいしいケーキが食べたい。(妹)
　　　生け花が習いたい。(姉)
　　　外交官になりたい。(兄)

32.2   Question and response.

Example:
ブラウンさんはあした退院するんでしょうか。
ええ、退院するらしいですよ。
ええ、退院するみたいですね。

次のミーティングの時間と場所はもうみんなに知らせたんでしょうか。
うちの子は先生の質問が分かっているんでしょうか。
この仕事はあしたまでに出来るんでしょうか。
あの学生は本当にあの大きな家を買うんでしょうか。
長谷川さんとブラウンさんは知り合いなんでしょうか。

32.3   Translate into Japanese.

It seems (to me) that I have heard that story before.
That English writer seems to be very famous in Japan.
It looks (as though) it's going to snow this evening.
It appears that she does not want to work.
Miss Fujimoto seems to be a very easy person to talk to.

Exercise 33

33.1   Study the examples and then perform the same operation on the following sentences.

(a)   Example:
この本はとても高いらしい。
この本はとても高そうだ。
This book looks very expensive.
この本はとても高いそうだ。
I hear that this book is very expensive.

あの国は自由らしい。
この店のパンはとてもおいしいらしい。
長谷川さんは今日の集まりには来ないらしい。
僕の論文を正さんの妹さんがワープロでうってくれるらしい。
彼はあのフランス人の言っていることがちっとも分からないらしい。
この辺は地下鉄の駅に近いが割に静からしい。
きょうは大変だがあしたはもっと楽になるらしい。
彼女は毎日朝から晩まで一所懸命に仕事をするらしい。
こういう話を聞くと彼のおとうさんはひどくおこるらしい。
あの子は何も両親に相談しないらしい。
正さんは僕の日本語を直してくれるらしい。

(b)   お見舞いに行ってみる。
お見舞いに行ってみよう。
お見舞いに行ってみましょう。

彼が来るまで待つ。
今年は毎日きちんと習字の練習をする。
これ以上心配するのはやめる。
お天気がいいので外で遊ぶ。
この部分はよく分からないので先生に質問してみる。
三時ごろ地下鉄大手町駅北口の改札口で会う。
興味のある結果が出るかもしれないので検査してみる。

今晩は寒くなりそうだからセーターを持っていく。
疲れているので早く寝る。
おもしろそうな仕事なので引き受ける。

33.2   Translate into English.

藤本さんが私の代わりにその会議に行くことを承知してくれた。
課長はその仕事を私に任せてくれた。
母はいつも明るい顔で私達兄弟六人を育ててくれた。
ジョンさんがとてもいい色のセーターを買ってくれた。
母の具合が急に悪くなって電話をしたのは午前二時すぎだったが、
お医者さんはすぐに来てくれた。

33.3   Translate into Japanese.

Let's go as far as the shrine on foot (by walking).
My teacher kindly lent me this book.
I feed my cat twice a day.
Let's meet up again tomorrow at five.
Let's stop worrying about him.

33.4   Further conversation practice.

(a)   A conversation between Tadashi and his sister Kuniko.

正: 国子。今、忙しい。
国子: そうでもないけど。
正: ちょっと手伝ってくれるかな。
国子: いいわよ。なーに。
正: これワープロでうってくれるかな。
国子: お安い御用よ。あら、これおにいさんの字じゃないわね。
正: そう。ジョンのなんだ。
国子: ずいぶん上手な日本語ね。

正：　　　うん。このごろ彼は話すだけではなくて書くのも
　　　　　うまくなったな。あんまり長くないからそんなに時間も
　　　　　かからないだろう。

国子：　　ええ、それにジョンさんにはずいぶん英語の分からない
　　　　　ところを教えてもらったから、彼のものはいつでも
　　　　　うって上げるわよ。

正：　　　それはよかった。今度そう言っておこう。

(b)　　A conversation between Mr and Mrs Yamakawa.

信子：　　そろそろ寒くなってきたので実にセーターでも送って
　　　　　やろうと思ってるんですよ。

一：　　　そうだね。京都の冬はとても寒いからきっと喜ぶだろう。

信子：　　去年は割にひまだったので私が一枚編んでやったんです
　　　　　が、今年は夏からずっと忙しかったんで買ってやること
　　　　　にします。

一：　　　そうか。でも今年の正月に帰って来た時、おかあさんの
　　　　　編んでくれたセーターはやっぱりあたたかいって嬉し
　　　　　そうな顔をしてたぞ。

信子：　　そうでしたかしら。

Exercise 34

34.1 Study the examples and then perform the same operation on the following sentences.

(a)   Example:
お酒を飲む。
お酒が飲める。
お酒は飲めない。

マリーさんの引っ越しを手伝う。
彼女にお金を貸す。
法律の勉強を続ける。
お茶を入れる。
写真をとる。
アメリカの車を買う。

(b)   話す   フランス語   中国語
フランス語も中国語も話せない。
フランス語は話せますが、中国語は話せません。

出かける	午前中	午後
来る	あした	あさって
ひく	ピアノ	ヴァイオリン
行く	学会	その後のパーティー
泳ぐ	兄	弟
理解する	林先生の説明	山田先生の説明
本を借りる	町の図書館	大学の図書館
あしたまでに仕上げる	この仕事	あの仕事
運転する	普通車	バスやトラック
休む	日曜日	土曜日

(c)　明後日まで待って下さい。
　　　明後日まで待ってもらえますか。
　　　明後日まで待っていただけませんか。

　　　月末までに必ず払って下さい。
　　　かぎは玄関の右がわにあるテーブルの上に置いておいて下さい。
　　　私の両親に会って説明して下さい。
　　　ここではタバコをすわないで下さい。
　　　もう少し詳しいレポートを書いて下さい。
　　　あしたは面接をしていますので、九時から十一時までは電話を
　　　かけないで下さい。

(d)　<u>ジョンさん</u>、二時まで待って下さい。(お客さま)
　　　お客さま、二時までお待ち下さい。

　　　マリーさん、どうぞ上がって下さい。(大山さん)
　　　ジョンさん、この電話を使って下さい。(ブラウンさん)
　　　正君、もうすぐ電車が出ますから急いで下さい。(お客さま)
　　　実さん、検査の結果を知らせて下さい。(ブラウンさん)
　　　国子さん、このメニューの中から選んで下さい。(お客さま)

34.2　Respond in the negative potential form and also make necessary changes.

Example:
もう少し食べて下さい。
もう食べられません。

フランス語で手紙を書いて下さい。
あしたは三時に来て下さい。
その戸を開けて下さい。
このコンピューターを使って下さい。
あしたのミーティングは八時半から始めて下さい。
パーティーのためにおすしを作って下さい。
あの店で切手を買って下さい。
私の話を信じて下さい。
早くお金を返して下さい。

34.3   Translate into Japanese.

Why were you late for the conversation class this morning?
I was very tired and could not get up before eight.

I can wait for you until seven but not until eight.
I meant to go and see Helen yesterday, but I was so busy that I couldn't
leave my office until nine.
There was not one student in this class who could not read this *kanji*.

34.4   Translate into English.

人は水と空気なしでは生きられない。
あの人は頭がかたいのでそんなことは話せません。
祖父の病気のことが気になってきのうのパーティーは楽しめなかった。
電話をかけたかったがお金を一円も持っていなかったのでかけられ
なかった。
面接では上がっていたので、自分の考えていることの半分も
言えなかった。

Exercise 35

35.1 Study the example and then perform the same operation on the following sentences.

Example:
若い男が私の手さげかばんをひったくった。
私は若い男に手さげかばんをひったくられた。

長谷川課長は藤本さんにコピーを頼んだ。
台所のたなの上に置いておいた魚をねこが食べた。
学生達が先生のうわさをしている。
去年の台風は村の入口にあった大木を倒した。
姉が私の日記を読んだ。
先生は学生に注意した。
多くの専門家がこの問題を話し合っている。
最近、この工場ではこの機械をあまり使っていません。
子は親を尊敬していないのではありませんか。
この点はあまり多くの人が理解していないようです。
ブラウンさんは長谷川さんを夕食に招待した。
日本人は中国から漢字を取り入れた。
学生はよく原教授に相談する。
国民は彼を首相に選んだ。
仏教の人達はその作家を批判している。
その女はパリのホテルの部屋から母のハンドバッグとカメラを
ぬすんだ。

35.2 Translate into English.

重要な仕事を任せられたので、来月は忙しくなりそうだ。
日本人の観光客に写真をとられたその村の女はとてもおこっていた。
私は両親にどなられたことは一度もありません。
たばこをすっているのを母に見られた。

日本の国土の約六十パ-セントが森林であることは案外人々に
知られていない。
この小説の中では出てくる人の気持がとても上手に表現されている
と思います。
残念ながらこの国の自然は十分に保護されているとは言えません。
この話はこの地方で親から子へと語り伝えられているものです。

35.3   Further conversation practice. The situation is that Marie has just realised
that she has forgotten an umbrella on the train. She goes into the station office.

マリー:	あのう、電車の中にかさを置き忘れたんですが...。
駅員:	何線の電車ですか。
マリー:	五分ぐらい前に着いた中央線です。
駅員:	着いたのは一番線ホームでしたか。
マリー:	いいえ、二番線ホームだったと思います。
駅員:	そうですか。しばらくお待ち下さい。ちょっと見て みます。(He looks at a computer screen.) ああ、その電車 はまだ出ていませんから、すぐにホームの方に連絡して みます。
マリー:	すいません。
駅員:	ええと、お客さんが乗ったのはどのへんでしたか。
マリー:	一番前ではありませんでしたが、前の方でした。
駅員:	かさの色は。
マリー:	赤とブルーのです。
駅員:	はい、分かりました。少々お待ち下さい。お客さん、 よかったですね。見つかったそうです。一、二番線 ホームのまん中にある事務室に取りに行って下さい。
マリー:	はい、どうもありがとうございました。
駅員:	これからはよく気を付けて下さいね。
マリー:	はい。

35.4 Complete the following table.

meaning	verb	potential form	～たい form	passive form
	言う			
	する			
	行く			
	聞く			
	教える			
	来る			
	覚える			
	買う			
	かける			
	売る			
	起こす			
	訳す			

Exercise 36

36.1 Study the examples and then perform the same operation on the following sentences.

(a)　Example:
ミーティングに遅れた。
ミーティングに遅れてしまいました。
ミーティングに遅れてしまったんです。

ここへ来る途中でかぎを落とした。
課長にブラウンさんからの伝言を伝えるのを忘れた。
長い間フランス語を使っていなかったので前のようにうまくは
話せなくなった。
このごろ漢字が覚えられなくなった。
あの本は妹の友達に上げた。
この制度はもう時代遅れになった。
パリの地下鉄でトラベラーズチェックも現金もすられた。
あの有名な物理学者と話をする機会をのがした。
息子も娘も外国へ行った。
きのう彼女にとても不愉快なことを言われた。
ちゃんと話を聞くつもりだったんですが、とても疲れていたので
いねむりをした。
この仕事は本当はしたくなかったが引き受けた。
新しいプロジェクトの計画を立てることを部長から任された。
きのうの集まりでブラウンさんとジョーンズさんを間違えた。
大切な書類の入ったかばんをバスの中に置き忘れた。

(b)　泳げない。
弟がバカにする。
私は泳げないので弟にバカにされた。
私は泳げないので弟にバカにされてしまった。

うそをついた。
母がしかる。

みんなの意見に反対した。
友達が仲間はずれにする。

右と左を間違えた。
子供達が笑う。

自分の考えを正直に言わなかった。
仲間が軽蔑する。

赤信号の時に道路を渡った。
お巡りさんが注意する。

(c)　彼は来ない。
彼は来ないような気がする。
彼が来るとは思わない。

姉は結婚しない。
長谷川課長はどならない。
この実験は成功しない。
あの男は働かない。
実さんは遠慮しない。
ジョンさんは十時半の電車に間に合わない。
彼は社長の意見に反対しない。
藤本さんは伝言を伝えるのを忘れない。
ジョンさんはうそをつかない。
正さんは約束の時間に遅れない。

36.2　Translate into Japanese using the word 方.

The train leaves Tōkyō Station at 7:15, so it would be better if you went by taxi.
I do think it would be better if you talked over the matter with your parents.
Don't you think it would be preferable not to work too hard?
I think it would be quicker to go by bike because the traffic is heavy in the morning.
This computer is more convenient.

36.3   Translate into English.

子供のころ、近所の男の子によくいじめられたのを覚えています。

黒人達はまるで品物のようにマーケットで売られていたのです。

その地方で話されている言葉にはとても強いアクセントがあります。

きのうの晩は久しぶりに中国の友達に手紙を書くつもりだったが、
お客に来られてすっかり時間をとられてしまった。

最近は計算機を使う人が増えたので、そろばんはもう日本人の
日常生活から忘れられてしまったようです。

これはあまり人に聞かれたくない話ですのでそのつもりで聞いて
下さい。

言論の自由が保障されている国の数は世界にそれほど多くない。

家に帰る途中で雨に降られて、びしょぬれになった。

教会の中で赤ちゃんに大きな声で泣かれて、その若い母親はとても
困っているようだった。

お金も仕事もなかった時に受けた友人の親切は忘れられません。

Exercise 37

37.1 Study the examples and then perform the same operation on the following sentences.

(a)　　Example:
生徒は静かにする。(先生)
先生は生徒を静かにさせた。

ジョンさんはがっかりする。(マリーさん)
両親は安心する。(そのニュース)
いとこはアメリカの大学に留学した。(おじとおば)
子供達はよく笑う。(祖父)
母は心配する。(弟)
男は悲しむ。(女)
病人は落ち着く。(医者)
弟と妹は早く寝る。(母)
部下は遅くまで働く。(部長)
父はおこる。(姉)
社員は八時半までに会社に来る。(社長)

(b)　　学生は日本語で日記を書く。(先生)
先生は学生に日本語で日記を書かせる。

子供達はいっしょに道路を渡る。(お巡りさん)
親は苦労をする。(子)
学生は一週間に約四十漢字を覚える。(日本語の先生)
助手は難しい仕事も手伝う。(教授)
国子さんはピアノの練習を続ける。(国子さんのおかあさん)
このクラスの学生は質問をしない。(歴史の先生)
生徒は大きな声を出して英語の文章を読む。(ハリス先生)
国民は国の将来について考える。(首相)
社員は文句を言わない。(社長)
藤本さんは部長に伝言を伝える。(長谷川課長)
主婦達はクーラーを買う。(セールスマン)

社員は遅れた理由を説明する。(部長)
子供はなくした物を見つかるまで捜す。(母親)

(c)   実さんはいつもじょうだんを言う。
友達は笑う。
実さんはいつもじょうだんを言って友達を笑わせる。

姉は時々うそをつく。
父はひどくおこる。

兄は医学の勉強を途中でやめてしまった。
両親はとてもがっかりした。

妹はドイツからうちに電話をした。
父と母はすっかり安心した。

彼は何も言わないで急に外国に行ってしまった。
彼女はとても悲しんだ。

面接の時、教授は簡単な質問から始めた。
学生は落ち着いた。

(d)   コーヒーを飲む。
コーヒーでも飲みに行きませんか。

いっしょにおすしを食べる。
あの作家の話を聞く。
近いうちに映画を見る。
日曜日に馬に乗る。
あしたブラウンさんに会う。
おかあさんのお誕生日のプレゼントを買う。

37.2   Translate into English.

日本の文化を外国人に理解させることは無理だと考えている人が
日本には相当いるのではありませんか。

勝手なことばかりは出来ないということを息子に分からせます。

娘はまだ子供ですので一人では映画を見に行かせたくありません。

いつもあなたに払ってもらっているので今日は私が払います。

長いことお待たせしてしまって申し訳ありませんでした。

37.3　Translate into Japanese.

I do not let my younger sister use my computer.

Please come in. I will have my assistant help you.

My parents did not want to let my elder sister marry Nicholas.

On his birthday, mother let Julian eat chocolate and cake as much as he liked.

On Sundays, I let children play in the nearby park.

I will not let you drive my new car because you have had a beer in the pub.

Exercise 38

38.1   Study the examples and then perform the same operation on the following sentences.

(a)   Example:
正君はいつも時間に正確だ。
きょうはめずらしく遅れて来た。
正君はいつも時間に正確なのにきょうはめずらしく遅れて来た。

鈴木さんはお金持ちではない。
毎年新しい車を買う。

急いでいたのでタクシーで行った。
私達は九時発の新幹線に間に合わなかった。

雨が降りそうだ。
父はかさを持たないで出かけた。

今日の遠足を前から楽しみにしていた。
かぜをひいて行かれなくなってしまった。

朝から何も食べていない。
食欲がない。

雪が降っている。
子供達は平気で外で遊んでいる。

今日はとてもあたたかい。
マリーさんはセーターを何枚も着ている。

おとといは休みだった。
兄は一日中仕事をしていた。

あの子はまだ七歳です。
フランス語もドイツ語も中国語も話せます。

この子はきのう宿題をしないで学校へ行って先生にしかられた。
今日も宿題をするつもりがないらしい。

一所懸命に準備した。
試験に落ちてしまった。

何度もやさしい言葉で説明した。
あの子はまだよく分からないらしい。

こよみの上では今日から春です。
まだ気温の低い日が続きそうです。

日本語は三年間勉強しただけです。
あの外人はまるで日本人のように日本語を話します。

正さんは友達に冬の山登りは危ないと言われた。
今週末一人で行くらしい。

(b)   Example:
雨が降る。
私は出かける。
雨が降っても私は出かけます。

旅行に行きたい。
お金がないので行けない。

彼は頭がよい。
親切ではないのできらいだ。

その本を読む。
分からないかもしれない。

彼女に頼む。
お金は貸してくれないよ。

この辺は便利です。
車の音がうるさいので好きではない。

藤本さんにその仕事を頼む。
大丈夫だと思う。

今日は遅くなる。
必ず来る。

その会には行きたくない。
出席する。

(c)   この映画を見る。(何度)
飽きない。
この映画は何度見ても飽きない。

ジョンさんに手紙を書く。(何度)
返事をくれない。

この問題について考える。(いくら)
よく分からない。

正さんに山に一人で行くのは危ないと言う。(何回)
納得しない。

あの青年はたくさん食べる。(いくら)
おなかがいっぱいにならないらしい。

物価が上がるのでお金を一所懸命にかせぐ。(どんなに)
足りない。

38.2   Translate into English.

私は自分が正しいと信じていることをしたので人にどんなに
笑われてもかまいません。

そんなことは六歳の子供でも出来ますよ。

両親が無理をして大学に行かせたのに弟は勉強もしないで毎日
遊び歩いている。

この分野のプロジェクトはアイディアがどんなによくても
やってみると失敗する可能性がある。

Exercise 39

39.1 Study the examples and then perform the same operation on the following sentences.

(a)   Example:
        日本の歴史の本を読んでみる。
        日本の歴史の本を読んでみようと思います。

        彼女とは別れる。
        遅くとも十一時半までには帰る。
        古くなったカメラを弟にやる。
        結婚の相手は自分で選ぶ。
        日本の料理を作ってみる。
        来年も経済の勉強を続ける。
        あしたから毎日三十分運動する。
        両親だけではなく家族みんなの意見を聞く。
        仕事を変えることも考える。

(b)   出かける。
        雨が降ってきた。
        出かけようとした時に雨が降ってきた。

        夕食を始める。
        お客さんが来た。

        アメリカへ行くのをあきらめる。
        ボストンの大学から招待された。

        電車に乗る。
        かばんをひったくられた。

        私が質問する。
        他の人が質問した。

マリーさんのうわさをする。
彼女が部屋に入ってきた。

事務所を出る。
課長に呼ばれた。

まどを閉める。
鳥が入ってきた。

ジョンさんに電話をかける。
彼から電話がかかってきた。

おふろに入る。
地震が起った。

息子は道路を渡る。
モーター・バイクにはねられた。

(c)　心配しないで下さい。
　　　心配しないようにとのことです。

　　　まだお金は払わないで下さい。
　　　よく準備して下さい。
　　　十分に楽しんで下さい。
　　　気にしないで下さい。
　　　よく休んで下さい。
　　　このことは彼女には言わないで下さい。
　　　今すぐに出発して下さい。
　　　周りの人の気持も分かって上げて下さい。
　　　泳ぎたがらない子供達も泳がせて下さい。
　　　夕食が済んでから来て下さい。

(d)　これから毎日きちんと復習をします。
　　　これから毎日きちんと復習をしようと思います。
　　　これから毎日きちんと復習をするつもりです。
　　　これから毎日きちんと復習をしたいと思います。

母が忙しい時には私がごはんを作ります。
発音の練習にテープレコーダーを使います。
このかばんは古くなったので新しいのを買います。
少なくとも一ヶ月に一度は両親に手紙を書きます。
少し熱があるので今日は早目に帰ります。
マリーさんの引っ越しを手伝って上げます。
大学を卒業した後は銀行で働きます。
この問題についてはもう一度よく考えてみます。
こういうことは母に任せます。
今日は日曜日ですから仕事を休みます。

39.2   Translate into English.

ジョンはサンドイッチを食べています。
ジョンはサンドイッチを食べてしまいました。
ジョンはサンドイッチを食べに行きました。
ジョンはサンドイッチを食べてきました。
ジョンはサンドイッチを食べてから来ました。
ジョンはサンドイッチを食べに来ました。
ジョンはサンドイッチを食べていきました。

正さんにそのことを知らせました。
正さんにそのことを知らせてきました。
正さんにそのことを知らせに来ました。
正さんにそのことを知らせておきました。
正さんにそのことを知らせてしまいました。
正さんにそのことを知らせに行きました。

笑おうと思って笑ったのではありません。
笑おうと思っても笑えませんでした。
笑おうと思ったのに笑えませんでした。

お金はポンドでではなくドルのトラベラーズチェックで持っていく
のが便利だと思います。

このことは母には絶対に言わないでおこうと思います。

周りの人の言うことはあまり気にしないで生きていくことに
しました。

どうぞゆっくり休んでいって下さい。

私がその問題について話しかけた時に首相が入ってきたので、
みんなの注意は彼の方へいってしまった。

きのう駅で知らない人に話しかけられた。

Exercise 40

40.1 Study the examples and then perform the same operation on the following sentences.

(a) Example:
今日はきのうより寒い。
今日の方がきのうより寒い。

中国語は日本語より発音が難しい。
国子さんは正さんよりピアノが上手だ。
ジョンさんはブラウンさんより若い。
正さんはおとうさんより朝早く出かける。
北海道は四国より大きい。
パリの地下鉄はロンドンのより便利だ。
実さんは正さんより背が高い。
あの店の品物はこの店のより安くて質がいい。
妹さんはおねえさんより熱心ですね。
この写真はそちらのより古い。

(b) 木下君は山田君より速く走れる。
山田君は木下君ほど速く走れない。

本州は北海道や九州より大きい。
マリーさんはジョンさんより料理がうまい。
イタリア人はイギリス人より感情を表現する。
この小説はあの小説よりおもしろい。
この病院の看護婦さんは大阪の病院の看護婦さんより親切だった。
ジョンさんは日本の小学生よりたくさん漢字が書ける。
鎌倉は東京より静かだ。
火曜は木曜より忙しい。
おにいさんは弟さんより頭がいい。
最近、ドルはポンドより弱い。
野球はフットボールより人気がある。
鈴木さんは山本さんよりお金持ちです。

(c)　私のクラスではピーターが一番よく勉強が出来る。
　　　私のクラスで一番よく勉強が出来るのはピーターです。

　　　一年のうちでは秋が一番好きです。
　　　ヨーロッパの中ではドイツが一番経済的に強い。
　　　このホテルの中では三階の部屋が一番静かです。
　　　一年のうちでは六月に一番よく雨が降ります。
　　　このクラスでは田中君が一番熱心です。
　　　アフリカではナイル川が一番長い。
　　　アジアの中ではベトナムが一番貧しい国の一つです。
　　　私が作った料理の中ではおすしが一番うまく出来た。
　　　この大学の中では図書館が一番立派だ。
　　　お誕生日にもらったプレゼントの中では母がくれた手ぶくろが一番
　　　嬉しかった。

40.2　Translate into Japanese.

Do you think that cricket is more interesting than baseball?
The story I heard on the radio last night is more mysterious than the one
you have just told me.
I think that Japanese is the most difficult language but my Japanese friend
says that English is more difficult.
The Great Buddha in Nara is bigger than the Great Buddha in Kamakura.
I prefer beer to wine.
The number of university students in England is not as large as that in
Japan.

Which colour do you like best?
I like dark blue best.

Who can run fastest in your class?
In the hundred metre race, James can.

40.3   Translate into English.

食事は一人でするより家族や友達とする方がずっとおいしい。
何もしないで考えているよりやってみる方がいいのではありませんか。
この大学では女の学生の数の方が男の学生のより多いというのは
本当ですか。
時計を買いたいのですが、これより小さくて、もう少し安いのは
ありませんか。
ここから電車で行くのとバスで行くのとどちらが速く銀座に着ける
と思いますか。
準備はしてありますからいつでも都合のいい時に実験を始めて下さい。
外国語で話す時には会って話す方が電話で話すよりずっとやさしい。

仕事と家庭とどちらが大切ですか。
選ぶのは無理です。どちらも大切ですから。

来週のミーティングのことはジョンさんにはもう伝えてあります。
来週のミーティングのことはジョンさんにも伝えておきました。

Exercise 41

41.1 Study the examples and then perform the same operation on the following sentences.

(a)   Example:
　　　　「何時に起きましたか。」　　　　　　　　　　ジョンさん
　　　　ジョンさんに何時に起きたか聞いた。

　　　　「検査の結果はいつごろ分かりますか。」　　　お医者さん
　　　　「いつまで日本に滞在するつもりですか。」　　タイ人の旅行者
　　　　「どうしてこの仕事はしたくないんですか。」　藤本さん
　　　　「きのうは何時まで会社にいましたか。」　　　ブラウンさん
　　　　「いつからいつまで中国へ出張するんですか。」山川さん
　　　　「なぜたくさん人が集まっているんですか。」　若い男の人
　　　　「漢字はいくつあるんですか。」　　　　　　　日本語の先生
　　　　「マリーさんにはいつ会いましたか。」　　　　ジョンさん
　　　　「ここから一番近い地下鉄の駅はどこですか。」お巡りさん
　　　　「この薬は一日に何回飲むんですか。」　　　　看護婦さん
　　　　「一番好きな季節はいつですか。」　　　　　　マリーさん
　　　　「仙台まで新幹線で何時間かかりますか。」　　駅員さん

(b)   イギリスの春は一番美しい季節だ。
　　　　イギリスの春ほど美しい季節はない。

　　　　あの看護婦さんは一番親切な人だ。
　　　　彼は一番役に立つ助手だ。
　　　　山下さんは一番よく勉強する学生だ。
　　　　家の中で茶の間が一番落ち着く部屋だ。
　　　　この分野では原教授が一番すぐれた学者だ。
　　　　これは私が一番気に入っているレコードだ。
　　　　エベレストは世界で一番高い山だ。
　　　　春子ちゃんは一番よく泣く子だ。
　　　　このテープレコーダーは一番使いやすいモデルだ。
　　　　正君は一番時間に正確な友達だ。

(c)   五時前に帰る。
        五時前に帰ってもいいですか。

        ここに駐車する。
        買物に行ってくる。
        ここで写真をとる。
        先におふろに入る。
        今晩は友達と外で食事をしてくる。
        お酒を少し飲む。
        子供を公園で遊ばせる。
        今日退院する。
        犬を連れて散歩に行く。
        助手を私の代わりに出席させる。

(d)   現金で払う。
        現金で払わなくてもかまいませんか。

        あしたまでにこのレポートを仕上げる。
        月末までに借りたお金を返す。
        両親に相談する。
        航空便で出す。
        空港まで迎えに行く。
        あさっての会議に来る。
        今すぐに決める。
        フランス語で話す。
        レストランの予約をする。
        日本語が上手に使える。

41.2   Translate into Japanese.

        May I ask a question?
        Do you mind if I don't go with you to London tomorrow?
        May I use your telephone?
        Is it all right to pay later?
        Do you mind if I open the window?
        Is it all right if I come slightly late?
        I have never met anyone who is as short-tempered as Sarah.

41.3   Translate into English.

彼は試験が好きなんですか。変わった人もいるものですね。

おかあさんだけではなくおとうさんも入院ですか。それは困った
ことになってしまいましたね。

困ったことがある時はいつでも遠慮なく相談に来て下さい。
お手伝い出来ることがあるかもしれません。

ヨーロッパやアメリカを旅行している日本人はよくさっぱりした
ものが食べたいと言っている。

彼女はとてもさっぱりした性格の人ですからそんなことはもう気に
していないと思いますよ。

Exercise 42

42.1 Choose the correct verb and then translate the sentence into English.

(a) あの白い家の前で車を (止めて、止まって) 下さい。
あのビルの前に (止めて、止まって) いる車はおじのです。

(b) 日本の銀行は三時に (閉めます。閉まります。)
今日は祭日ですからいつもより早く五時に店を (閉める、閉まる)
つもりです。

(c) あなたが今何を考えているか (当たりましょうか。当てましょうか。)
その日は連休に (当たって、当てて) いるので、指定席は全部
いっぱいだと思いますね。

(d) 音楽会は五分前に (始まりました。始めました。)
あしたからこの小説を読み (始まる、始める) つもりです。

(e) 本人がこのプロジェクトに興味を持っていないのに、やる気を
(起きる、起こす、起こさせる) のは無理なのではありませんか。
せっかく本人がやる気を (起きた、起こした、起こさせた) のに、
プロジェクトがだめになってしまった。
せっかくやる気が (起こした、起きた、起こさせた) のに、
プロジェクトの方がだめになってしまった。

(f) 池に落ちた子供は、丁度通りがかった青年に (助かった。
助けられた。助けた。)
ローマでお金やパスポートをすられて困っていた時に、全然
知らない人が (助けられて、助けて、助かって) くれた。
ローマですりにあって困っていた時、知らない人がお金を貸して
くれてとても (助けられた。助けた。助かった。)

(g) そのニュースが外務大臣から首相に (伝わる、伝えられる、伝える)
と、首相は顔色を (変えた。変わった。)

事故のニュースが空港にいた人々に (伝わる、伝えられる、伝える)
と、人々の顔色が (変えた。変わった。)
私の決心を両親に (伝わる、伝えられる、伝える) と、母は泣き
出した。

(h)　この大学では新しい図書館を建てる計画が教授の間で (進めて
います。進んでいます。進められています。)
医学は日々 (進められています、進んでいます、進めています) が、
まだ分かっていないことがたくさんあります。
ヨーロッパの国々は経済的、政治的、さらに社会的な統一を
(進められています。進んでいます。進めています。)

(i)　マリーさん、具合が悪そうですね。
ええ、おとといジョンさんに会った時にかぜを (うつした、
うつされた、うつった) らしいんです。
マリーさん、頭が痛いんですか。
ええ、おとといジョンさんといっしょにほん訳をしたんですが、
その時に彼からかぜが (うつった、うつした、うつされた)
らしいんです。
ジョンさん、マリーさんの具合が悪そうでしたよ。
うん、僕がかぜを (うつして、うつって、うつされて) しまった
らしいな。

(j)　そのミーティングにはだれが参加するのかもう (決めて、決まって)
いるのですか。
夏休みにはみんな日本へ行くのですか。私はまだ (決めて、
決まって) いません。

(k)　みんなが納得するまで話し合いを (続けよう。続こう。)
その学会は四日間 (続けた。続いた。)

(l)　お医者さんにもらった薬を飲んでいるのに、かぜがちっとも
(治る。治らない。治さない。)
あのお医者さんはどんな難病でも (治る、治せない、治せる) らしい。

(m)　弟は試験に (落として、落ちて) がっかりしている。

　　　事務所の入口にこんなかぎが (落として、落ちて) いました。

　　　あなたのですか。

　　　ここへ来る途中、どこかでおさいふを (落とした、落ちた) らしい。

42.2　Translate into Japanese.

　　　A black cat came in through that window.

　　　The discussion has been going on more than ten hours.

　　　Suddenly the wind's direction changed.

　　　I'll finish my homework by eleven at the latest.

　　　That girl riding on the bicycle over there is my cousin.

Exercise 43

43.1   Study the examples and then perform the same operation on the following sentences.

(a)   Example:
家に帰る。
宿題をする。
家に帰ってすぐに宿題をした。

駅へ行く。
荷物を預ける。

値段を聞く。
買うことに決める。

子供を寝かす。
出かける。

バスに乗る。
となりに座わっている人に話しかける。

事件を知る。
交番に電話をかける。

レストランを出る。
おさいふを置き忘れてきたことに気が付く。

成田空港に着く。
東西銀行の長谷川さんに連絡をする。

(b)   Example with です:
今のは文法を説明するための例です。
今のは文法を説明するための例に過ぎません。
That was just an example to explain the grammar.

Example with pure verb:

日常会話が何とか分かります。

日常会話が何とか分かるに過ぎません。

All I can really manage is to understand everyday conversation.

私が藤本さんと結婚するというのはうわさです。

漢字は五百ぐらい書けます。

私は部長の代わりにこの会議に出席しています。

みんなを笑わせるためのじょうだんです。

長谷川さんがそう言ったのは遠慮からです。

銀行からお金を借りるというのも一つの方法です。

興味があったので質問したのです。

43.2   Study carefully the way the verbs are used and then translate the
sentences into English.

来週の予定を決めています。

これからの予定はもう決まっています。

そのうわさはもう伝わっていますよ。

この話は何代にもわたって語り伝えられている。

このノートが入口に落ちていましたが...。

ここへ来る途中でおさいふを落としたらしいんです。

この道は大きな車は通れません。

この道路は大きな車は通していません。

彼はもう四十歳ですが三十歳で通っています。

子供のために少しはお金を残しておくつもりです。

父が死んでみると、母や私達のためのお金は少しも残っていなかった。

父が死んでみると、母や私達のためのお金は少しも残されていなかった。

あそこで飛行機を飛ばしているのがいとこのケンです。

飛行機が飛んでいるのが遠くの方に見える。

その仕事はもう済んでいます。
その仕事はもう済ませてあります。
仕事を済ましてすぐに来ました。
この仕事を今日中に済ませて下さい。

あの店で売っている物はほとんどにせ物ですよ。
あそこでくだものを売っている青年はとても親切です。
このごろ赤い色の車がよく売れるそうです。

滅多に

こんなに見事なかけじくはめったに見られません。
授業に出ないで友達としゃべっているところを先生に見られてしまった。

43.3 Translate the following sentences into Japanese using the verb

(a) 聞く.

I told him that I did not want to listen to that kind of unpleasant rumour.
Can you hear the birds singing? No, I can't.
I heard that story again and again from my grandmother when I was a child.
I was sure that I heard people's voices from the next room, but when I went there to see there was no one.
I was asked how to read this *kanji* by our teacher but I could not answer.
I can hear children laughing outside.

(b) 見る.

I saw John coming out of that office about an hour ago.
She looks like a Japanese but she is in fact Vietnamese.
Only rarely can you see Mt Everest as clearly as you can today.
When I'm told 'Please don't look', I want to look even more.

Have you seen that American film?
Yes, I have never seen a film as funny as that.

Exercise 44

44.1 Study the examples and then perform the same operation on the following sentences.

(a) Example:

おいしいのでたくさん食べます。
おいしければたくさん食べます。

やる気があるので成功すると思います。
深刻な状況なので社長に相談にのってもらいます。
めったに日本語の本を読まないので漢字が書けなくなります。
よく分からないので先生に質問します。
心配なので電話をかけて聞いてみます。
旅行に行くお金が足りないのでアルバイトをするつもりです。
具合が悪いので出席しません。
学生なので飛行機のきっぷが安く買えます。
お天気がいいので自転車で行きましょう。
責任のとれない仕事なので断ることにします。
自分の意見をちっとも言わないので分かってもらえない。
今度のアパートは静かなので落ち着けると思います。
時間がないので手伝えません。
気に入らないので取り替えてもらいます。

(b) 断ってもいいですか。
断ればいいでしょう。

トラベラーズチェックで払ってもいいですか。
外で遊んでもいいですか。
ここに車を止めてもいいですか。
この英会話のクラスに申し込んでもいいですか。
ここにかぎを置いておいてもいいですか。
この点についてもう少し調べてみてもいいですか。
相談にのって上げてもいいですか。

土・日は働かなくてもいいですか。
聞こえなかったふりをしてもいいですか。
今すぐに決めなくてもいいですか。

(c)   説明する。
        こんがらがってくる。
        説明しようとすればするほどこんがらがってくる。

        食べる
        食欲がなくなる。

        忘れる。
        そのことが気になる。

        理解する。
        彼女の気持が分からなくなる。

        正直に言う。
        言葉が見つからない。

        安心させる。
        母は私のことを心配する。

(d)   十二時までに駅に行った。
        十二時までに駅に行かなければならなかった。

        ドイツ語が出来ないのでおもしろそうな仕事も断った。
        トラベラーズチェックでではなく現金で払った。
        かぜ気味なので失礼した。
        相手に分かるように専門の言葉は使わないで説明した。
        パスポートをなくしたので大使館へ行った。
        多くの人に反対されたので計画を変えた。
        日曜日なのにミーティーングに出席した。
        学生のころは一日に八時間も勉強した。
        お酒を飲みすぎたので車をおいてタクシーで帰った。
        ブラウンさんが事故にあって入院されたので代わりに出張した。
        頼まれたほん訳を課長の家まで届けた。

(e)   その手紙は速達で出す。
       その手紙は速達で出さなければいけませんよ。

       予習も復習もしっかりする。
       人の批判をする前にはよく考える。
       信号がだいだい色に変わった時は止まる。
       きちんと計画を立ててから始める。
       おつりを受け取る時にはよく確かめる。
       朝起きた時と夜寝る前には歯をみがく。
       最後まで責任をとる。

44.2   Translate into English.

       インドへも南アメリカへも行きたいが時間もお金もあまりないので
       どちらかを選ばなければならない。
       性格さえよければ能力や資格は問題ではありません。
       この薬を飲めばどんな病気も一晩で治るというのは本当ですか。
       あやまりさえすればそれでいいという考え方には賛成出来ません。
       彼女は真面目ないい人ですが、ちょっとものごとを深刻に考え
       過ぎますね。
       「真面目」と「深刻」のちがいは何ですか。
       自分のしたことや言ったことには責任をとらなければいけませんよ。
       説明を聞けば聞くほど分からなくなってきてしまった。
       はっきり断れればいいのに、それが出来ないから困っているんです。

Exercise 45

45.1   Study the examples and then perform the same operation on the following sentences.

(a)   Example:
雨が降る。
出かけるのはやめるつもりだ。
雨が降ったら出かけるのはやめるつもりです。

給料が上がる。
もう少し大きいアパートに引っ越したいと思う。

ヨーロッパで五年も暮らした。
日本へ帰りたくなくなってしまった。

近くの公園に散歩に行く。
国子さんも犬を連れて来ていた。

今すぐ発つ。
夕方までに金沢に着ける。

反省してみる。
自分勝手だったということがよく分かった。

仏教を勉強した。
インドやビルマへ旅行したくなった。

教授に伺う。
親切に説明して下さった。

急な仕事を頼まれて忙しい。
来なくても私はかまわない。

その事件についてもう一度調べる。
何か新しいことが分かるかもしれない。

自転車に乗れない。
この町での生活は不便だ。

急がない。
間に合わない。

さっき彼に電話した。
もう事務所を出た後だった。

迷惑じゃない。
この本を来週まで貸してもらいたいんだが...。

神社やお寺に興味がない。
京都に行っても仕方がない。

(b)   四時半ごろまで待つ。
四時半ごろまでお待ちする。
四時半ごろまで待ったらどうですか。
四時半ごろまでお待ちになったらいかがですか。

藤本さんに渡す。
藤本さんにお渡しする。

少し休む。
少しお休みする。

社長に会う。
社長にお会いする。

お金を借りる。
お金をお借りする。

この本を返す。
この本をお返しする。

先生を訪ねる。
先生をお訪ねする。

教授に聞く。
教授にお聞きする。

課長に任せる。
課長にお任せする。

(c)   大阪へ出張する。(あしたからだ。)
    大阪へ出張するとしたらあしたからですね。

    父が夕食前にもどってくる。(六時半ごろだ。)
    パーティーを開く。(来週の土曜日だ。)
    副社長が奈良に泊まった。(あのホテルだ。)
    これだけ言っても分からない。(相当頭が悪いんだ。)
    反省したのだ。(まだ十分ではないみたいだ。)
    お金も時間もあるのに旅行に行かない。(行く気がないからだ。)
    この話が本当だ。(大変なニュースだ。)
    パリを案内する。(どこから始めるか。)
    飛行機の到着が遅れている。(雪のためだ。)

45.2   Translate into English.

ラジオを聞くなら小さな音で聞いて下さい。
音楽を聞いていたら眠くなって眠ってしまった。

買物に行くならついでに郵便局で切手を買ってきてほしいのですが…。
デパートに買物に行ったら、いつもは開いている日なのに閉まっていた。

学生なら学生らしくしたらどうですか。
学生だったら割り引きがありますよ。

両方の言い分を聞かなければ公平な判断は下せない。
両方の言い分を聞いたら、どちらが正しいのか分からなくなって
しまった。

Exercise 46

46.1 Study the examples and then perform the same operation on the following sentences.

(a) Example:
東大へ行く。
東大へ行かなくてはならない。
東大へ行かなければならない。

四時までにこの車の修理を終わらせる。
ここから東京駅まで地下鉄で行くと三回も乗り換える。
社長は難しい判断を下した。
この計画を実行に移す前にそちらの問題を解決する。
一日のうちの時間の使い方を少し反省してみる。
その件に関しては私が責任をとる。
八月八日までに申し込む。
知らない言葉は一つ一つ辞書で調べる。
言いたくないことも正直に言った。
一度始めたら最後まで続ける。
子供は遅くとも八時半までに寝かす。
この仕事を引受けた後だったので、そのおもしろそうな仕事は断った。

(b) 何度も練習したら上手になる。
何度も練習すると上手になる。

ブラウンさんの家に行ってみたら留守だった。
外へ出てみたら雪が降っていた。
やってみたら案外簡単だった。
ファックスを送ったらすぐに返事がきた。
林さんは会ってみたらとても話しやすい人でした。
私があやまったらマリーさんはすぐにゆるしてくれた。
快速で行ったら三十分もかかりませんよ。
そんなことを言ったら彼はきっとがっかりしますよ。
中国語が相当上手じゃなかったらこれを訳すのは無理だな。

少し一人になって反省してみたら、自分が勝手だったということが
分かるんじゃありませんか。

(c)   歩けますが、ちょっとありますよ。
歩けなくはありませんが、ちょっとありますよ。
歩けることは歩けますが、ちょっとありますよ。(See lesson 26.8)

無理をすればあしたも行けますが、あさっての方がずっと都合が
いいんです。
来られますが、十時半からの会議にはちょっと間に合わないと
思います。
食べられますが、生の魚はあまり好きではないので少ししか食べられ
ません。
私も手伝えますが、この問題については正君の方がよく知っている
と思います。
あなたの気持も分かりますが、やはりもう一度考え直した方がいい
のではありませんか。
フランス語も話せますが、ドイツ語の方が得意です。
お金は正さんから借りられますが、やはり迷惑になると思います。
このワープロも使えますが、あまり使いやすくありませんよ。
今からでも伺えますが、もう遅いのであしたの朝でもよろしいですか。
助手にも任せられますが、この件に関しては自分自身で確かめたい
と思ってます。

46.2   Translate into English.

あなたが言いたいことは、つまりこういうことなんでしょう。
つまり、それが君の希望なんですね。
つまりあなたは、だれがあんなうわさを言い始めたか知らないと
言うんですか。
暗くならないうちに帰りましょう。
今のうちにちゃんと勉強しておかないと、試験の時に困るのは
あなた自身ですからね。
つまり、結婚はしたいが相手があの人ではいやだということなんですね。
二、三日のうちに御返事をいただきたいと思います。
一月三日までに東京にもどっていなくてはならないということは、

つまり副社長に同行して香港に行くのは無理だということですね。
今週はちょっと忙しいので無理ですが、そのうちいっしょに
飲みましょう。

46.3   Translate into Japanese using the word うち.

Let's go before the traffic gets heavy.
It is easier to learn foreign languages while one is young.
While John is still in Japan, let's go on a trip together.
Even if you don't understand what I mean now, you will understand in
due course.
While you have money, why don't you save some?

Exercise 47

47.1　Study the examples and then perform the same operation on the following sentences.

(a)　Example:
うそをつく。
うそをついてはいけない。　　うそをついてはいけません。

やたらに要求する。
美術館の中で写真をとる。
お金を借りる。
大きな声で話す。
友達に意地悪をする。
お酒を飲む。
知っているのにだまっている。
会議に遅れる。
駅の前に駐車する。
簡単に妥協する。

(b)　黙っていられない。
黙っているわけにはいかない。

安全が保障出来ないのでそのお金は預かれない。
その日は他の約束をしてしまったので行けない。
山川さんにはいつも世話になっているので迷惑はかけられない。
先週も藤本さんに余分の仕事を頼んだのでこれは頼めない。
この点に関しては絶対に妥協で出来ない。
本人が行きたくないと言うので無理には行かせられない。
同じ間違いをしたことがあるので、彼の失敗は笑えない。
うちの子はまだ二歳なのでほっておけない。
駐車場が足りないので社員全員に車で来ることは許可出来ない。

(c)　おふろに入る。
おふろに入りなさい。

あしたまでによく考えておく。
毎日三十分運動をする。
タバコをすうのをやめる。
自分の意見をはっきり言う。
天気のいい日は外で遊ぶ。
残さないで全部食べる。
道路を渡る前に左右を確かめる。
結果が出たらすぐに知らせる。
目的をはっきりさせる。
お互いの気持がよく分かるまで話し合う。
自分が悪かったと認めたらあやまる。
好きな色のセーターを選ぶ。

(d)   ここに駐車をする。

ここに駐車をしてもいいですか。   ここに駐車をしてはいけませんか。

ジョンさんも招待する。
なぜ出席しなかったか説明しない。
知らない言葉は辞書で調べる。
今日は休みなのでお店を四時に閉める。
近くまで買物に行ってくる。
おにいさんのコンピューターを使う。
友達に荷物を預かってもらう。
いとこにお金を貸して上げる。
課長に仕事のことで文句を言う。
娘に手伝わせる。

47.2   Respond using でも in (a) or も in (b). Be aware that this will also involve
changing some other elements of the sentence.

(a)   彼女は何語が話せますか。   何語でも話せます。

何時までここにいられますか。
いつ私の事務所に来られますか。
その本はどの本屋で買えますか。
いくらお金を貸してくれますか。

その部屋には何人入れますか。
いつからこの仕事を始められますか。
どちらの色がいいですか。
いつまでこの雑誌を借りていてもいいですか。

(b)   だれがきのうの集まりに来たんですか。   だれも来ませんでした。

だれがそんなことを言ったんですか。
だれからお金を借りたんですか。
だれに私の住所や電話番号を教えたんですか。
だれと映画を見に行ったんですか。
この夏休みにどこへ旅行したんですか。
どこが痛いんですか。
市場で何を買ったんですか。
何が不満なんですか。

47.3   Translate into Japanese.

Do I really have to ask my parents?
Even a four-year-old child can do that.
No matter how much I eat, I still feel hungry.
You must not believe such a rumour.
It is not that I am opposed to the project but I think it would be better if
we discussed it a little more before we put it into practice.

Exercise 48

48.1   Study the examples and then perform the same operation on the following sentences.

(a)   Example:
正直に言った方がいい。
正直に言うべきだ。

妹さんといっしょに行った方がいい。
今すぐに出発した方がいい。
奥さんや子供に連絡した方がいい。
原教授の意見も伺った方がいい。
あきらめないでもう少し頑張った方がいい。
時には妥協した方がいい。
きちんと計画を立ててから実行に移した方がいい。
うまくいかなかったら、あなた自身が責任をとった方がいい。
病気の時は無理をしないでゆっくり休んだ方がいい。
お互いが納得するまで交渉を続けた方がいい。
話を進める前に社長の許可をもらった方がいい。
双方の言い分を聞いてから判断を下した方がいい。
そのことについてはよく考えてから決めた方がいい。
目標をもっとはっきりさせた方がいい。

(b)   そんなことは言わない方がいい。
そんなことは言うべきではない。

つまらないうわさは信じない方がいい。
人の失敗は笑わない方がいい。
そんなにおこらない方がいい。
自分のことは反省しないで人のことばかり批判しない方がいい。
見かけで人を判断しない方がいい。
お酒を飲んだら運転しない方がいい。
悪い印象を与えるようなことは言わない方がいい。
同じ間違いを何度も繰り返さない方がいい。

48.2   Translate into English.

男達は立ったままで話を続けた。
彼女は三ヶ月前に会った時には、近いうちにまた電話をすると
言っていたのにどこかへ行ってしまったまま連絡がなくなって
しまった。
今朝の労使間交渉はお互いがお互いの考えを理解出来ないままで
終ってしまった。
あまりきれいではありませんが、この建物は事務所として使えない
わけではありませんから、しばらくはこのままにしておいたら
いかがですか。
彼はお客さんを待たせたままいつまでも電話で話をしている。
今週はとても忙しくて本を読む時間もなかったので、この間借りた
本はまだあのままつくえの上に置いてあります。
先進国は発展途上国に対して経済援助をすべきだと思いますか。
日本語を習いたい外国人には方言ではなくて標準語を教えるべき
でしょうか。
弟が遊びに来いと言うからわざわざ京都まで行ったのに、忙しいと
言ってちっとも相手にしてくれなかった。
今回の選挙の投票率は、前回より高く、七十三パーセントだった。

48.3   Translate into Japanese.

It was you who made a mistake, so you should apologise.
Don't you think that you should try to investigate yourself first before
asking someone else?
My elder brother has gone to China and does not seem to be keen on
coming back.
Please leave the door open.

48.4 Complete the following table.

talk	話す	話そう	話させる	話せ	話すな
	聞く				
	言う				
	手伝う				
	あきらめる				
	建てる				
	考える				
	間違える				
	笑う				
	信じる				
	来る				
	訪ねる				
	変わる				
	取る				
	通う				
	する				

Exercise 49

49.1　Study the examples and then perform the same operation on the following sentences.

(a)　　Example:
　　　それでは失礼します。
　　　それでは失礼させてもらいます。
　　　それでは失礼させていただきます。

　　　それでは私が課長の代わりに出席します。
　　　お宅の前に車を止めます。
　　　私の考えで注文を出しました。
　　　これから社長のお話を承ります。
　　　めずらしい中国のかけじくを拝見した。
　　　それではありがたくちょうだいします。
　　　その件についてはしばらく考えます。
　　　今日は四時半に帰ります。
　　　来られなかった理由を説明します。
　　　あんなことになってしまった責任は私がとります。

(b)　　私はゆっくり考えたい。
　　　私にゆっくり考えさせて下さい。
　　　私にゆっくり考えさせてほしいのですが。

　　　自分の結婚相手は自分で選びたい。
　　　このテープレコーダーをしばらく拝借したい。
　　　副社長の日本旅行に同行したい。
　　　私は彼の仕事を手伝いたい。
　　　中国の友達に電話をかけたい。
　　　あなたの会社のような活気のあるところで働きたい。
　　　朝五時前に発ちたい。
　　　私は習字を習いたい。
　　　残念ですが、その話は断りたい。
　　　その本は私が訳したい。

(c)　　毎日三十分運動する。
　　　毎日三十分運動するようにしている。
　　　毎日三十分運動することにしている。

　　　人のうわさはしない。
　　　薬はあまり飲まない。
　　　フランスの小説はフランス語で読む。
　　　自分の考えは正直にはっきり言う。
　　　お茶やビールを出来るだけ飲まないで水を飲む。
　　　予習をする前に復習をする。
　　　借りたお金は出来るだけ早く返す。
　　　無理な計画は立てない。
　　　自分の車ではなく出来るだけ電車やバスを利用する。

(d)　　札幌行きの特急はあと十分で出る。
　　　札幌行きの特急はあと十分で出るはずです。

　　　ロンドンからの便は二十三時着です。
　　　彼は遅くとも九時前に来る。
　　　その部屋は海に面しているので静かです。
　　　この薬を飲めば熱は下がる。
　　　義務教育はただです。
　　　航空便は船便より高い。
　　　一度会ったことがあるなら正さんはあなたのことを覚えている。
　　　宿題をしないで学校に来る子供は先生がこわい。
　　　予習をして来なかったのなら、この質問には答えられない。
　　　もう七時すぎですからそろそろ兄が帰ってくる。
　　　私の記憶が確かなら、山川さんのおとうさんはエンジニアです。
　　　彼は正直な男なので、彼が来ると言ったのなら必ず来る。

(e)　　あした行きますか。(ジョンさん)
　　　ジョンさんにあした行くかどうか聞いた。

　　　二万円貸してくれますか。(母)
　　　このコンピューターを使ってもいいですか。(ジョンさん)
　　　私の言ったことが分かりましたか。(学生)

マリーさんの住所と電話番号を知っていますか。(正さん)

もう家族には連絡しましたか。(ブラウンさん)

お見合いをしたことがありますか。(藤本さん)

中近東の国で働きたいですか。(大山さん)

ブラウンさんからの伝言を支店長に伝えましたか。(長谷川さん)

環境問題に興味を持っていますか。(マリーさん)

卒業したらイギリスに行くつもりですか。(山下さん)

49.2   Translate into Japanese using the causative form.

Please let me treat you to a meal.

Will you please permit me to see your chairman?

Let me try once more.

Will you let me drive your new car?

I would like to have a day off next week either on Wednesday or on Friday.

Exercise 50

50.1 Study the examples and then perform the same operation on the following sentences.

(a) Example:
朝早く目が覚める。
朝早く目が覚めるようになった。

弟はこのごろよく勉強する。
あの組合は簡単に妥協する。
厳しいばかりではなく同情心も持つ。
神を信じる。
人のせいにしないで責任をとる。
自分だけで決めないで両親にも相談する。
兄はがんこだが、このごろ自分の間違いは認める。
口で言うだけではなく、行動する。
前は文句ばかり言っていたのに、最近は自分でも努力をする。
お金には興味がなかったのに、急に投資をする。
この二、三ヶ月よくものを忘れる。
彼はちゃんとした人だったのにこのごろいいかげんなことを
言ったり、したりする。
子を持って初めて親の気持が分かる。
この国では人口の九十パーセント以上の人が義務教育を受ける。
専門家だけではなく一般の人も環境問題を考える。

(b) 成田に着いたらすぐに連絡します。
成田に着き次第連絡します。

このレポートを書き終わったらすぐに伺います。
この部屋のそうじが済んだらすぐに手伝いに行きます。
長谷川さんが来たらすぐに知らせて下さい。
社長との連絡がつきましたらすぐにお電話を差し上げます。
出発の日が決まったらすぐに準備を始めます。
なくされたおさいふは見つかりましたらすぐにお送りいたします。

あの本はマリーさんから返ってきたらすぐにあなたに貸して上げます。
あの仕事は私の担当になったらすぐにあなたにも参加してもらいます。
社長からの許可がもらえたらすぐにこのプロジェクトを実行に
移します。
ブラウンさんの病院の名前と場所が分かったらすぐにお見舞いに
行きます。
父がもどってきたらすぐにブラウンさんからの伝言を伝えます。
準備が出来たらすぐにファックスで知らせます。

(c)　先生は子供達に歌を歌わせた。
　　　子供達は先生に歌を歌わせられた。

　　　部長は課長にプロジェクトの準備をさせた。
　　　母親は子供になくしたものが見つかるまで捜させた。
　　　先生は学生に新しい言葉を暗記出来るまで繰り返させた。
　　　教授は助手に納得するまで調べさせた。
　　　支店長は部下に副社長の到着の時間を何度も確かめさせた。

50.2　Translate into English.

　　　かぎをかけて出かけたつもりなのに、帰ってみたら戸は閉まって
　　　いたがかぎはかかっていなかった。
　　　この本を読んでいるうちに、今まで分かっていると思っていたこと
　　　まで分からなくなってきてしまった。
　　　あの男は社長になってからはまるで自分が世界で一番力のある人間
　　　になったつもりでいるようだ。
　　　みなさん、今日は子供になったつもりで十分に楽しんでいって
　　　下さい。
　　　他の人の意見を聞いているうちに、自分の判断が正しかったかどうか
　　　自信がなくなってきた。
　　　十二月二十二日を過ぎると次第に日が長くなります。
　　　歴史は勉強の仕方次第でおもしろくもつまらなくもなります。
　　　お礼を申し上げに原教授のお宅に伺ったのに、かえってごちそうに
　　　なってしまった。
　　　あまり考え過ぎるとかえっていい案が浮かばないのではありませんか。

50.3   Translate into Japanese using a causative form.

I was made to undertake this job although I did not want to.
This film caused people to think about the value of freedom.
When I was at primary school I was made to swim three times a week
from June to September.
I was sent (made to go) to the meeting instead of our head of department.

Exercise 51

51.1 Study the following example and then perform the same operation on the following sentences.

(a)   Example:

私は早目に家を出た。(遅れない)

私は遅れないように早目に家を出た。

So as not to be late, I left home in good time.

やさしい言葉で話した。(小さい子供にも分かる)

旅行に必要なものをメモした。(忘れものをしない)

どろぼうは外国へ逃げた。(警察につかまらない)

家の前の道路を広げた。(大きい車も通れる)

セーターを二枚着た。(かぜをひかない)

夜は早く寝る。(朝早く起きられる)

公平に分けた。(だれも文句を言わない)

話し合いは続けられた。(双方が納得する)

よく注意しながら宿題をした。(同じ間違いを繰り返さない)

待ち合わせの時間に遅れないように行った。(父がイライラしない)

(b)   私でも役に立つ。

いつでも来る。

私でも役に立つようだったらいつでも来ます。

私でも役に立つようならばいつでも来ます。

熱が下がらない。

お医者さんに診てもらった方がいい。

公衆電話を度々使う必要がある。

テレフォン・カードを買った方が便利ですよ。

荷造りにとても時間がかかる。

私も弟といっしょに手伝いに行きましょうか。

送別会が十二時までに終らない。
バスがなくなるので正さんの家に泊めてもらう。

私の説明がはっきりしない。
遠慮しないでいつでもそう言って下さい。

(c)   そんなことを言ったら彼はきっとおこる。
そんなことを言ったのなら彼はおこったわけだ。

予習も復習もしなかったらきっと先生の質問に答えられない。
半年も手紙を書かなかったらきっと御両親は心配する。
エジプトまで行ってピラミッドが見られなかったら藤本さんは
きっとがっかりする。
そんな態度で交渉に行ったら相手はきっとこちらの考えを聞いて
くれない。
空港の中の公衆電話が全部こわれていたら人々はきっと騒ぎ出す。

(d)   このごろ一度かぜをひくとよく長引く。
このごろ一度かぜをひくと長引きがちだ。

雪の日にはよく交通事故が起こる。
このごろ体の具合が悪いのかよく疲れる。
国子さんはよく数学の授業を休む。
アフリカではもう何年にもわたってよく食料が不足する。
よく他人の生活の方が自分のよりよく見える。
彼はこのごろボンヤリしていてよく大切な伝言も忘れる。
彼は目上の人の前ではよく必要以上に遠慮する。
彼女はよく自分のことを反省する前に人のことを批判する。

51.2   Translate into English.

A: 漢字を三百覚えるのにどのくらいかかりますか。
B: さあ、答えにくい質問ですね。三日で覚えてしまった人もいますし、
三ヶ月以上かかった人もいますから。

A: ケンブリッジからオックスフォードまで行くのにはバスで行くのと
電車で行くのとではどちらが便利でしょうか。

B: 電車で行くとロンドンで乗り換えなければならないので直行の
バスで行った方が楽だと思いますね。

A: 出発の準備はもう済みましたか。

B: とんでもない。まず荷造りをするのに思ったよりずっと時間が
かかってしまって。

A: どうしてそう言ってくれなかったんですか。いつでも手伝いに来た
のに。

B: それが荷造りというのは自分でやらないとかえってごちゃごちゃに
なってしまうんですよ。どこに何を入れたかということがはっきり
分かっていた方が向こうに着いてから楽ですからね。

A: まあ、そう言われればそうですけど。僕に何か出来るようだったら
遠慮なく言ってくださいね。

B: ありがとう。

A: 私達が今、パリとかロンドンへ行く時に飛行機の予約をするように、
月へ行くのにもきっぷを買ったり、座席を予約したりするような
時代が将来やって来るんでしょうかね。

B: さあ、どうですかね。少なくとも、私の生きているうちには無理だ
と思いますよ。

Exercise 52

52.1   Study the examples and then perform the same operation on the following sentences.

(a)   Example:
お礼を申し上げたらよい。(どのように、分からない)
どのようにお礼を申し上げたらよいのか分かりません。

お金が足りない。(どうして、調べてみる)
彼女は来ると言ったのにパーティーに来なかった。(なぜ、聞いてみる)
いとこが部屋に入ってきた。(いつ、知らなかった)
彼がつまらないうそをついた。(なぜ、理解出来ない。)
説明したら分かってもらえる。(どのように、分からない)
彼が老人ホームの生活に満足していない。(なぜ、説明出来ない)

(b)   ジョンさんはそんなことは言わないはずだ。
ジョンさんに限ってそんなことは言わないと思います。
I'm sure that John is the very last person to say such a thing.

正さんはこういう仕事は引き受けないはずだ。
ブラウンさんは人をバカにしたりしないはずだ。
藤本さんはこんないいかげんな報告書は書かないはずだ。
弟は母を悲しませるようなことはしないはずだ。
マリーさんはそんな意地悪なことは考えないはずだ。

(c)   この赤ん坊は泣く。
この赤ん坊は泣くかと思うと泣かないし、泣かないかと思うと泣く。

彼は両親に相談する。
母は旅行に行く。
この子は外で遊ぶ。
この学生は文句を言う。
この赤ちゃんはミルクを飲む。

52.2   The following exercise is to help you write simple letters in Japanese. Try
to translate each of these sentences twice, once into formal language and once
into a more colloquial idiom. Once your answers have been corrected, memorise
them for later use.

Thank you for your letter of 31 March.
Thank you very much for your kind invitation to your birthday party.
Thank you very much for booking my hotel.
Thank you very much for sending me a photograph of your family.
Thank you very much for letting me stay in your house.
Thank you very much for helping me with planning our trip to India.
Thank you very much for letting me know Marie's address.
Thank you very much for looking after us so well while we were in Japan.
Thank you for answering my letter.

I was glad to hear that you have managed to get a one-year visa.
I was glad to hear that you have decided to study medicine rather than
mathematics.
I was glad to hear that your company is going to open a new branch office
in London.
I was glad that we were able to meet in Kyōto.

I was sorry to hear that you are not coming to England this year.
I was sorry to hear that your sister failed her exams.
I was sorry to hear you were pickpocketed in a train.
I was sorry to hear that your father had to have an operation.

My plans for April are to go to America first and then on to Japan and
China. Can we meet up somewhere?

Although it will be very cold, I plan to go camping in the mountains in
February. Would you like to come with me?

My plans after I graduate are still vague. I have not decided yet whether I
would like to work for a Japanese company or not.

Let me know what you would like me to bring from Scotland.

Let me know what you plan to do while you are in England in August.

Let me know whether 3 March is convenient for you.

Let me know whether this rumour is true or not.

Let me know how long your parents will be staying in Paris.

Please give my best regards to your family.

Please write to me soon.

I look forward to meeting you again.

Could you please reply before the end of the month?

Please look after yourself.

Word list 1

are	あれ	that thing over there
desu	です	be [copula, polite]
ē	ええ	yes
enpitsu	えんぴつ	pencil
fude	ふで (筆)	writing brush
hai	はい	yes
hana	花	flower
hiragana	ひらがな	*hiragana* syllabary
hon	本	book
iie	いいえ	no
isu	いす	chair
ka	か	[question marker]
kagi	かぎ	key
kana	かな	syllabary
kanji	漢字	*kanji*
kasa	かさ	umbrella
katakana	かたなか	*katakana* syllabary
kawa	川	river
ki	木	tree
kore	これ	this thing
megane	めがね	glasses
nan, nani	何	what
nōto	ノート	notebook
pen	ペン	pen
rajio	ラジオ	radio
sō	そう	correct, so
sore	それ	that thing
terebi	テレビ	television
tsukue	つくえ	desk
wa	は	[topic marker]
yama	山	mountain

Word list 2

anata	あなた	you
ane	姉	elder sister
ani	兄	elder brother
ano	あの	that over there
chichi	父	father
dare	だれ	who
donata	どなた	who
e	絵	painting
gakkō	学校	school
haha	母	mother
Igirisu	イギリス	United Kingdom
imōto	妹	younger sister
kata	方	person
ko	子	child
kono	この	this
kuruma	車	car
Nihon, Nippon	日本	Japan
no	の	of
o-bāsan/sama	おばあさん/さま	grandmother
o-jiisan/sama	おじいさん/さま	grandfather
o-kāsan/sama	おかあさん/さま	mother
o-nēsan/sama	おねえさん/さま	elder sister
o-niisan/sama	おにいさん/さま	elder brother
onna	女	woman
onna no ko	女の子	girl
otoko	男	man
otoko no ko	男の子	boy
o-tōsan/sama	おとうさん/さま	father
otōto	弟	younger brother
Pikaso	ピカソ	Picasso
san	さん	[polite suffix – Mr, Mrs etc.]
sensei	先生	teacher
sobo	祖母	grandmother
sofu	祖父	grandfather

sono	その	that
tomodachi	友達	friend
watakushi	私	I
watakushi-tachi	私達	we
Yamakawa	山川	[surname]
Yamamoto	山本	[surname]

Word list 3

ā	ああ	oh
Akiko	明子	[given name]
daigaku	大学	university
dochira	どちら	where, which direction?
dōzo	どうぞ	please
Furansu	フランス	France
Furansujin	フランス人	French (person)
gakusei	学生	student
Hajime	一	[given name]
hajimemashite	始めまして	how do you do?
Igirisujin	イギリス人	British (person)
isha	医者	doctor
-jin	～人	'native of...', person
Jon Sumisu	ジョン・スミス	John Smith
Kinoshita	木下	[surname]
	こちら	this way, this side
so	こちらこそ	no, it is I...
va	今日は	hello
	京都	[place name]
	マリー・ペレ	Marie Perret
	実	[given name]
	も	also, too
	日本人	Japanese (person)
	お～	[polite prefix]
shimasu	お願いします	please
	歳	'years old' [classifier]

Tadashi	正	[given name]
to	と	and
Tōkyō	東京	[place name]
yā	やあ	Hi!
yoroshiku	よろしく	'my best'

Word list 4

achira	あちら	over there
dono	どの	which
ga	が	[subject marker]
go	五	five
hachi	八	eight
Hara	原	[surname]
hyaku	百	hundred
ichi	一	one
jū	十	ten
kane (o-kane)	金 (お金)	money
Kantaberī	カンタベリー	Canterbury
ku, kyū	九	nine
kuni	国	country
Kuniko	国子	[given name]
kyōju	教授	professor
man	万	ten thousand
Monperie	モンペリエ	Montpellier
musuko	息子	son
namae	名前	name
nana	七	seven
ni	二	two
Nobuko	信子	[given name]
o-jōsan	おじょうさん	daughter
okusan	おくさん (奥さん)	wife
rei	零	zero
roku	六	six
san	三	three

sen	千	thousand
shi	四	four
shichi	七	seven
sochira	そちら	over there
yon	四	four

Word list 5

anō	あのう	excuse me...
are kara	あれから	after that
arigatō gozaimasu	ありがとうございます	thank you
asa	朝	morning
asoko	あそこ	that place over there
-ban	〜番	no. –
ban	晩	night
bangō	番号	number
biru	ビル	building
Buraun	ブラウン	Brown
Buritisshu Enjiniaringu	ブリティッシュ・エンジニアリング	British Engineering
chūōguchi	中央口	central exit/entrance
denwa	電話	telephone
dō itashimashite	どういたしまして	not at all
doko	どこ	where
dōmo	どうも	thank you
e	へ	to, towards
eki	駅	station
ēto	ええと	well now
fun, pun,	分	minutes
ginkō	銀行	bank
gogo	午後	p.m.
gozen	午前	a.m.
han	半	half
Hasegawa	長谷川	[surname]
hō	方	direction
hokōsha	歩行者	pedestrian

ima	今	now
ji	時	o'clock
kai, gai	階	floor
kara	から	from (time)
kitaguchi	北口	north exit
kochira e	こちらへ	this way (please)
koko	ここ	this place
kore kara	これから	from now
made	まで	till, until
mae	前	before (hour)
meishi	名刺	name card
mītingu	ミーティング	meeting
naisen	内線	extension
nanji	何時	what time?
Nashonaru Gyararī	ナショナル・ギャラリー	National Gallery
ne	ね (...ね)	'isn't it?'
Ōtemachi	大手町	[place name]
shitsurei shimasu	失礼します	excuse me
shōgo	正午	noon
soko	そこ	that place
sore kara	それから	after that
sugi	すぎ	past
suimasen	すいません	thank you
sumimasen ga	すみませんが	excuse me but...
Tōzai	東西	[proper name]
yo	よ	[exclamatory marker]
Yōku	ヨーク	York

Word list 6

aida	間	between
Amerika	アメリカ	America
Amerikajin	アメリカ人	American (person)
aru	ある	be (exist)
ateji	当て字	assigned characters

Chūgokujin	中国人	Chinese (person)
da	だ	be [copula]
de aru	である	be [copula, formal]
Doitsujin	ドイツ人	German (person)
gaikokujin	外国人	foreigner
gawa	がわ (側)	side
hidari	左	left
honsha	本社	head office
Indojin	インド人	Indian (person)
iriguchi	入口	entrance
iru	いる	be (exist)
Jurian	ジュリアン	Julian
kaisha	会社	company
kore de	これで	with this
kyō	今日	today
mae	前	in front of
migi	右	right
mochiron	もちろん	of course
mukō	向こう	the other side of
naka	中	inside
ni	に	location marker
nichi	日	day
Pītā	ピーター	Peter
shita	下	under, below
shiten	支店	branch office
sore de wa/sore ja	それでは/それじゃ	in that case
Suisujin	スイス人	Swiss (person)
Taijin	タイ人	Thai (person)
takusan	たくさん	many
tēburu	テーブル	table
tokei	時計	watch, clock
tonari	となり	next to
ue	上	above, on top of
ushiro	後ろ	behind
yoko	横	by the side of

Word list 7

aruku	歩く	walk
asagohan	朝ごはん	breakfast
au	会う	meet (a person)
basu	バス	bus
bīru	ビール	beer
Chūgoku	中国	China
de	で	with [agent marker]
deru	出る	go out
Doitsugo	ドイツ語	German (language)
Furansugo	フランス語	French (language)
-go	～語	-language
hairu	入る	enter
hanasu	話す	speak, talk
hashi	はし (箸)	chopsticks
heya	部屋	room
ie	家	house
iku	行く	go
iu	言う	say
kaeru	帰る	go home, return [intrans.]
kakaru	かかる	take (of time)
kakeru	かける	hang
kaku	書く	write
kara	から	from (space)
kau	買う	buy
Kenburijji	ケンブリッジ	Cambridge
kiku	聞く	listen, hear, ask
kōcha	紅茶	English tea
kōhī	コーヒー	coffee
koro, goro	ころ、ごろ	about
kurai, gurai	くらい、ぐらい	about
kurasu	クラス	lecture, class
kuru	来る	come
made	まで	up to
matsu	待つ	wait

mazu	まず	to start with
miru	見る	see, look at
miruku	ミルク	milk
mizu	水	water
neru	寝る	go to bed
ni	に	at
ni	に	[direction marker]
Nihongo	日本語	Japanese (language)
nomu	飲む	drink
noru	乗る	get on, ride
nyūsu	ニュース	news
o	を	[direct object marker]
okiru	起きる	get up
pan	パン	bread
ringo	りんご	apple
Rondon	ロンドン	London
sandoitchi	サンドイッチ	sandwich
Suisu	スイス	Switzerland
sukoshi	少し	a little, a few
suru	する	do
sushi	すし	sushi
taberu	食べる	eat
tegami	手紙	letter
tōsuto	トースト	toast
tsukau	使う	use
tsuku	着く	arrive
Yamada	山田	[surname]
yomu	読む	read

Word list 8

cha (o-cha)	茶 (お茶)	tea
daidokoro	台所	kitchen
de	で	[location marker]
doyōbi	土曜日	Saturday

eibungaku	英文学	English literature
eigo	英語	English (language)
eikaiwa	英会話	English conversation
getsuyōbi	月曜日	Monday
hanaya	花屋	florist
hayashi	林	forest, wood
hibi	日々	days/every day
hirugohan	昼ごはん	lunch
hitobito	人々	people
hon'ya	本屋	bookshop
inu	犬	dog
jugyō	授業	lecture, class
katsudō	活動	activity
kayōbi	火曜日	Tuesday
kin'yōbi	金曜日	Friday
kudamono	くだもの	fruit
kun	訓	*kun* reading
kurabu	クラブ	club
mainichi	毎日	everyday
māketto	マーケット	market
mikan	みかん	tangerine orange
mokuyōbi	木曜日	Thursday
nado	など	and so on
neko	ねこ	cat
nichiyōbi	日曜日	Sunday
o-hayō gozaimasu	おはようございます	good morning
on	音	*on* reading
pan'ya	パン屋	bakery
resutoran	レストラン	restaurant
shinbun	新聞	newspaper
shokudō	食堂	canteen, restaurant
shukudai	宿題	homework
suiyōbi	水曜日	Wednesday
taitei	たいてい	usually
tenisu	テニス	tennis
tokidoki	時々	sometimes
ya	や (...や...)	and
yamayama	山々	mountains
yasai	野菜	vegetable

yoru	夜	night
yūgata	夕方	evening
yūshoku	夕食	supper

Word list 9

benkyō	勉強 (する)	study
byōin	病院	hospital
byōki	病気 (する)	illness
dai	台	'machine' [classifier]
daigakusei	大学生	university student
de	で	causal marker
do	度	'times', 'degree' [classifier]
en	円	yen
enjinia	エンジニア	engineer
futari	二人	two people
gaikoku	外国	abroad, foreign
guramu	グラム	gram
hatachi	二十 (歳)	twenty years old
hataraku	働く	work
hatsuon	発音 (する)	pronunciation
hitori	一人	one person
hoka ni	ほかに	apart from
hon, bon, pon	本	'long, thin object' [classifier]
ikura	いくら	how much?
ikutsu	いくつ	how many?
issho ni	いっしょに	together
jikan	時間	'hours' [classifier]
jogingu	ジョギング	jogging
kagetsu, kagetsukan	ヶ月、ヶ月間	'months' [classifier]
kai	回	'times' [classifier]
kaimono	買物 (する)	shopping
kazoku	家族	family
kiro	キロ	kilo
ko	個	'object' [classifier]

kōkōsei	高校生	senior high school pupil
konpyūtā	コンピューター	computer
kyanpu	キャンプ	camp
mada	まだ	still, yet
mētoru	メートル	metre
minna de	みんなで	altogether
mo	も	emphatic marker
nandai	何台	how many (machines etc.)?
nanjikan	何時間	how many hours?
nanko	何個	how many (apples etc.)?
nannin	何人	how many people?
nansai	何歳	how old?
nen, nenkan	年、年間	'years' [classifier]
ni	に	'per'
nichi	日	'days' [classifier]
nin	人	'people' [classifer]
Okkusufōdo	オックスフォード	Oxford
piano	ピアノ	piano
pikunikku	ピクニック	picnic
rainen	来年	next year
renshū	練習 (する)	practice, practise
ryokō	旅行 (する)	trip
ryōri	料理 (する)	cooking
sanpo	散歩 (する)	walk
senchimētoru	センチメートル	centimetre
shigoto	仕事 (する)	work
shitsumon	質問 (する)	question
shufu	主婦	housewife
shūkan	週間	'weeks'
to	と	with
undō	運動 (する)	exercise, sport
unten	運転 (する)	driving
uta	歌	song
yasumi	休み	day off, holiday
yasumu	休む	rest
yoku	よく	often
Yōroppa	ヨーロッパ	Europe

Word list 10

Aomori	青森	[place name]
ashita	あした	tomorrow
-bansen	～番線	platform no. –
-chaku	～着	arriving
dāsu	ダース	dozen
dō	どう	how about?
eki'in	駅員	station attendant
ga	が	conjunctive marker
gatsu	月	month
gō	～号	no. –
gozenchū	午前中	before noon
-hatsu	～発	departing
higashi	東	east
Hikari	ひかり	Hikari (train)/light
Hiroshima	広島	[place name]
ippai	いっぱい	full
itsu	いつ	when
jēāru	ジェー・アール (JR)	Japan Rail
jiyūseki	自由席	non-reserved seat
jōshaken	乗車券	train ticket
Kanazawa	金沢	[place name]
kekkō	けっこう (結構)	fine
kin'ensha	禁煙車	non-smoking car
kippu	きっぷ	ticket
kitte	切手	stamp
Kodama	こだま	Kodama (train)/echo
kokutetsu	国鉄	National Rail System
kopī	コピー	copy
kudasai	下さい	please give
kudasaru	下さる	give
mai	枚	'flat things' [classifier]
midori no madoguchi	みどりの窓口	JR reservation office
nangatsu	何月	which month?
nannichi	何日	which day of the month?
naru	なる	come to, become

raishū	来週	next week
Sendai	仙台	[place name]
Shin Ōsaka	新大阪 (しんおおさか)	[place name]
Shinkansen	新幹線	Super Express
shiteiseki	指定席	reserved seat
sore de	それで	with that
tamago	たまご	egg
Tōkaidō	東海道	Tōkaidō route
tokkyū	特急	special express
tokkyūken	特急券	special express ticket
tsugi	次	next
tsuri (o-tsuri)	つり (おつり)	change
Yamabiko	やまびこ	Yamabiko (train)/echo
zenbu	全部	all

Word list 11

aka	赤	red
akai	赤い	red
anna	あんな	that kind of
ao	青	blue
aoi	青い	blue
apāto	アパート	flat, apartment
atarashii	新しい	new
binsen	びんせん	letter paper
chairo, chairoi	茶色(い)	brown
chiisai	小さい	small
daibu	だいぶ	fairly
demo	でも	but, however
dōbutsu	動物	animal
donna	どんな	what kind?
furui	古い	old
geshuku	下宿	lodgings
hai	灰	ash
haiiro	灰色	grey

hajimete	初めて	for the first time
hito	人	person
iro	色	colour
jidōsha	自動車	car
Kazuko	和子	[given name]
kiiro (i)	黄色 (い)	yellow
kimono	着物	kimono
Kimura	木村	[family name]
koi	こい (濃い)	dark
kon	こん(紺)	dark blue
konna	こんな	like this
kuro	黒	black
kuroi	黒い	black
kutsu	くつ	shoes
machi	町	town
midori	緑	green
mijikai	短い	short
mizuiro	水色	light blue
momo	桃	peach
momoiro	桃色	pink
murasaki	むらさき (紫)	purple
nagai	長い	long
naniiro	何色	which colour?
nanijin	何人	which nationality?
nanshoku	何色	how many colours?
no	の	the one
oishii	おいしい	delicious
ōkii	大きい (おおきい)	large
ōkina	大きな (おおきな)	large, big
Ōsaka	大阪 (おおさか)	[place name]
sake	酒	sake, alcoholic drink
seifuku	制服	uniform
sētā	セーター	jersey
shatsu	シャツ	shirt
shiro	白	white
shiroi	白い	white
shitsurei desu ga	失礼ですが	excuse me, but...
shōsetsu	小説	novel
sonna	そんな	that kind of

sora	空	sky
takai	高い	expensive, high
takushī	タクシー	taxi
tatemono	建物	building
tori	鳥	bird
totemo	とても	very
usui	うすい	light, thin
utsukushii	美しい	beautiful
yasui	安い	cheap
zuibun	ずいぶん	fairly

Word list 12

aki	秋	autumn
amari + neg.	あまり	not so
Anna Karēnina	アンナ・カレーニナ	Anna Karenina
ashi	足	foot, leg
atama	頭	head
atsui	暑い	hot (of weather)
bara	ばら	rose
bunpō	文法	grammar
chikai	近い	near
chittomo + neg.	ちっとも	not at all
chotto	ちょっと	a little
dake	だけ	only
de	で	'per'
ehagaki	絵はがき	postcard
enjin	エンジン	engine
fuyu	冬	winter
haikanryō	拝観料	entrance fee
hana	はな (鼻)	nose
haru	春	spring
hiroi	広い	wide
itadaku	いただく	to receive
iwa	岩	rock

jinja	神社	shrine
kaminoke	かみの毛	hair (human)
kisetsu	季節	season
Kiyoko	清子	[given name]
koishi	小石	pebble
kōjō	工場	factory
kotoshi	今年	this year
kutsushita	くつ下	socks
kyōkai	教会	church
me	目	eye
mono	物	thing
motsu	持つ	have, hold
Nara	奈良	[place name]
natsu	夏	summer
niwa	庭	garden
ōi	多い	many
omoshiroi	おもしろい	interesting, funny
Ōsutoraria	オーストラリア	Australia
Pari	パリ	Paris
rekishi	歴史	history
samui	寒い	cold
se	背	back
shashin	写真	photograph
soku, zoku	足	'a pair of' [classifier]
sukunai	少ない	few, not much
taihen	たいへん	very
ten'in	店員	shop assistant
tera	寺	temple
tōi	遠い (とおい)	far
tokoro	ところ	place
toku ni	特に	particularly
umi	海	sea, ocean
ūn	うーん	well
yasashii	やさしい (易しい)	easy
yoi/ii	よい (良い)/いい	good, fine
zenbu de	全部で	altogether
zō	象	elephant
zutsu	づつ (...づつ)	each

Word list 13

Ajia	アジア	Asia
akarui	明るい	light, bright
atatakai	あたたかい	warm
benri	便利	handy, convenient
boku	僕	I [familiar]
chikatetsu	地下鉄	underground
chūshin	中心	middle, centre
daisuki	大好き	very fond of
dame	だめ	no good
genki	元気	good health
gōjasu	ゴージャス	gorgeous
hanashi	話	talk, speech, story
heiwa	平和	peace
hen	変	strange
heta	下手	bad at
hima	ひま	time to spare
hontō	本当	real, true
isogashii	忙しい	busy
iya	いや	unpleasant
jikan	時間	time
jiyū	自由	freedom
jōbu	丈夫	good health, solid
jōzu	上手	good at
karada	体	body
kare	彼	he
kirai	きらい	dislike
kirei	きれい	pretty
kōen	公園	park
konogoro	このごろ	recently, these days
kotoba	言葉	word, language
kyōshitsu	教室	classroom
māmā	まあまあ	so so
mimi	耳	ear
mura	村	village
nansensu	ナンセンス	nonsense

Natsuko	夏子	[given name]
rippa	立派	splendid
sakka	作家	writer
shizuka	静か	quiet
shōjiki	正直	honest
shokkingu	ショッキング	shocking, outrageous
sūgaku	数学	mathematics
suki	好き	like
sukī	スキー	ski
taisetsu	大切	precious, important
tanoshii	楽しい	joyous, pleasant
teinei	ていねい	polite
tenki	天気	weather
vaiorin	ヴァイオリン	violin
wāpuro	ワープロ	word processor
wari ni	割に	relatively
yamanobori	山登り	mountaineering
yūbinkyoku	郵便局	post office
yūmei	有名	famous
zenzen + neg.	全然	not at all

Word list 14

ame	雨	rain
dasu	出す	send, forward, hold out
dentaku	電卓	pocket calculator
doraibu	ドライブ	driving
eiga	映画	film, cinema
furu	降る	fall (rain, snow)
gannen	元年	first year of an era
haku	泊	'night's stay' [classifier]
hayai	早い	early
Heisei	平成	Heisei era
hi	日	day
Hokkaidō	北海道	[place name]

ichinichi-jū	一日中	all day long
igai	以外	apart from
kagu	かぐ	smell, sniff
kanari	かなり	fairly
kasu	貸す	lend
keisan	計算 (する)	calculate
ki ni iru	気に入る	be fond of
kinō	きのう	yesterday
kōgai	郊外	suburb
kongetsu	今月	this month
konnichi	今日	today
konshū	今週	this week
koro	ころ	period of time
kyonen	去年	last year
Meiji	明治	Meiji era
mekkiri	めっきり	noticeably
mō	もう	already
mukashi	昔	ancient time
myōnichi	明日	tomorrow
nakaba	半ば	half way through
nannen	何年	which (how many) years?
natsuyasumi	夏休み	summer holiday
nen	年	year
nengō	年号	era name
noboru	登る	climb
onaji	同じ	same
ototoi	おととい	the day before yesterday
oyogu	泳ぐ	swim
raigetsu	来月	next month
ryōshin	両親	parents
saigo	最後	last
sakujitsu	昨日	yesterday
sakunen	昨年	last year
sengetsu	先月	last month
senshū	先週	last week
shinu	死ぬ	die
Shōwa	昭和	Shōwa era
soroban	そろばん	abacus
sugosu	過ごす	spend

Taishō	大正	Taishō era
tomaru	泊まる	stay the night
yamu	やむ	stop (raining etc.)
yūsu hosuteru	ユースホステル	youth hostel

Word list 15

Arupusu	アルプス	Alps
atari	あたり	vicinity
au	合う	match
azayaka	あざやか	bright, vivid, clear
chōjō	頂上	summit
densha	電車	electric train
dōgu	道具	tool
gaishutsu (suru)	外出 (する)	go out
gūzen	偶然	by chance
hiru	昼	noon
hodo	ほど	degree, amount
hoshi	星	star
hotondo	ほとんど	almost all
ijō	以上	more than
itsumo	いつも	always
jidai	時代	era, period
kamera	カメラ	camera
Kamikōchi	上高地	[place name]
kawaku	かわく	dry
kaze	かぜ (風邪)	a cold
kimochi	気持	feeling
kōzan	高山	alpine mountains
kyū	急	sudden
kyūkō	急行	express
Matsumoto	松本	[place name]
mezurashii	めずらしい	rare
michi	道	road, path
nadaraka	なだらか	gentle (slope)

ni	に	for
nodo	のど	throat
o-naka	おなか	tummy
o-nigiri	おにぎり	rice ball
pittari	ぴったり	just
purezento	プレゼント	gift, present
rekōdo	レコード	record
rūto	ルート	route
saikin	最近	recently
Shinjuku	新宿	[place name]
shokubutsu	植物	plant, vegetation
shuppatsu (suru)	出発 (する)	departure
subarashii	すばらしい	splendid
sukoshi mo + neg	少しも	not in the least
suku	すく	become empty
tanjōbi	誕生日	birthday
tēpurekōdā	テープレコーダー	tape recorder
tetsudau	手伝う	help
tochū	途中	on the way
tomaru	止まる	stop [intrans.]
tonneru	トンネル	tunnel
tōru	通る (とおる)	pass [intrans.]
tsukareru	疲れる	get tired
yado	宿	inn, hotel
yamagoya	山小屋	mountain hut
yamamichi	山道	mountain path
yozora	夜空	night sky
zasshi	雑誌	magazine

Word list 16

aikawarazu	相変わらず	as usual
akibare	秋晴れ	clear day in autumn
ato	あと	the rest
bōeki	貿易	trade
chigau	ちがう	differ, be wrong
dekiru	出来る	be capable of

Doitsu	ドイツ	Germany
go-chisō	ごちそう	meal
hajime	初め	beginning
hisashiburi	久しぶり	it's been a long time
iru	要る	be necessary
kara	から	for, because
kaze	風	wind
komu	混む	be crowded
konban wa	今晩は	good evening
mattaku	全く	completely
modoru	もどる	return
ni tsuite	について	about, concerning
node	ので	for, because
Ōkawa	大川	[surname]
ongaku	音楽	music
pabu	パブ	pub
sā	さあ	well...
saku	さ (咲) く	bloom
seiji	政治	politics
Shefīrudo	シェフィールド	Sheffield
shūmatsu	週末	weekend
shushō	首相	prime minister
sushiya	すし屋	sushi restaurant
taimusu	タイムス	*The Times*
tsumetai	冷たい	cold
ureshii	嬉しい	be pleased
wakaru	分かる	understand
yōfuku	洋服	Western clothes
Yoneda	米田	[surname]
yūgohan	夕ごはん	evening meal
yuki	雪	snow

Word list 17

ara	あら	my!
chanto	ちゃんと	properly
ginkōin	銀行員	bank employee

hajimaru	始まる	start [intrans.]
ikiru	生きる	live
jūsho	住所	address
kachō	課長	section chief
kaisha'in	会社員	company employee
Kanada	カナダ	Canada
kangae	考え	idea, thought
Kawada	川田	[surname]
keredo/kedo	けれど/けど	but, however
kiken	危険	danger
kikkari	きっかり	precisely
kimi	君	you
kiru	着る	wear
kyaku	客	guest
mannaka	まん中	centre
moshimoshi	もしもし	hello [on telephone]
mō sugu	もうすぐ	soon
niwatori	にわとり	chicken
nōen	農園	farm
oboeru	覚える	remember
ochiru	落ちる	fall
o-kagesama de	おかげさまで	thanks to (you)
orību	オリーブ	olive
oshieru	教える	teach
sakana	魚	fish
sakanaya	魚屋	fish shop
sakubun	作文	composition
sayōnara	さようなら	good bye
shachō	社長	company director, boss
shiru	知る	know
sumu	住む	live
umareru	生まれる	be born

Word list 18

| aisukurīmu | アイスクリーム | ice cream |
| -banme | ～番目 | [ordinal marker] |

basho	場所	place
bin	便	flight
chūi	注意 (する)	be cautious
deru	出る	appear
dezāto	デザート	dessert
Fujimoto	藤本	[surname]
futatsu	二つ	two
hajimeru	始める	start [trans.]
hitotsu	一つ	one
hitoyasumi	一休み	short break
imi	意味	meaning
Itaria	イタリア	Italy
itsutsu	五つ	five
iya	いや	no
ji	字	character, writing
junbi	準備 (する)	prepare
jūsu	ジュース	juice
kado	かど (角)	corner
kaesu	返す	return [trans.]
kamawanai	かまわない	not mind
kangaeru	考える	think
kao	顔	face
karē raisu	カレー・ライス	curry rice
kesa	今朝	this morning
kissaten	きっさ店	coffee shop
kodomo	子供	child
koe	声	voice
kokonotsu	九つ	nine
kondo	今度	this time, next time
mirai	未来	future
mittsu	三つ	three
muttsu	六つ	six
nanatsu	七つ	seven
Nihon Kōkū	日本航空	Japan Air Lines
nomimono	飲み物	drinks
o-machidō sama	お待ちどうさま	sorry to have kept you
omoidasu	思い出す	recall, remember
pēji	ページ	page
ranchi setto	ランチ・セット	lunch set menu
sakki	さっき	a few minutes ago
sumu	すむ (済む)	finish [intrans.]

suu	すう (タバコを)	smoke
Suwēden	スウェーデン	Sweden
tabako	タバコ	tobacco
tō	十	ten
toki	時	time
tokoro de	ところで	but then...
wasureru	忘れる	forget
weitoresu	ウェイトレス	waitress
yakusha	役者	actor
yattsu	八つ	eight
yomikata	読み方	way of reading
yottsu	四つ	four

Word list 19

achikochi	あちこち	here and there
aida	間	while
Afurika	アフリカ	Africa
ano aida	あの間	during that time
arau	洗う	wash
arubaito	アルバイト	temporary work
dekakeru	出かける	go out
depāto	デパート	department store
dorobō	どろぼう	burglar
fujin	婦人	woman
furo	ふろ	bath
Ginza	銀座	[place name]
hangā	ハンガー	coat hanger
hashiru	走る	run
Heren	ヘレン	Helen
hiku	ひく (かぜを)	catch (a cold)
hirune	昼寝 (する)	nap
hitotoki	一時	for a while
igakubu	医学部	faculty of medicine
inemuri	いねむり (する)	doze, nap
itoko	いとこ	cousin
jikken	実験 (する)	experiment

kakeru	かける (電話を)	ring someone
kameraya	カメラ屋	camera shop
kanojo	彼女	she
karejji	カレッジ	college
keikaku	計画 (する)	plan
kono aida	この間	the other day
koto	こと	matter
mawaru	まわる	go round
meisho	名所	place of note
Nikorasu	ニコラス	Nicholas
niku	肉	meat, flesh
nōjō	農場	farm
nugu	ぬぐ	take clothes off
nureru	ぬれる	get wet
nusumu	ぬすむ	steal
oba	おば	aunt
oji	おじ	uncle
omoidebanashi	思い出話	reminiscences
Pekin	北京	Beijing
renzu	レンズ	lense
repōto	レポート	report
Rōma	ローマ	Rome
saifu	さいふ	purse
sappari suru	さっぱりする	feel refreshed
shōgakkō	小学校	primary school
sokutatsu	速達	express mail
sono aida	その間	during that time
sotsugyō	卒業 (する)	graduate
tameru	ためる	save [trans.]
Tanaka	田中	[surname]
tatsu	たつ (経つ)	pass (of time)
tsureru	連れる	take along with
utau	歌う	sing
uwagi	上着	jacket
Yamano	山野	[surname]
zutto	ずっと	all the time

Word list 20

abunai	危ない	dangerous
amai	あまい	sweet
chikai uchi ni	近いうちに	in the near future
furoba	ふろ場	bathroom
furusato	ふるさと	home town
hanashikata	話し方	way of speaking
hayai	速い	fast
heyakazu	部屋数	number of rooms
hikkoshi	引っ越し (する)	move house
JR-sen	JR 線	Japan Rail line
kanashii	悲しい	sad
kantan	簡単	easy, simple
katazuke	片付け	tidying up
kewashii	けわしい	steep
Kodera	小寺	[surname]
Kōenji	高円寺	[place name]
konpyūtā gēmu	コンピューター・ゲーム	computer game
mata	又	again
mazui	まずい	not tasty
mise	店	shop
monku	文句	complaint
muri	無理 (する)	go out of one's way
muzukashii	むずかしい (難しい)	difficult
ochitsuku	落ち着く	settle down
owaru	終わる	end [intrans.]
o-yasumi nasai	お休みなさい	good night
seikaku	正確	precise
shikamo	しかも	in addition to
sūgakusha	数学者	mathematician
sukkari	すっかり	completely
tama/dama	玉	coin
Tanabata matsuri	七夕祭り	Tanabata festival
tanoshimi ni suru	楽しみにする	look forward to
tokai	都会	city
tsukuru	作る	make
uchi	うち	home

uru	売る	sell [trans.]
wakai	若い	young
yatto	やっと	finally, at last

Word list 21

aojiroi	青白い	pale
butsurigaku	物理学	physics
chūshi	中止 (する)	stop, abandon
ensoku	遠足	excursion
erabu	選ぶ	choose
fukushū	復習 (する)	revise lesson
gakkai	学会	conference
gakusha	学者	scholar
hakkiri	はっきり	clearly
henji	返事	reply
hikōki	飛行機	aircraft
igaku	医学	medicine
kaeru	変える	change [trans.]
keizai	経済	economics
kichinto	きちんと	properly
kimeru	決める	decide [trans.]
kokusai	国際	international
ma ni au	間に合う	be in time
morau	もらう	receive
Nōberu shō	ノーベル賞	Nobel Prize
ōganemochi	大金持ち	millionaire
okureru	遅れる	be late
Pōrando	ポーランド	Poland
sanka	参加 (する)	participate
seijigaku	政治学	politics (study of)
shōrai	将来	future
sō ieba	そう言えば	come to think of it
suwaru	座わる	sit down
tame ni	ために	for
tashika	確か	certain, definite
tatsu	立つ	stand up

toshokan	図書館	library
tsumori	つもり	intention
yoshū	予習 (する)	prepare lesson

Word list 22

aku	あく (時間が)	have (time)
Bētōben	ベートーベン	Beethoven
Bon	ボン	Bonn
bubun	部分	part, portion
buchō	部長	department head
bushi	武士	warrior
damaru	だまる (黙る)	be quiet
dō shite	どうして	why?
donaru	どなる	shout
fu	府	district
handobaggu	ハンドバッグ	handbag
Indo	インド	India
isogu	急ぐ	hurry
itai	痛い	painful
jikandōri	時間通り	punctually
jimusho	事務所	office
kaigi	会議	meeting
Kaneko	金子	[surname]
kaoiro	顔色	complexion
ken	県	prefecture
kenkō	健康	health
kikoeru	聞こえる	audible
kodomotachi	子供達	children
kōtei	校庭	school playground
ku	区	ward
monogatari	物語	tale, story
mōshibun nai	申し分ない	perfect, faultless
nama	生	raw
naze	なぜ	why
no	の	[nominaliser]
okonau	行う	do

osoku made	遅くまで	until late
oto	音	sound
reigi tadashii	礼儀正しい	polite and proper
risōteki	理想的	ideal
sawagu	さわぐ (騒ぐ)	make noise
seinen	青年	youth
semai	せまい	narrow
shi	し	[conjunctive particle]
shi	市	city
shikata ga nai	仕方がない	can't be helped
shinjiru	信じる	believe
sonna ni	そんなに	to that extent
sore ni	それに	furthermore
sorou	そろう	line up together
Suginami ku	杉並区	[place name]
sukunaku tomo	少なくとも	at least
to	都	metropolis
Tōkyō-to	東京都	Tōkyō Metropolitan
toshite	として	as, for
urusai	うるさい	noisy
utsuru	移る	move [intrans.]
warau	笑う	laugh, smile
warui	悪い	bad
yamahodo	山ほど	mountainous load
yōji	用事	business

Word list 23

Arashiyama	嵐山	[place name]
arukimawaru	歩き回る	walk around
asobu	遊ぶ	play
bentō	弁当	packed lunch
chōkan	朝刊	morning edition
Daibutsuden	大仏殿	[name of building]
dengon	伝言	message
ekimae	駅前	in front of station
Fuji-san	富士山	Mt Fuji

gurīnseki	グリーン席	green seat, first class
gutto	ぐっと	much more...
hagi	萩	*hagi* bush
hatsuhi no de	初日の出	first sunrise of the year
hiruma	昼間	daytime
hōritsu	法律	law
ikaga	いかが	how?
itte kimasu	行ってきます	'I'm off now'
kariru	借りる	borrow
Kasuga jinja	春日神社	Kasuga shrine
katazukeru	片付ける	clean up, clean away
kion	気温	temperature
kotae	答え	answer
kotaeru	答える	answer
kōyō	紅葉 (する)	turn (as of leaves)
migoto	見事	splendid
mukau	向かう	go towards [intrans.]
nagara	ながら	while
Nagoya	名古屋	[place name]
naku	泣く	cry
-rashii	〜らしい	appear to be
rikai	理解 (する)	understand
rusu	留守 (する)	be away from home
sagaru	下がる	go down
shika	鹿	deer
Shin'yakushi-ji	新薬師寺	[place name]
shitenchō	支店長	branch manager
toraberāzu chekku	トラベラーズ・チェック	traveller's cheques
tsutaeru	伝える	transmit
tsuzukeru	続ける	continue [trans.]
warai	笑い	smile
yorokobu	喜ぶ	be pleased

Word list 24

| aku | 空く | become empty |
| ano toki | あの時 | at that time |

au	あう (遭う)	encounter
Betonamu	ベトナム	Vietnam
buri ni	ぶりに	after an absence of...
dokuritsu	独立 (する)	become independent
erebētā	エレベーター	lift
harau	払う	pay
Hashimoto	橋本	[surname]
hidoi	ひどい	terrible
hoteru	ホテル	hotel
imagoro	今ごろ	about this time
ima no tokoro	今のところ	for the time being
iroiro	いろいろ	various
kaji	火事	fire
kakeru	かける (かぎを)	lock
ka mo shirenai	かもしれない	perhaps
kankōkyaku	観光客	tourist
kashira	かしら	[question marker]
kingaku	金額	amount of money
kitto	きっと	surely
kōji	工事	construction
kono mae	この前	the other day
kono toki	この時	this moment
kūkō	空港	airport
mae	前	before
maitsuki	毎月	every month
mō ichido	もう一度	once again
narau	習う	learn
naru	なる	ring [bell, telephone]
nē	ねえ	isn't it?
no	の	[final particle]
nokoru	残る	remain
sagasu	捜す	look for
seiketsu	清潔	clean
shiken	試験 (する)	examination
Shikoku	四国	[place name]
shokuminchi	植民地	colony
soba	そば	near by
sono mae	その前	before that
sono toki	その時	at that time
-tachi	～達	[plural marker]
taifū	台風	typhoon

tashikameru	確かめる	ascertain
to	戸	door
toki	時	when
tsū	通	'letters' [classifier]
wa	わ	[final particle]
yoyaku	予約 (する)	reserve

Word list 25

aji	味	taste
akeru	明ける	dawn, begin, lighten up
aku	開く	open [intrans.]
ano koro	あのころ	at that time
araimono	洗いもの	washing up
ato	後	after
chigai	ちがい	difference
demo	でも	something like
dōro	道路	road
fueru	増える	increase
giron	議論 (する)	debate
go	後	after
hairu	入る (お茶が)	ready, been made (of tea)
hogo	保護 (する)	protect
irassharu	いらっしゃる	come, go, be
irozuku	色づく	colour
itsu goro	いつごろ	about what time?
jiko	事故	accident
jūyōsei	重要性	importance
kai	かい	[question marker]
kaigai	海外	abroad
kaki	柿	persimmon
kawari	代わり	substitute
kayou	通う	commute
Kazuo	一男	[given name]
ki ga tsuku	気がつく	notice
kome	米	rice
kozutsumi	小包	parcel

kun	君	[familiar term of address]
na	な	[final particle]
oboeru (aji o)	覚える (味を)	acquire a taste
okoru	起こる	happen
Ōyama	大山	[surname]
renkyū	連休	consecutive holidays
riyō	利用 (する)	use
satsumaimo	さつまいも	sweet potato
seiyō	西洋	the West
sensō	戦争 (する)	war
shiai	試合	match
shinrin	森林	forest
sono go/sono ato	その後	after that
sorosoro	そろそろ	'it's time...'
sōsō	そうそう	I remember!
sue	すえ (末)	end
sugu (ni)	すぐ (に)	soon, immediately
suisen	水仙	daffodil
Tōkyōjū	東京中	all over Tōkyō
toshin	都心	city centre
tōyō	東洋	the East, Orient
tsumami	つまみ	snack
ueru	植える	plant
yo	夜	night
yōi	用意 (する)	prepare

Word list 26

a	あ	oh!
angai	案外	unexpectedly
Arabia	アラビア	Arabia
Arabiago	アラビア語	Arabic (language)
bungaku	文学	literature
chōki	長期	long period
Chūkintō	中近東	Near and Middle East
de	で	by
Ejinbara	エジンバラ	Edinburgh

fune	船	boat
genkan	玄関	entrance of house
go	ご (御)	[honorific prefix]
gomen kudasai	ごめん下さい	excuse me
heii	平易	easy
iken	意見	opinion
jibun	自分	oneself
kagaku	科学	science
kagakusha	科学者	scientist
karui	軽い	light
kenkyū	研究 (する)	research
Kyūshū	九州	[place name]
madamada	まだまだ	not yet
messēji	メッセージ	message
minami	南	south
Minami Amerika	南アメリカ	South America
nan toka	何とか	one way or other
o-jama shimasu	おじゃまします	excuse me
sa, sā	さ、さあ	well now
saisho	最初	at the beginning
sansei	賛成 (する)	agree
Sauji Arabia	サウジアラビア	Saudi Arabia
sekai	世界	world
sentaku	せんたく (する)	wash (clothes)
setsumei	説明 (する)	explain
Shimada	島田	[surname]
shutchō	出張 (する)	go on business trip
sōji	そうじ (する)	sweep, dust, clean
susumu	進む	advance [intrans.]
Taigo	タイ語	Thai (language)
taizai	滞在 (する)	stay
tantō	担当 (する)	be in charge of
yobu	よぶ (呼ぶ)	call
yotei	予定 (する)	plan
yūshū	優秀	excellent
zannen nagara	残念ながら	regrettably

Word list 27

atsumari	集まり	gathering
chōsa	調査 (する)	investigate
chōsatai	調査隊	investigating team
dekigoto	出来事	incident
Hayashi	林	[surname]
Hayashida	林田	[surname]
heibon	平凡	ordinary
hihan	批判 (する)	criticise
hōhō	方法	method
Ichirō	一郎	[given name]
ippanteki	一般的	general
ishi	医師	doctor
izure ni shitemo	いずれにしても	in any case
jitsu wa	実は	to tell the truth
kangaekata	考え方	way of thinking
kekkon	結婚 (する)	marry
kesshin	決心 (する)	decide
kikichigai	聞きちがい	mishearing
konban	今晩	this evening
kotoshijū	今年中	before the end of the year
Kurosawa Akira	黒沢明	[name]
kyōdō	共同 (する)	co-operate
kyōmi	興味	interest
Maeda	前田	[surname]
machigau	まちがう	make an error
mokuteki	目的	aim
Nepāru	ネパール	Nepal
ni okeru	における	in, at
ni totte	にとって	as regards
nittei	日程	schedule
omou	思う	think
osoi	遅い	late
saijitsu	祭日	public holiday
seikatsu	生活 (する)	make a living
senjitsu	先日	the other day
shakai	社会	society
shiraseru	知らせる	inform
ta'nin	他人	stranger

to	と	[quotative marker]
tsugō	都合	convenience
tsuku	つく (決心が)	come to a decision
uwasa	うわさ	rumour
yakuwari	役割	role
Yamaguchi	山口	[place name]
yappari	やっぱり	as expected

Word list 28

ageru	上げる	raise
chiru	散る	scatter, fall
furu	ふる	wag, swing
futo	ふと	suddenly
ha	葉	leaf
hen	辺	area
ireru	入れる (お茶を)	make (infuse) tea
kanarazu	必ず	without fail
kēki	ケーキ	cake
kendō	剣道	kendo
kinjo	近所	neighbourhood
kūki	空気	air
mado	まど (窓)	window
makka	真っ赤	crimson
masshiro	真っ白	pure white
mawari	まわり (周り)	surroundings
mieru	見える	visible
miseru	見せる	show
nagame	ながめ	view
naku	鳴く	sing [of birds etc.]
netsu	熱	fever, temperature
nishi	西	west
ōisogi	大急ぎ	in great hurry
okashii	おかしい	strange, funny
okoru	おこる	get angry
Pochi	ポチ	[common dog's name]
sakura	桜	cherry blossoms

shinamono	品物	goods
shippo	しっぽ	tail
shitaku	支度 (する)	get ready
shokuji	食事 (する)	have meal
sokkenai	そっけない	curt, indifferent
soto	外	outside
sugata	すがた	figure, appearance
tanoshimu	楽しむ	enjoy
to	と	[sentence particle]
tokui	得意	be good at, pride
Tomoko	知子	[given name]
toshi o toru	年をとる	get on in years
tsuyu	梅雨	rainy season
uketoru	受け取る	receive
yowai	弱い	weak

Word list 29

Abe Kōbō	安倍公房	[name]
akubi	あくび	yawn
baai	場合	case, situation
bunshō	文章	writing, sentence
chokorēto	チョコレート	chocolate
daijōbu	大丈夫	all right
dashiau	出し合う	contribute
getsumatsu	月末	end of month
haigo	背後	behind
haku	はく (くつ, ズボン)	put on [shoes, trousers]
hanashiau	話し合う	discuss
harikiru	張り切る	be enthusiastic
hikitoru	引き取る	take over
hikiukeru	引き受ける	take on, undertake
hō ga ii (yoi)	方がいい (よい)	[comparative construction]
hyōgen	表現 (する)	express
ichiō	一応	for the time being
jishin	自信	confidence
kaban	かばん	bag

kakitoru	書き取る	write down
kimaru	決まる	decide [intrans.]
ki ni suru	気にする	be bothered
kiriageru	切り上げる	wind up, finish
komakai	細かい	detailed
kōsoku dōro	高速道路	motorway
kuse	くせ	vice, peculiarity
miawasu	見合わす	put off till later
miokuru	見送る	see off
nakanaka	なかなか	not easily
naosu	直す	correct
nemui	眠い	sleepy
-nikui	〜にくい	difficult to
noriokureru	乗り遅れる	miss public transport
ochiau	落ち合う	meet up
pātī	パーティー	party
senmonka	専門家	expert
shiageru	仕上げる	complete
shibaraku	しばらく	for a while
shiriau	知り合う	get to know
shiya	視野	field of vision, outlook
son	損	loss
sugiru	過ぎる	pass, exceed
tachiyoru	立ち寄る	drop in
tsuku	つく（くせが）	become [of habit]
tsumiorosu	つみおろす	unload
tsuzuku	続く	continue [intrans.]
warikiru	割り切る	give a clear solution for
yakusu	訳す	translate
yaru	やる	do
-yasui	〜やすい	easy to
yomiageru	読み上げる	read out, finish reading

Word list 30

| akachan | 赤ちゃん | baby |
| ayamaru | あやまる | apologise |

bakari	ばかり	just, only
biza	ビザ	visa
bunka	文化	culture
bunmei	文明	civilisation
gakkari	がっかり (する)	be disappointed
genzai	現在	present
hayame	早目	early
hoshii	ほしい	desire
Īsutā	イースター	Easter
jikanteki	時間的	timewise
jiki	時期	period
jinmin	人民	people
jitensha	自転車	bicycle
katsudōteki	活動的	active
kibō	希望 (する)	hope
kitsui	きつい	tight, severe
korosu	殺す	kill
Kurisumasu	クリスマス	Christmas
mamoru	守る	protect, keep
mazushii	貧しい	poor
mondai	問題	problem, issue
nemuru	眠る	sleep
okosu	起こす	wake up [trans.]
oku	おく (置く)	put
panda	パンダ	panda
seishin	精神	spirit
sekininsha	責任者	person responsible
shidōsha	指導者	director, leader
shiteki	私的	private
shōtai	招待 (する)	invite
sōdan	相談 (する)	consult
teiden	停電 (する)	power cut
teki	敵	enemy
-teki	的	-ish, -like
ten	点	point
toru	とる (撮る)	take a photograph
toru	とる (取る)	take, obtain
totte oku	とっておく	set aside, reserve
tsui	つい	just, only
urikire	売り切れ	sold out
yakusoku	約束 (する)	promise

| yobiokosu | 呼び起こす | awake |
| yukkuri | ゆっくり | slowly |

Word list 31

---

adobaisu	アドバイス	advice
ageru	上げる	give
aite	相手	the other party
asatte	あさって	day after tomorrow
ensō	演奏 (する)	perform music
esa	えさ	animal food
hagaki	はがき	postcard
hantoshi	半年	half a year
hazusu	はずす (席を)	remove, (be absent from one's desk)
hitsuyō	必要	necessity
ichinichi-oki	一日おき	every other day
itasu	いたす (致す)	do
itte irasshai	行っていらっしゃい	'take care'
joshu	助手	assistant
ka	課	section, chapter
kabuki	歌舞伎	Kabuki theatre
kawase	為替	exchange (money)
ken	券	ticket
kōkanshu	交換手	operator
kureru	くれる	give, let have
makaseru	まかせる (任せる)	entrust to
makoto ni	誠に	indeed, sincerely
mōshiwake gozaimasen	申し訳ございません	no excuse, sorry
mōsu	申す	say
Nakano shōji	中野商事	[proper name]
nō	能	Nō theatre
ongakkai	音楽会	concert
oru	おる	be
pianisuto	ピアニスト	pianist
rei	礼 (お礼)	gratitude
sama	様	Mr, Mrs [polite]

sashiageru	差し上げる	give, offer up
seki	席	seat
sen'yaku	先約	previous engagement
sewa	世話 (する)	help
shōchi	承知 (する)	agree
tadaima	ただ今	right now
tanoshimi	楽しみ	pleasure
tatoeba	たとえば (例えば)	for example
tokubetsu	特別	special
ueki	植木	potplant
ukabu	浮かぶ	float (into mind)
yameru	やめる	give up
yaru	やる	give
yō	用	business
yohodo	余程	very, considerably
yoroshii	よろしい	acceptable

Word list 32

betsujō wa nai	別条はない	nothing wrong with
byōnin	病人	sick person
butsukaru	ぶつかる	hit, collide with
dabokushō	打撲傷	bruise
gaikōkan	外交官	diplomat
hiyake	日焼け	suntan
ikebana	生け花	flower arrangement
ima ni mo	今にも	any moment
inochi	命	life
Jingūmae	神宮前	[place name]
jishin	地震	earthquake
kawaigaru	かわいがる	make a pet of
kawaii	かわいい	pretty
Kawazato	川里	[surname]
kega	けが	injury
kokorobosoi	心細い	helpless, forlorn
Kondō	近藤	[surname]
kōtsū jiko	交通事故	traffic accident

kowai	こわい	fearful, be scared
kowasu	こわす (おなかを)	have stomach trouble
kuwashii	詳しい	detailed
kyōsan shugisha	共産主義者	communist
machiawase	待ち合わせ	rendezvous
mimai	見舞い	visit a sick person
-mitai	〜みたい	appear to be
mizutamari	水たまり	puddle
monsūn	モンスーン	monsoon
nakusu	なくす	lose
nyūin	入院 (する)	go into hospital
o-bake	おばけ	ghost
ōyuki	大雪	heavy snow
renraku	連絡 (する)	contact
ressha	列車	train
saiwai	幸い	fortunately
Shibuya	渋谷	[place name]
Shimizu	清水	[surname]
shinpai	心配 (する)	worry
-sō	〜そう	seem
sōtō	相当	considerably
tabi	旅	trip
tabi ni	たびに (度に)	every time
tai'in suru	退院 (する)	leave hospital
torakku	トラック	lorry, truck
ugoku	動く	move [intrans.]
ukeru	受ける	receive
-yō	〜よう	seem
zātto	ザーっと	downpour [onomatopeia]
zentai ni	全体に	whole, entirely

Word list 33

akeru	開ける	open [trans.]
amu	編む	knit
anmari + neg.	あんまり	not so
bukka	物価	price of commodity

gasorin	ガソリン	petrol
gasorin sutando	ガソリン・スタンド	petrol station
gohan	ごはん	cooked rice, meal
guai	具合	condition
ikenai	いけない	no good
irai	依頼 (する)	request
ireru	入れる	put in
issho kenmei	一所懸命	heart and soul
itamidome	痛み止め	pain killer
itsu demo	いつでも	anytime
kaisatsuguchi	改札口	ticket barrier
ka'nai	家内	my wife
kangofu	看護婦	nurse
kekka	結果	result
kensa	検査 (する)	examine
kō iu	こういう	this type of
komaru	困る	be in trouble
kyōdai	兄弟	brother(s)
ni-sannichichū	二、三日中	within two three days
o-daiji ni	お大事に	take care
okuru	送る	send
oshōsan	おしょうさん	Buddhist monk
o-yasui goyō	お安い御用	easy job
raku ni naru	楽になる	become easier
ronbun	論文	essay, dissertation
sabishii	さびしい	lonely
sassoku	さっそく	immediately
seikō	成功 (する)	succeed
sekai ichi	世界一	number one in the world
shingakki	新学期	new term
shinsetsu	親切	kind
shinsen	新鮮	fresh
shōgatsu	正月	New Year
shūji	習字	calligraphy
sodatekata	育て方	way of bringing up
sukoshi zutsu	少しづつ	gradually
taipu	タイプ (する)	type
tebukuro	手ぶくろ	gloves
tegaki	手書き	handwritten
tsuku	つく (連絡が)	contact
umai	うまい	good, tasty

utsu	うつ	type, hit (keys)
wazawaza	わざわざ	especially
yūbin	郵便	mail
zo	ぞ	[final particle, male]
zukizuki suru	ズキズキする	throb, ache
zutsū	頭痛	headache

Word list 34

agaru	上がる	lose one's composure
agaru	上がる	go into the house
anshin	安心 (する)	feel relieved
byōshitsu	病室	sickroom
enryo naku	遠慮なく	without ceremony
enryo	遠慮 (する)	show deference
futsūsha	普通車	ordinary carriage
ganka	眼科	eye clinic
geka	外科	surgical clinic
hari	鍼	acupuncture
hiku	ひく (ピアノを)	play (piano)
hone	骨	bone
ideru	いでる	be, come, go
ima	居間	living room
iya iya	いやいや	no, no
jibiinkōka	耳鼻咽喉科	era, nose and throat
ka	科	section, clinic
kagen	かげん	condition
kakeru	かける (心配を)	cause (worry)
kanja	患者	patient
kanpō	漢方	Chinese medicine
katai	かたい	hard
kensachū	検査中	under examination
ki ni naru	気になる	be worried about
kokorozuyoi	心強い	reassuring, encouraging
konkai	今回	this time
kore wa	これは	my goodness!
kyū	灸	moxa

madoguchi	窓口	counter
mairu	参る	go, come
Māku Buraun	マーク・ブラウン	Mark Brown
me	目	occurrence, experience
menkai	面会 (する)	receive personally
mensetsu	面接 (する)	interview
menyū	メニュー	menu
myōgonichi	明後日	day after tomorrow
naika	内科	internal medicine
nanika	何科	which section/clinic?
oreru	折れる	break
ossharu	おっしゃる	say
owari	終わり	end
ryōkin	料金	fare
sanfujinka	産婦人科	obstetrics & gynaecology
shiatsu	指圧	massage
shika	歯科	dental surgery
shōnika	小児科	paediatric clinic
shōshō	少々	a few, a little
sore yori	それより	rather than that
toranjisutā rajio	トランジスター・ラジオ	transistor radio
uketsuke	受付	reception
utsu	打つ	hit
yakkyoku	薬局	chemist
yori	より	than

Word list 35

---

a!	アッ	my goodness!
bukkyō	仏教	Buddhism
burū	ブルー	blue
chihō	地方	region
chūniku	中肉	medium build
Chūōsen	中央線	Chūō line
chūzei	中背	medium height
gaijin tōroku shōmeisho	外人登録証明書	alien registration card
hakken	発見 (する)	discover

hannin	犯人	criminal
hittakuri	ひったくり	snatching, snatcher
hittakuru	ひったくる	snatch
hōmu	ホーム	platform
hon no	ほんの	just a
jimushitsu	事務室	office
jūbun	十分	enough, plenty
junsa	巡査	policeman
jūyō	重要	important
kankei	関係 (する)	relation, connection
kataritsutaeru	語り伝える	hand down (story etc.)
kikai	機械	machine
kinmusaki	勤務先	place of one's work
ki'nyū	記入 (する)	fill in a form
ki o tsukeru	気を付ける	be careful
kōban	交番	police station
kokudo	国土	territory
kokumin	国民	national
Koronbusu	コロンブス	Columbus
mitsukaru	見つかる	be found
nanisen	何線	which line?
nenrei	年齢	age
nikki	日記	diary
ni yotte	によって	by
okiwasureru	置き忘れる	leave behind
osu	お (押) す	push
oya	親	parent
pasupōto	パスポート	passport
poketto	ポケット	pocket
saihakkō	再発行 (する)	reissue
seishiki	正式	formal
senaka	背中	back
shōkai	紹介 (する)	introduce
shorui	書類	document
shunkan	瞬間	moment
sodateru	育てる	bring up
sonkei	尊敬 (する)	respect
sūfun	数分	a few minutes
suri	すり	a pickpocket
suru	する	pick pocket [verb]
tabun	多分	probably

taiboku	大木	large tree
tairiku	大陸	continent
tana	たな	shelf
tanomu	頼む	ask, request
taosu	倒す	fell, pull down
tateru	建てる	build
tennō	天皇	emperor
tesage kaban	手さげかばん	brief case
todoke	届け	report
toriireru	取り入れる	introduce
tsūchō	通帳	booklet
tsukamaru	つかまる	be caught
Ueno	上野	[place name]
watasu	渡す	hand over, hand in
yaku-	約〜	approximately
zubon	ズボン	trousers

Word list 36

akusento	アクセント	accent
anzen	安全	safe
baka	ばか / バカ	fool
bishonure	びしょぬれ	soaked (in rain)
bonyari suru	ボンヤリする	be absent-minded
butsurigakusha	物理学者	physicist
dōjōshin	同情心	sympathy
fundari kettari	ふんだりけったり	add insult to injury
fushinsetsu	不親切	unkind
fuyukai	不愉快	unpleasant
Genji monogatari	源氏物語	*Tale of Genji*
genkin	現金	cash
genron	言論	speech
hantai	反対 (する)	oppose
hoka	他	other
hoshō	保障	guarantee, ensure
ijimeru	いじめる	bully
ijiwaru	意地悪 (する)	spiteful

iyami	いやみ	disagreeable words
jidaiokure	時代遅れ	anachronistic
kau	かう	keep (a pet)
keibetsu	軽蔑 (する)	despise
keisanki	計算機	calculator
ki	気	feeling
ki ga suru	気がする	have a feeling
kikai	機会	opportunity
kogeru	こげる	burn
kokujin	黒人	black people
machigaeru	間違える	make a mistake
maru de	まるで	as if
mono	もの	matter
musume	娘	daughter
nagai aida	長い間	long time
nagai koto	長いこと	long time
nakama	仲間	companion
nakamahazure	仲間はずれ	shun
nichijō	日常	daily
nioi	におい	smell
nogasu	のがす	miss, let slip
o-kage de	おかげで	thanks to
o-mawarisan	お巡りさん	policeman
otosu	落とす	drop
purojekuto	プロジェクト	project
seido	制度	system
shikaru	しかる	scold
shimatta	しまった	Blast!
shimau	しまう	end, finish
shingō	信号	traffic light
sono ue	その上	in addition to that
sore ga	それが	and yet
sore hodo	それほど	as much as
tateru	立てる (計画を)	draw up a plan
tentō	転倒 (する)	lose one's balance
tōtō	とうとう	finally
tsuku	つく (うそを)	tell (a lie)
tsuyoi	強い	strong
un	運	luck
uso	うそ	lie
waipā	ワイパー	windscreen wiper

waraimono	笑い者	a laughing stock
wataru	渡る	cross
yūjin	友人	friend

Word list 37

akanbo	赤ん坊	baby
buka	部下	subordinate
ganko	がんこ	stubborn
hahaoya	母親	mother
Harisu	ハリス	Harris
hitokurō	ひと苦労	a real effort
honnin	本人	person concerned
hotto	ホット	hot coffee
ireru	いれる (希望を)	accept
jisshū	実習 (する)	practice, practise
jōdan	じょうだん	joke
kaigan	海岸	beach, coast
kanashimu	悲しむ	sadden
katte	勝手	selfish
keshō	化粧 (する)	make up
kioku	記憶 (する)	remember
kōkō	高校	senior high school
kūrā	クーラー	air conditioner
kurō	苦労 (する)	go through hardship
kyōin	教員	teacher
mā	まあ	well
mafuyu	真冬	mid-winter
mizuumi	湖	lake
motto	もっと	more
ni yoru to	によると	according to
onshitsu	温室	greenhouse
pūru	プール	swiming pool
renshū mondai	練習問題	exercises
riyū	理由	reason
rōjin	老人	old people
rōjinhōmu	老人ホーム	old people's home

ryūgaku	留学 (する)	study abroad
seito	生徒	pupil
sengakki	先学期	last term
sērusuman	セールスマン	salesman
shain	社員	staff
shikaku	資格	qualification
sotsuron	卒論	graduation thesis
suki na dake	好きなだけ	as much as you like
tekisuto	テキスト	text
tondemonai	とんでもない	far from it, outrageous
uma	馬	horse
yochiyochi aruki	ヨチヨチ歩き	toddle
yukidaruma	雪だるま	snowman
yukigeshō	雪化粧 (する)	a coating of snow

Word list 38

aidia	アイディア	idea
akemashite o-medetō	明けましておめでとう	Happy New Year
akiru	飽きる	be bored
asobiaruku	遊び歩く	wander around
bun'ya	分野	field
chōdo	ちょうど (丁度)	just
daibutsu	大仏	Great Buddha
Daitō no miya	大塔の宮	[place name]
Enkaku-ji	円覚寺	[place name]
furi (o suru)	ふり (をする)	pretend
gaijin	外人	foreigner
gomen	ごめん (御免)	sorry
gomen nasai	ごめんなさい	I am sorry
Hachiman-gū	八幡宮	[place name]
hai	杯	'cups of' [classifier]
heiki	平気	indifferent, calm
hikui	低い	low
honmono	本物	the real thing
hon'yaku	ほん訳 (する)	translation
kai	会	meeting

-kakeru	〜かける	on the verge of, begin to
Kamakura	鎌倉	[place name]
kanemochi	金持ち	rich person
kanōsei	可能性	possibility
karatto shita	カラッとした	crisp (of weather)
kasegu	かせぐ	earn
kawaru	変わる	change [intrans.]
Kenchō-ji	建長寺	[place name]
kinen	記念 (する)	commemorate
Kita-Kamakura	北鎌倉	[place name]
koyomi	こよみ	calendar
kudaru	下る	go down
nattoku	納得 (する)	consent, understand
noni	のに	although
nukeru	ぬける	pass through
ochiru	落ちる (試験に)	fail (in an exam)
o-medetō gozaimasu	おめでとうございます	congratulations
oriru	降りる	descend, get off
sanpomichi	散歩道	track, walking route
sekkaku	せっかく	specially
shinnen	新年	New Year
shippai	失敗 (する)	fail
shōjin ryōri	精進料理	vegetarian food
shokuyoku	食欲	appetite
shusseki	出席 (する)	attend
Suzuki	鈴木	[surname]
tariru	足りる	be sufficient
tazuneru	訪ねる	visit
temae	手前	this side
ue	上 (...の上で)	added to, according to
ume	梅	plum
wā	わあ	really!
yaku	焼く	bake [trans.]
Zuisen-ji	瑞泉寺	[place name]

Word list 39

akirameru	あきらめる	give up
bakufu	幕府	bakufu government
Bosuton	ボストン	Boston
dondon	どんどん	rapidly, swiftly
doru	ドル	dollar
Genji	源氏	[name]
haneru	はねる	knock down
hare	晴れ	clear
hiraku	開く	open
honkakuteki	本格的	real, proper
kādo	カード	card
kakaru	かかる (電話が)	have a phone call from X
katsu	勝つ	win
kazu	数	number
kekkyoku	結局	after all
kisha	汽車	train
kosame	小雨	drizzle
Mekishiko	メキシコ	Mexico
mōtābaiku	モーターバイク	motor bike
mukaeru	迎える	welcome
nani yori mo	何よりも	above all
Narita	成田	[place name]
nochi	のち	after
osoku tomo	遅くとも	at the latest
pondo	ポンド	pound
Roshia	ロシア	Russia
seiki	世紀	century
shimeru	閉める	shut [trans.]
shisha	死者	dead, casualties
Takano	高野	[surname]
tobu	飛ぶ	fly [intrans.]
ue	上	in addition to
untenshu	運転手	driver
wakareru	別れる	part, separate
zettai	絶対	absolutely

Word list 40

atatameru	あたためる	warm up
azukeru	預ける	deposit
butaniku	ぶた肉	pork
chanoma	茶の間	living room
chokorēto kēki	チョコレート・ケーキ	chocolate cake
de	で	[marker for scope]
dotchi mo/dochira mo	どっちも/どちらも	both
Eberesuto	エベレスト	Mt Everest
funabin	船便	sea mail
fushigi	不思議	mysterious
futtobōru	フットボール	football
gyūniku	牛肉	beef
Honshū	本州	[place name]
itadakimasu	いただきます	for what we are about to receive...
Jēmusu	ジェームス	James
Jōji	ジョージ	George
kanjō	感情	emotion, feeling
katei	家庭	home
keiko	けいこ (する)	lesson, practice
kichō	貴重	precious
kigaeru	着がえる	change clothes
kōkūbin	航空便	air mail
kusuri	薬	medicine, drug
kyakuma	客間	guest room
kyōsō	競争 (する)	compete
Matsumoto	松本	[surname]
Michiko	道子	[given name]
mirukutī	ミルク・ティー	milk tea
Miyasaka	宮坂	[surname]
Monburan	モンブラン	Mont Blanc
Nairugawa	ナイル川	River Nile
naka de	中で	out of
nesshin	熱心	eager
nihoncha	日本茶	Japanese tea
Nikku	ニック	Nick
ninki	人気	popularity

o-kaeri nasai	お帰りなさい	welcome home
saki ni	先に	before
shitsu	質	quality
shōgakusei	小学生	primary school pupil
shūkurīmu	シュークリーム	chou crème
Sukottorando	スコットランド	Scotland
supōtsu	スポーツ	sports
tadaima	ただいま	'I'm back'
taiiku	体育	physical training
Takahashi	高橋	[surname]
tesuto	テスト	test
todoku	届く	reach
uchi de	うちで	out of
wain	ワイン	wine
Wēruzu	ウェールズ	Wales
yakyū	野球	baseball

Word list 41

chūsha	駐車 (する)	park a car
denchi	電池	battery
dō yatte / dō shite	どうやって/どうして	how
ēemu	AM	AM
efuemu	FM	FM
esukaretā	エスカレター	escalator
fūn	ふーん	well
hairu	入る (AM, FM etc.が)	catch (broadcast)
hankachi	ハンカチ	handkerchief
Haruko	春子	[given name]
hidarite	左手	left hand (side)
hōsō	放送 (する)	broadcast
irasshaimase	いらっしゃいませ	welcome! come in!
iwai	祝い	celebration
Izumitani	泉谷	[surname]
Jēn	ジェーン	Jane
Kawakita	川北	[surname]
kawatta	変わった	strange, unusual

kekkonshiki	結婚式	wedding
kēsu	ケース	case
ki ga mijikai	気が短い	short-tempered
kinō	機能	function
komatta	困った	troublesome
kumiawasu	組み合わす	match [trans.]
kurejitto kādo	クレジット・カード	credit card
moderu	モデル	model
nasaru	なさる	do
ryōhō	両方	both
ryokōsha	旅行者	traveller
saizu	サイズ	size
sapparishita	さっぱりした	clean, simple
seikaku	性格	character
Sēra	セーラ	Sarah
Setsuko	節子	[given name]
shaberu	しゃべる	chat
sugureru	すぐれる	excel
sugureta	すぐれた	superior
Takako	孝子	[given name]
tamaru	たまる	accumulate [intrans.]
tanpa	短波	short-wave
tennin	転任 (する)	change of post
tsuku	つく	attach
ureru	売れる	sell [intrans.]
uriba	売り場	sales counter
yaku ni tatsu	役に立つ	be useful

Word list 42

akiraka	明らか	obvious
arawasu	表す	express
ataru	当たる	hit [intrans.]
ateru	当てる	hit [trans.]
bō	棒	stick
bun	文	writing, sentence
daijin	大臣	minister

dōmo	どうも	somehow
dōshi	動詞	verb
furansupan	フランスパン	French bread
gaimu	外務	foreign affairs
garasu	ガラス	glass, (window)pane
hanashite	話し手	speaker
hi	日	sun
hōkō	方向	direction
Honoruru	ホノルル	Honolulu
ike	池	pond
imiai	意味合い	nuance
jidōshi	自動詞	intransitive verb
jiken	事件	incident
jōkyō	状況	situation, circumstances
joshi	助詞	particle
kaesu	帰す	send back
kanō	可能	possible
katachi	形	shape, form
kekkateki	結果的	as a result
kyojin	巨人	giant
minamigawa	南側	south side
mokutekigo	目的語	object
nanbyō	難病	difficult disease
nandaka	何だか	somehow
naoru	治る	be cured
naosu	治す	cure
okiru	起きる	happen
oeru	終える	finish [trans.]
rei	例	example
shieki	使役	causative
shimaru	閉まる	shut, close [intrans.]
shugo	主語	subject
sumasu	すます(済ます)	finish [trans.]
susumeru	進める	advance [trans.]
tachiba	立場	position, standpoint
tadōshi	他動詞	transitive verb
tasukaru	助かる	be saved
tasukeru	助ける	save
tatsu	建つ	be built
tetsu	鉄	iron
tōitsu	統一 (する)	unify

Word lists 235

tomeru	止める	stop [trans.]
tōrigakaru	通りがかる	pass by
tsukaikata	使い方	way of use
tsutawaru	伝わる	be transmitted
ukemi	受け身	passive (voice)
utsuru	うつる (病気が)	be infected
utsusu	うつす (病気を)	infect
wareru	割れる	break [intrans.]
waru	割る	break [trans.]
yakeru	焼ける	grill [intrans.]
yaruki	やる気	enthusiasm
yōchien	幼稚園	kindergarten
zensha	前者	former

Word list 43

aratamete	改めて	anew, afresh
basha	馬車	coach
bokokugo	母国語	mother tongue
chirasu	散らす	scatter
dai	代	generation
fudan	普段	normally
fue	ふえ (笛)	flute
fuku	ふく (吹く)	blow
gēmu	ゲーム	game
hashirasu	走らす	make run
hataraki	働き	work
hazukashii	恥ずかしい	shy, shameful
ichiba	市場	market
ishi	意志	will
ishiki	意識 (する)	consciousness
jishin	自身	self
jissai	実際	real, actual
kaiwa	会話	conversation
kakejiku	かけじく	scroll
kakureru	隠れる	hide [intrans.]
kakusu	隠す	hide [trans.]

kasanaru	重なる	pile [intrans.]
kasaneru	重ねる	pile [trans.]
kazegimi	かぜ気味	touch of cold
Kirimanjero	キリマンジェロ	Mt Kilimanjaro
kōjitsu	口実	excuse
kō shite	こうして	like this, thus
kowareru	壊れる	break [intrans.]
kowasu	壊す	break [trans.]
kudaranai	下らない	trifle
kumo	雲	cloud
mato	的	target
matomo ni	まともに	correctly, properly
meiga	名画	old famous film
nagareru	流れる	flow
nagasu	流す	pour, let flow
naishōbanashi	ないしょ話	private conversation
nakigoe	泣き声	crying voice
nan to itte mo	何と言っても	say what you will
naraberu	並べる	arrange
narabu	並ぶ	be lined up
nedan	値段	price
negaigoto	願いごと	wish
nekasu	寝かす	put to bed, put to sleep
nimotsu	荷物	luggage
nisemono	にせ物 (偽物)	fake
nokosu	残す	leave behind
noseru	乗せる	give a ride to
sansuiga	山水画	landscape picture
suginai	過ぎない	nothing but
sukotchi	スコッチ	Scotch Whisky
tobasu	飛ばす	fly [trans.]
tokonoma	床の間	alcove
tomadou	とまどう	be bewildered
tōsu	通す	pass [trans.]
tsukuribanashi	つくり話 (作り話)	fabrication
tsumamigui	つまみ食い	picking at one's food
ugokasu	動かす	move [trans.]
wataru	わたる (亘る)	range, cover, extend
wisukī	ウィスキー	whisky
ya	矢	arrow
yogoreru	汚れる	become dirty

| yogosu | 汚す | make dirty |

Word list 44

ari no mama	ありのまま	as it is
atchi	あっち	that way, over there
chikyū	地球	globe
chokotto	ちょこっと	a little
daidaiiro	だいだい色	orange colour
e!	えっ	What!
Garireo	ガリレオ	Galileo
gussuri	ぐっすり	deeply (sleep)
ha	歯	tooth
ha! ha! ha	ハッハッハ	ha! ha! ha! [onomatopeia]
hotte oku	ほっておく	leave alone
inai	以内	within
jisho	辞書	dictionary
kakeru	かける (命を)	risk one's life
kansuru	関する	concerning, about
ken	件	matter
kenkyūshitsu	研究室	study, office
kiji	記事	article
kongaragaru	こんがらがる	entangle
kotowaru	断る	refuse
majime	真面目	serious
marui	丸い	round
migaku	みがく 磨く	brush, polish
monogoto	ものごと	matters
mōshikomu	申し込む	propose, apply
noru	のる (相談に)	help with (advice)
nōryoku	能力	ability
sae	さえ	even
sekinin	責任	responsibility
senmon	専門	speciality
shinkoku	深刻	serious
shiraberu	調べる	investigate
suto	スト	strike

tada	ただ	but, however
taishikan	大使館	embassy
tango	単語	word
tokoro ga	ところが	however
torikaeru	取り替える	change, exchange
toru	とる (責任を)	take (responsibility)
ukanai	浮かない	gloomy, downcast
waraigoto	笑いごと	laughing matter
yochi	余地	room

Word list 45

annai	案内 (する)	guide
Biruma	ビルマ	Burma
chikajika	近々	soon
fuben	不便	inconvenient
fukushachō	副社長	vice-president
go-busata	御無沙汰する	have no news of
Hamiruton	ハミルトン	Hamilton
handan	判断 (する)	judgement
hansei	反省 (する)	reflect
Honkon	香港	Hong Kong
iibun	言い分	statement, one's say
kakeru	かける (時間を)	take (of time)
kakki	活気	vigour, animation
Kiyomizu-dera	清水寺	[place name]
kōhan	後半	latter
kōhei	公平	fair
kudasu	下す (判断を)	pass (judgement)
kurasu	暮らす	make living
kyūryō	給料	salary
meiwaku	迷惑	trouble, inconvenience
mukeru	向ける	turn towards [trans.]
nichiei	日英	Anglo–Japanese
Nikkō	日光	[place name]
o-me ni kakaru	お目にかかる	meet
sore wa sore wa	それはそれは	well, well

tadashii	正しい	correct, right
tatsu	発つ	depart
teiryūjo	停留所	bus stop
tōchaku	到着 (する)	arrive
tomo	伴	companion
tsuide	ついで	by the way
tsukemono	つけもの	pickle
Tsukiji	築地	[place name]
tsukimashite wa	つきましては	as regards...
tsukinami	月並み	ordinary
ukagau	伺う	visit, ask
Uogashi	魚河岸	[place name]
waribiki	割り引き	discount
watakushi domo	私共	we
yaoya	八百屋	greengrocer
zehi	是非	by all means
zonjiru	存じる	know, think

Word list 46

atsui	熱い	hot
bōnenkai	忘年会	end of year party
chizu	地図	map
dōkō	同行 (する)	accompany
fakkusu	ファックス	fax
Hanzōmonsen	半蔵門線	Hanzōmon line
hashi	橋	bridge
Hijiribashi	聖橋	[place name]
Hongō sanchome	本郷三丁目	[place name]
iikagen	いいかげん	vague, irresponsible
ima no uchi	今のうち (に)	while the iron is hot
jikkō	実行 (する)	put into practice
jinkō	人口	population
kaiketsu	解決 (する)	solve
kaisoku	快速	rapid, express
kakuekiteisha	各駅停車	stop at every station
keisatsu	警察	police

kibun	気分	feeling, physical condition
kōnai	構内	premises, grounds
kurai	暗い	dark
Manshū	満州	Manchuria
Marunouchisen	丸の内線	Marunouchi line
myō	妙	strange
naoru	直る	be repaired, be corrected
nihonshu	日本酒	Japanese sake
norikaeru	乗り換える	change (train or bus)
Ochanomizu	お茶の水	[place name]
rasshu	ラッシュ	rush (hour)
senketsu	先決	first consideration
shinkō hōkō	進行方向	direction train is facing
shūri	修理 (する)	repair
sono uchi	そのうち	near future
sore nara	それなら	if so
sō suru to	そうすると	in that case
Tōdai	東大	Tōkyō University
tsumari	つまり	in other words
uchi ni	うちに	while
utsusu	移す	move, transfer [trans.]
yahari	やはり	indeed, as expected
yori	より (寄り)	side
Yoyogi	代々木	[place name]
yurusu	ゆるす 許す	forgive

Word list 47

betsu ni	別に	particularly, separately
bijutsukan	美術館	art gallery
chūshajō	駐車場	parking (lot)
dakyō	妥協 (する)	compromise
datte	だって	but
dō shite mo	どうしても	at any cost
fuman	不満	dissatisfaction
fumuki	不向き	not suited
fureru	ふれる	touch

触れる

gakka	学科	subject
guzuguzu	ぐずぐず	dawdle
hōkokusho	報告書	report
ikinari	いきなり	abruptly, suddenly
kumiai	組合	union
kyoka	許可 (する)	permit
machigai	間違い	mistake
mikata	味方	supporter, ally
mitomeru	認める	admit
muki	向き	suited for
nan to shite mo	何としても	at any cost
o-tagai	お互い	mutual
sappari + neg.	さっぱり	not at all
sassa to	さっさと	immediately
sayū	左右	right and left
sore ni shite mo	それにしても	and yet
sorezore	それぞれ	respectively
tagon	他言 (する)	disclose
tannin	担任	have charge of teaching
ten	点	mark, grade, score
tenjihin	展示品	exhibits
tsuishi	追試	make-up test
wake	わけ	reason
yatara	やたら	at random, excessively
yobun	余分	extra
yōkyū	要求 (する)	demand
zaiseijō	財政上	as regards financial administration

Word list 48

ā shiro	ああしろ	do that!
an	案	idea, plan
ataeru	与える	give
beki	べき	should
bu	分	1 per cent
chikayoru	近寄る	approach

chūibukai	注意深い	careful
denki	電気	electricity
eiyaku	英訳 (する)	translate into English
enjo	援助 (する)	help, aid
ganbaru	頑張る	try hard
gutaiteki	具体的	concrete
haji	恥	shame
hatarakasu	働かす	cause to work
hatten tojōkoku	発展途上国	developing nation
heikōsen	平行線	parallel line
hōgen	方言	dialect
hyōjungo	標準語	standard language
ika	以下	less than
inshō	印象	impression
jōshō	上昇 (する)	increase
kakaeru	かかえる	hold
kanji	感じ	feeling
kankeisha	関係者	person concerned
kappatsu	活発	vigorous
kinmu	勤務 (する)	be on duty, serve
kō shiro	こうしろ	do this!
kōshō	交渉 (する)	negotiate
kurikaesu	繰り返す	repeat
mikake	見かけ	appearance
mokuhyō	目標	aim
motomoto	もともと	from the beginning
mushiatsui	むし暑い	hot and sticky
naiyō	内容	content
pāsento	パーセント	percent
ritsu	率	rate, ratio
rōshikan	労使間	between union and management
sakan	さかん	thriving, active
seihin	製品	product
seijika	政治家	politician
semaru	迫る	urge
senkyo	選挙 (する)	election
senshinkoku	先進国	advanced nation
shikkari	しっかり	firmly
shū'nyū	収入	income
sōhō	双方	both

sono mama	そのまま	as it is
sugoi	すごい	amazing
sūji	数字	figure, number
suku	好く	like
sumūzu	スムーズ	smooth
tadoru	たどる	trace
taisuru	対する	concerning
toki ni wa	時には	at times
tōhyō	投票 (する)	casting a vote
tsuite iku	ついて行く	accompany [intrans.]
tsuku	つく (都合が)	be convenient
undō	運動	movement
wari	割	10 per cent
wayaku	和訳 (する)	translate into Japanese
zatsuyō	雑用	miscellaneous jobs

Word list 49

ainiku	あいにく	unfortunately
aisatsu	挨拶 (する)	greet
arigatai	ありがたい	welcome, gracious
chōdai	ちょうだい (する) 頂戴	receive
chūmon	注文 (する)	order
dekiru dake	出来るだけ	as much as
gimu	義務	duty
gimu kyōiku	義務教育	compulsory education
goran ni ireru	ごらんにいれる	show
goran ni naru	ごらんになる	look at
haiken	拝見 (する)	look at
haishaku	拝借 (する)	borrow
hazu	はず	expectation
hirogeru	広げる	widen
ippan	一般	ordinary
jama	じゃま (邪魔)	obstruction
jinrui	人類	mankind
jisatsu	自殺 (する)	suicide
kachi	価値	value

kankyō	環境	environment
kasetto tēpu	カセット・テープ	cassette tape
kikitoru	聞きとる	catch (a conversation)
kokorogakeru	心がける	aim for, try hard to
kokuritsu kōen	国立公園	national park
kyōiku	教育 (する)	education, educate
kyōjū	今日中	before tomorrow
kyūyū	旧友	old friend
mensuru	面する	confront, face
meshiagaru	召し上がる	eat
mesu	召す	wear
miai	見合い	meeting with prospective partner
miai kekkon	見合い結婚	arranged marriage
Mōri	毛利	[surname]
mōshiageru	申し上げる	say
nagabanashi	長話	long chat
nakunaru	亡くなる	die
nanika to	何かと	one way or another
nareru	慣れる	get used to
o-agari ni naru	お上がりになる	enter
o-aisuru	お会いする	meet
o-ide ni naru	おいでになる	be, come, go
o-me ni kakeru	お目にかける	show
o-meshi ni naru	お召しになる	wear
o-mise suru	お見せする	show
o-nakunari ni naru	お亡くなりになる	die
Ōno	大野	[surname]
roshiago	ロシア語	Russian (language)
ryō	量	quantity
Sapporo	札幌	[place name]
sayō	さよう	correct
setsubi	設備	facilities
shinpo	進歩 (する)	progress
shizen	自然	nature
shujin	主人	husband
tada	ただ	free of charge
taiho	退歩 (する)	regress, retreat
taku	宅	house, your house
tonda	とんだ	surprising
totonoeru	整える	arrange

| uketamawaru | 承る | listen |
| zonjiageru | 存じ上げる | know |

Word list 50

Ankarejji	アンカレッジ	Anchorage
anki	暗記 (する)	memorise
azukaru	預かる	keep
chekku in	チェック・イン	check in
chikara	力	power, force
chokkōbin	直行便	direct flight
dainiji taisen	第二次大戦	Second World War
doryoku	努力 (する)	make effort
Edo	江戸	[place name]
furaito	フライト	flight
Furankufuruto	フランクフルト	Frankfurt
fūu	風雨	wind and rain
ichiji-azuke	一時預け	left luggage
itte mairimasu	行って参ります	'I'm off now'
iya'iya nagara	いやいやながら	reluctantly
jidō	児童	school children
jinsei	人生	life
kaette	かえって	on the contrary
kami	神	deity
kanemōke	金もうけ	money making
Kantō	関東	[place name]
keikan	警官	policeman
keisatsukan	警察官	policeman
keiyū	経由	via
Kerun	ケルン	Cologne
kibishii	厳しい	strict
kirishitan	キリシタン	christian
kitamawari	北回り	via North Pole
kōdō	行動 (する)	act
kogata	小型	small size
kokorozukai	心づかい	care
kotatsu	こたつ	foot warmer

mendō	面倒	trouble
Michiko	美智子	[given name]
Minami Wingu	南ウィング	South Wing
Mosukuwa	モスクワ	Moscow
ningen	人間	humanity, people
nokori	残り	rest
otona	大人	adult
sainō	才能	talent
sameru	覚める (目が)	wake up
sei	せい	cause
shidai	次第	order
shikata	仕方	way of doing something
shinkō	信仰 (する)	faith
shiseikatsu	私生活	private life
shujutsu	手術 (する)	operate
soretomo	それとも	or
suteru	捨てる	throw away
tappuri	たっぷり	fully
tatta	たった	only
techō	手帳	pocket notebook
teoshiguruma	手押し車	cart
toshi	年	age
tōshi	投資 (する)	invest
todokeru	届ける	send, register
tsuyomaru	強まる	become strong
utouto	ウトウト (する)	doze off
utsuru	写る	come out (of photo)
wanpīsu	ワンピース	dress
wasuremono	忘れ物	thing left behind
zetsubō	絶望 (する)	despair

Word list 51

ā iu	ああいう	that kind of
chokusetsu	直接	direct
dakara	だから	therefore
Ejiputo	エジプト	Egypt

fusoku	不足 (する)	insufficient
gachi	がち	tend to
gocha gocha	ごちゃごちゃ	in disorder
ikki ni	一気に	at one stretch
ira'ira suru	イライラする	be irritated
kakaru	かかる	engage, start
kikoku	帰国 (する)	return (to one's homeland)
kokunai	国内	internal, domestic
kōshū	公衆	public
kusai	くさい	-ish, smacks of
memo	メモ (する)	memo
meue	目上	one's superior
miru	診る	examine (medically)
monowasure	もの忘れ	forgetfulness
moshi	もし	if
moshikashitara	もしかしたら	possibly
nagabiku	長引く	prolong
nigeru	逃げる	escape, run away
nizukuri	荷造り	packing
Piramiddo	ピラミッド	Pyramids
saitei	最低	minimum
sawagu	騒ぐ	make noise
shimai	しまい	end
shokuryō	食料	food
sōbetsukai	送別会	farewell party
suimin	睡眠	sleep
taido	態度	attitude
te o tsukeru	手をつける	start something
terefon kādo	テレフォン・カード	telephone card
toru	とる (疲れを)	remove, take away
toshiyori	年寄り	old person
tsui	つい	unintentionally
tsukare	疲れ	fatigue
tsukiai	付き合い	association
tsumaranai	つまらない	trifle, uninteresting
tsumeru	つめる	pack tight, apply oneself to
wakeru	分ける	divide
yatte kuru	やって来る	put in an appearance
yu	湯	hot water

Word List 52

asayū	朝夕	morning and evening
atsusa	暑さ	heat
awaseru	合わせる	fit together
awaseru	会わせる	introduce
chōshi	調子	tune, condition
daiji ni suru	大事にする	take great care
hiekomu	冷えこむ	get chilled
hoshigaki	干し柿	dried persimmon
ichi'in	一員	one member
inoru	祈る	pray
irotoridori	色とりどり	various colours
issō	一層	all the more
jiai	自愛	take care of oneself
jōjun	上旬	first ten days of month
kagiranai	限らない	not limited to
kagiru	限る	limit
kakuchi	各地	each region
kangei	歓迎 (する)	welcome
kata	肩	shoulder
keiken	経験 (する)	experience
kokoro	心	heart
kokuren	国連	United Nations
kono ue mo nai	この上もない	extremely
koshi	腰	waist
kōto	コート	coat
koto aru goto ni	ことあるごとに	every time
kuregure mo	くれぐれも	great care (take)
kyūka	休暇	holiday
maemae kara	前々から	far in advance
manzoku	満足 (する)	content, happy with
maru	まる	entirely, in all
mina/minna	みな (皆) /みんな	all
Minato ku	港区	[place name]
mondaiten	問題点	point at issue
nanika ni tsukete	何かにつけて	whatever, no matter what
nitchū	日中	day time
Nyū Yōku	ニュー・ヨーク	New York

omoiokosu	思い起こす	recall
ori	折	occasion
ōyorokobi	大喜び	very pleased
renzoku	連続 (する)	continue
ryūgakuchū	留学中	during study abroad
sakimidareru	咲き乱れる	bloom in profusion
samusa	寒さ	coldness
sawayaka	さわやか	fresh
seidai	盛大	grand
seiri	整理 (する)	rearrange
setsu	節	season, period
shiawase	幸せ	happiness
shinryoku	新緑	new green (leaves)
Shirogane	白金	[place name]
shōka	消化 (する)	digest
sono ta/sono hoka	その他	apart from that
Sūzan	スーザン	Susan
tayori	便り	news, letter
tōgi	討議 (する)	debate
Tōhoku	東北	[place name]
tomo ni	共に	together with
ukeireru	受け入れる	accept
unazuku	うなずく	nod
yakusokudōri	約束通り	as promised
yōki	陽気	season, weather
yūbin bangō	郵便番号	post code
yume	夢	dream
zaseki	座席	seat

Vocabulary: Japanese–English

NB: Numbers refer to the lesson in which the word first appears.

a	あ	oh!	26
a!	アッ	my goodness!	35
ā	ああ	oh	3
ā iu	ああいう	that kind of	51
ā shiro	ああしろ	do that!	48
Abe Kōbō	安倍公房	[name]	29
abunai	危ない	dangerous	20
achikochi	あちこち	here and there	19
achira	あちら	over there	4
adobaisu	アドバイス	advice	31
Afurika	アフリカ	Africa	19
agaru	上がる	go into the house	34
agaru	上がる	lose one's composure	34
ageru	上げる	give	31
ageru	上げる	raise	28
aida	間	between	6
aida	間	while	19
aidia	アイディア	idea	38
aikawarazu	相変わらず	as usual	16
ainiku	あいにく	unfortunately	49
aisatsu	挨拶 (する)	greet	49
aisukurīmu	アイスクリーム	ice cream	18
aite	相手	the other party	31
aji	味	taste	25
Ajia	アジア	Asia	13
aka	赤	red	11
akachan	赤ちゃん	baby	30
akai	赤い	red	11
akanbo	赤ん坊	baby	37
akarui	明るい	light, bright	13
akemashite o-medetō	明けましておめでとう	Happy New Year	38
akeru	開ける	open [trans.]	33
akeru	明ける	dawn, begin, lighten up	25
aki	秋	autumn	12
akibare	秋晴れ	clear day in autumn	16

Akiko	明子	[given name]	3
akiraka	明らか	obvious	42
akirameru	あきらめる	give up	39
akiru	飽きる	be bored	38
aku	あく (時間が)	have (time)	22
aku	開く	open [intrans.]	25
aku	空く	become empty	24
akubi	あくび	yawn	29
akusento	アクセント	accent, pitch	36
amai	あまい	sweet	20
amari + neg.	あまり	not so	12
ame	雨	rain	14
Amerika	アメリカ	America	6
Amerikajin	アメリカ人	American (person)	6
amu	編む	knit	33
an	案	idea, plan	48
anata	あなた	you	2
ane	姉	elder sister	2
angai	案外	unexpectedly	26
ani	兄	elder brother	2
Ankarejji	アンカレッジ	Anchorage	50
anki	暗記 (する)	memorise	50
anmari + neg.	あんまり	not so	33
Anna Karēnina	アンナ・カレーニナ	Anna Karenina	12
anna	あんな	that kind of	11
annai	案内 (する)	guide	45
ano	あの	that over there	2
anō	あのう	excuse me...	5
ano aida	あの間	during that time	19
ano koro	あのころ	at that time	25
ano toki	あの時	at that time	24
anshin	安心 (する)	feel relieved	34
anzen	安全	safe	36
ao	青	blue	11
aoi	青い	blue	11
aojiroi	青白い	pale	21
Aomori	青森	[place name]	10
apāto	アパート	flat, apartment	11
ara	あら	my!	17
Arabia	アラビア	Arabia	26
Arabiago	アラビア語	Arabic (language)	26

araimono	洗いもの	washing up	25
Arashiyama	嵐山	[place name]	23
aratamete	改めて	anew, afresh	43
arau	洗う	wash	19
arawasu	表す	express	42
are	あれ	that thing over there	1
are kara	あれから	after that	5
ari no mama	ありのまま	as it is	44
arigatai	ありがたい	welcome, gracious	49
arigatō gozaimasu	ありがとうございます	thank you	5
aru	ある	be (exist)	6
arubaito	アルバイト	temporary work	19
arukimawaru	歩き回る	walk around	23
aruku	歩く	walk	7
Arupusu	アルプス	Alps	15
asa	朝	morning	5
asagohan	朝ごはん	breakfast	7
asatte	あさって	day after tomorrow	31
asayū	朝夕	morning and evening	52
ashi	足	foot, leg	12
ashita	あした	tomorrow	10
asobiaruku	遊び歩く	wander around	38
asobu	遊ぶ	play	23
asoko	あそこ	that place over there	5
ataeru	与える	give	48
atama	頭	head	12
atarashii	新しい	new	11
atari	あたり	vicinity	15
ataru	当たる	hit [intrans.]	42
atatakai	あたたかい	warm	13
atatameru	あたためる	warm up	40
atchi	あっち	that way, over there	44
ateji	当て字	assigned characters	6
ateru	当てる	hit [trans.]	42
ato	あと	the rest	16
ato	後	after	25
atsui	暑い	hot (of weather)	12
atsui	熱い	hot	46
atsumari	集まり	gathering	27
atsumaru	集まる	gather	33
atsusa	暑さ	heat	52

au	あう (遭う)	encounter	24
au	会う	meet (a person)	7
au	合う	match	15
awaseru	会わせる	introduce	52
awaseru	合わせる	fit together	52
ayamaru	あやまる	apologise	30
azayaka	あざやか	bright, vivid, clear	15
azukaru	預かる	keep	50
azukeru	預ける	deposit	40
baai	場合	case, situation	29
baka	ばか/バカ	fool	36
bakari	ばかり	just, only	30
bakufu	幕府	bakufu government	39
ban	晩	night	5
-ban	〜番	no. –	5
bangō	番号	number	5
-banme	〜番目	[ordinal marker]	18
-bansen	〜番線	platform no. –	10
bara	ばら	rose	12
basha	馬車	coach	43
basho	場所	place	18
basu	バス	bus	7
beki	べき	should	48
benkyō	勉強 (する)	study	9
benri	便利	handy, convenient	13
bentō	弁当	packed lunch	23
Bētōben	ベートーベン	Beethoven	22
Betonamu	ベトナム	Vietnam	24
betsu ni	別に	particularly, separately	47
betsujō wa nai	別条はない	nothing wrong with	32
bijutsukan	美術館	art gallery	47
bin	便	flight	18
binsen	びんせん	letter paper	11
biru	ビル	building	5
bīru	ビール	beer	7
Biruma	ビルマ	Burma	45
bishonure	びしょぬれ	soaked (in rain)	36
biza	ビザ	visa	30
bō	棒	stick	42
bōeki	貿易	trade	16

bokokugo	母国語	mother tongue	43
boku	僕	I [familiar]	13
Bon	ボン	Bonn	22
bōnenkai	忘年会	end of year party	46
bonyari suru	ボンヤリする	be absent-minded	36
Bosuton	ボストン	Boston	39
bu	分	1 per cent	48
bubun	部分	part, portion	22
buchō	部長	department head	22
buka	部下	subordinate	37
bukka	物価	price of commodity	33
bukkyō	仏教	Buddhism	35
bun	文	writing, sentence	42
bungaku	文学	literature	26
bunka	文化	culture	30
bunmei	文明	civilisation	30
bunpō	文法	grammar	12
bunshō	文章	writing, sentence	29
bun'ya	分野	field	38
Buraun	ブラウン	Brown	5
buri ni	ぶりに	after an absence of...	24
Buritisshu Enjiniaringu	ブリティッシュ・エンジニアリング	British Engineering	5
burū	ブルー	blue	35
bushi	武士	warrior	22
butaniku	ぶた肉	pork	40
butsukaru	ぶつかる	hit, collide with	32
butsurigaku	物理学	physics	21
butsurigakusha	物理学者	physicist	36
byōin	病院	hospital	9
byōki	病気 (する)	illness	9
byōnin	病人	sick person	32
byōshitsu	病室	sickroom	34
cha (o-cha)	茶 (お茶)	tea	8
chairo, chairoi	茶色(い)	brown	11
-chaku	～着	arriving	10
chanoma	茶の間	living room	40
chanto	ちゃんと	properly	17
chekku in	チェック・イン	check in	50
chichi	父	father	2

chigai	ちがい	difference	25
chigau	ちがう	differ, be wrong	16
chihō	地方	region	35
chiisai	小さい	small	11
chikai	近い	near	12
chikai uchi ni	近いうちに	in the near future	20
chikajika	近々	soon	45
chikara	力	power, force	50
chikatetsu	地下鉄	underground	13
chikayoru	近寄る	approach	48
chikyū	地球	globe	44
chirasu	散らす	scatter	43
chiru	散る	scatter, fall	28
chittomo + neg.	ちっとも	not at all	12
chizu	地図	map	46
chōdai	ちょうだい (する)	receive	49
chōdo	ちょうど (丁度)	just	38
chōjō	頂上	summit	15
chōkan	朝刊	morning edition	23
chōki	長期	long period	26
chokkōbin	直行便	direct flight	50
chokorēto	チョコレート	chocolate	29
chokorēto kēki	チョコレート・ケーキ	chocolate cake	40
chokotto	ちょこっと	a little	44
chokusetsu	直接	direct	51
chōsa	調査 (する)	investigate	27
chōsatai	調査隊	investigating team	27
chōshi	調子	tune, condition	52
chotto	ちょっと	a little	12
Chūgoku	中国	China	7
Chūgokujin	中国人	Chinese (person)	6
chūi	注意 (する)	be cautious	18
chūibukai	注意深い	careful	48
Chūkintō	中近東	Near and Middle East	26
chūmon	注文 (する)	order	49
chūniku	中肉	medium build	35
chūōguchi	中央口	central exit/entrance	5
Chūōsen	中央線	Chūō line	35
chūsha	駐車 (する)	park a car	41
chūshajō	駐車場	parking (lot)	47
chūshi	中止 (する)	stop, abandon	21

chūshin	中心	middle, centre	13
chūzei	中背	medium height	35
da	だ	be [copula]	6
dabokushō	打撲傷	bruise	32
dai	代	generation	43
dai	台	'machine' [classifier]	9
daibu	だいぶ	fairly	11
daibutsu	大仏	Great Buddha	38
Daibutsuden	大仏殿	[name of building]	23
daidaiiro	だいだい色	orange colour	44
daidokoro	台所	kitchen	8
daigaku	大学	university	3
daigakusei	大学生	university student	9
daiji ni suru	大事にする	take great care	52
daijin	大臣	minister	42
daijōbu	大丈夫	all right	29
dainiji taisen	第二次大戦	Second World War	50
daisuki	大好き	very fond of	13
Daitō no miya	大塔の宮	[place name]	38
dakara	だから	therefore	51
dake	だけ	only	12
dakyō	妥協 (する)	compromise	47
damaru	だまる (黙る)	be quiet	22
dame	だめ	no good	13
dare	だれ	who	2
dashiau	出し合う	contribute	29
dasu	出す	send, forward, hold out	14
dāsu	ダース	dozen	10
datte	だって	but	47
de	で	by	26
de	で	[agent marker]	7
de	で	[causal marker]	9
de	で	[location marker]	8
de	で	[marker for scope]	40
de	で	'per'	12
de aru	である	be (copula, formal)	6
dekakeru	出かける	go out	19
dekigoto	出来事	incident	27
dekiru	出来る	be capable of	16
dekiru dake	出来るだけ	as much as	49

demo	でも	but, however	11
demo	でも	something like	25
denchi	電池	battery	41
dengon	伝言	message	23
denki	電気	electricity	48
densha	電車	electric train	15
dentaku	電卓	pocket calculator	14
denwa	電話	telephone	5
depāto	デパート	department store	19
deru	出る	appear	18
deru	出る	go out	7
desu	です	be [copula, polite]	1
dezāto	デザート	desert	18
do	度	'times', 'degree' [classifier]	9
dō	どう	how about	10
dō itashimashite	どういたしまして	not at all	5
dō shite	どうして	why	22
dō shite mo	どうしても	at any cost	47
dō yatte/dōshite	どうやって/どうして	how	41
dōbutsu	動物	animal	11
dochira	どちら	where, which direction	3
dōgu	道具	tool	15
Doitsu	ドイツ	Germany	16
Doitsugo	ドイツ語	German (language)	7
Doitsujin	ドイツ人	German (person)	6
dōjōshin	同情心	sympathy	36
doko	どこ	where	5
dōkō	同行 (する)	accompany	46
dokuritsu	独立 (する)	become independent	24
dōmo	どうも	thank you	5
dōmo	どうも	somehow	42
donaru	どなる	shout	22
donata	どなた	who	2
dondon	どんどん	rapidly, swiftly	39
donna	どんな	what kind?	11
dono	どの	which?	4
doraibu	ドライブ	driving	14
dōro	道路	road	25
dorobō	どろぼう	burglar	19
doru	ドル	dollar	39

doryoku	努力 (する)	make effort	50
dōshi	動詞	verb	42
dotchi mo/dochira mo	どっちも/どちらも	both	40
doyōbi	土曜日	Saturday	8
dōzo	どうぞ	please	3
e	へ	to, towards	5
e	絵	painting	2
e!	えっ	What!	44
ē	ええ	yes	1
Eberesuto	エベレスト	Mt Everest	40
Edo	江戸	[place name]	50
ēemu	AM	AM	41
efuemu	FM	FM	41
ehagaki	絵はがき	postcard	12
eibungaku	英文学	English literature	8
eiga	映画	film, cinema	14
eigo	英語	English (language)	8
eikaiwa	英会話	English conversation	8
eiyaku	英訳 (する)	translate into English	48
Ejinbara	エジンバラ	Edinburgh	26
Ejiputo	エジプト	Egypt	51
eki	駅	station	5
ekimae	駅前	in front of station	23
eki'in	駅員	station attendant	10
en	円	yen	9
enjin	エンジン	engine	12
enjinia	エンジニア	engineer	9
enjo	援助 (する)	help, aid	48
Enkaku-ji	円覚寺	[place name]	38
enpitsu	えんぴつ	pencil	1
enryo	遠慮 (する)	show deference	34
enryo naku	遠慮なく	without ceremony	34
ensō	演奏 (する)	perform music	31
ensoku	遠足	excursion	21
erabu	選ぶ	choose	21
erebētā	エレベーター	lift	24
esa	えさ	animal food	31
esukaretā	エスカレター	escalator	41
ēto	ええと	well now	5

fakkusu	ファックス	fax	46
fu	府	district	22
fuben	不便	inconvenient	45
fudan	普段	normally	43
fude	ふで (筆)	writing brush	1
fue	ふえ (笛)	flute	43
fueru	増える	increase	25
Fuji-san	富士山	Mt Fuji	23
Fujimoto	藤本	[surname]	18
fujin	婦人	woman	19
fuku	ふく (吹く)	blow	43
fukushachō	副社長	vice-president	45
fukushū	復習 (する)	revise lesson	21
fuman	不満	dissatisfaction	47
fumuki	不向き	not suited	47
fun, pun,	分	minutes	5
fūn	ふーん	well	41
funabin	船便	sea mail	40
fundari kettari	ふんだりけったり	add insult to injury	36
fune	船	boat	26
furaito	フライト	flight	50
Furankufuruto	フランクフルト	Frankfurt	50
Furansu	フランス	France	3
Furansugo	フランス語	French (language)	7
Furansujin	フランス人	French (person)	3
furansupan	フランスパン	French bread	42
fureru	ふれる	touch	47
furi (o suru)	ふり (をする)	pretend	38
furo	ふろ	bath	19
furoba	ふろ場	bathroom	20
furu	ふる	wag, swing	28
furu	降る	fall (rain, snow)	14
furui	古い	old	11
furusato	ふるさと	home town	20
fushigi	不思議	mysterious	40
fushinsetsu	不親切	unkind	36
fusoku	不足 (する)	insufficient	51
futari	二人	two people	9
futatsu	二つ	two	18
futo	ふと	suddenly	28
futsūsha	普通車	ordinary carriage	34

futtobōru	フットボール	football	40
fūu	風雨	wind and rain	50
fuyu	冬	winter	12
fuyukai	不愉快	unpleasant	36
ga	が	[subject marker]	4
ga	が	[conjunctive marker]	10
gachi	がち	tend to	51
gaijin	外人	foreigner	38
gaijin tōroku shōmeisho	外人登録証明書	alien registration card	35
gaikōkan	外交官	diplomat	32
gaikoku	外国	abroad, foreign	9
gaikokujin	外国人	foreigner	6
gaimu	外務	foreign affairs	42
gaishutsu (suru)	外出 (する)	go out	15
gakka	学科	subject	47
gakkai	学会	conference	21
gakkari	がっかり (する)	be disappointed	30
gakkō	学校	school	2
gakusei	学生	student	3
gakusha	学者	scholar	21
ganbaru	頑張る	try hard	48
ganka	眼科	eye clinic	34
ganko	がんこ	stubborn	37
gannen	元年	first year of an era	14
garasu	ガラス	glass, (window)pane	42
Garireo	ガリレオ	Galileo	44
gasorin	ガソリン	petrol	33
gasorin sutando	ガソリン・スタンド	petrol station	33
gatsu	月	month	10
gawa	がわ (側)	side	6
geka	外科	surgical clinic	34
gēmu	ゲーム	game	43
Genji	源氏	[name]	39
Genji monogatari	源氏物語	*Tale of Genji*	36
genkan	玄関	entrance of house	26
genki	元気	good health	13
genkin	現金	cash	36
genron	言論	speech	36
genzai	現在	present	30
geshuku	下宿	lodgings	11

getsumatsu	月末	end of month	29
getsuyōbi	月曜日	Monday	8
gimu	義務	duty	49
gimu kyōiku	義務教育	compulsory education	49
ginkō	銀行	bank	5
ginkōin	銀行員	bank employee	17
Ginza	銀座	[place name]	19
giron	議論 (する)	debate	25
go	後	after	25
go	五	five	4
go	ご (御)	[honorific prefix]	26
-go	〜語	-language	7
-gō	〜号	no. –	10
go-busata	御無沙汰する	have no news of	45
go-chisō	ごちそう	meal	16
gocha gocha	ごちゃごちゃ	in disorder	51
gogo	午後	p.m.	5
gohan	ごはん	cooked rice, meal	33
gōjasu	ゴージャス	gorgeous	13
gomen	ごめん (御免)	sorry	38
gomen kudasai	ごめん下さい	excuse me	26
gomen nasai	ごめんなさい	I am sorry	38
goran ni ireru	ごらんにいれる	show	49
goran ni naru	ごらんになる	look at	49
gozen	午前	a.m.	5
gozenchū	午前中	before noon	10
guai	具合	condition	33
guramu	グラム	gram	9
gurīnseki	グリーン席	green seat, first class	23
gussuri	ぐっすり	deeply (sleep)	44
gutaiteki	具体的	concrete	48
gutto	ぐっと	much more...	23
gūzen	偶然	by chance	15
guzuguzu	ぐずぐず	dawdle	47
gyūniku	牛肉	beef	40
ha	歯	tooth	44
ha	葉	leaf	28
ha! ha! ha	ハッハッハ	ha! ha! ha!	
		[onomatopeia]	44
hachi	八	eight	4

Hachiman-gū	八幡宮	[place name]	38
hagaki	はがき	postcard	31
hagi	萩	*hagi* bush	23
haha	母	mother	2
hahaoya	母親	mother	37
hai	はい	yes	1
hai	杯	'cups of' [classifier]	38
hai	灰	ash	11
haigo	背後	behind	29
haiiro	灰色	grey	11
haikanryō	拝観料	entrance fee	12
haiken	拝見 (する)	look at	49
hairu	入る	enter	7
hairu	入る (AM, FM etc.が)	catch (broadcast)	41
hairu	入る (お茶が)	ready, been made (of tea)	25
haishaku	拝借 (する)	borrow	49
haji	恥	shame	48
hajimaru	始まる	start [intrans.]	17
Hajime	一	[given name]	3
hajime	初め	beginning	16
hajimemashite	始めまして	how do you do?	3
hajimeru	始める	start [trans.]	18
hajimete	初めて	for the first time	11
hakken	発見 (する)	discover	35
hakkiri	はっきり	clearly	21
haku	はく (くつ、ズボン)	put on (socks, trousers)	29
haku	泊	'night's stay' [classifier]	14
Hamiruton	ハミルトン	Hamilton	45
han	半	half	5
hana	花	flower	1
hana	はな (鼻)	nose	12
hanashi	話	talk, speech, story	13
hanashiau	話し合う	discuss	29
hanashikata	話し方	way of speaking	20
hanashite	話し手	speaker	42
hanasu	話す	speak, talk	7
hanaya	花屋	florist	8
handan	判断 (する)	judgement	45
handobaggu	ハンドバッグ	handbag	22
haneru	はねる	knock down	39

hangā	ハンガー	coat hanger	19
hankachi	ハンカチ	handkerchief	41
hannin	犯人	criminal	35
hansei	反省 (する)	reflect	45
hantai	反対 (する)	oppose	36
hantoshi	半年	half a year	31
Hanzōmonsen	半蔵門線	Hanzōmon line	46
Hara	原	[surname]	4
harau	払う	pay	24
hare	晴れ	clear	39
hari	針	acupuncture, needle	34
harikiru	張り切る	be enthusiastic	29
Harisu	ハリス	Harris	37
haru	春	spring	12
Haruko	春子	[given name]	41
Hasegawa	長谷川	[surname]	5
hashi	はし (箸)	chopsticks	7
hashi	橋	bridge	46
Hashimoto	橋本	[surname]	24
hashirasu	走らす	make run	43
hashiru	走る	run	19
hatachi	二十 (歳)	twenty years old	9
hatarakasu	働かす	cause to work	48
hataraki	働き	work	43
hataraku	働く	work	9
-hatsu	〜発	departing	10
hatsuhi no de	初日の出	first sunrise of the year	23
hatsuon	発音 (する)	pronunciation	9
hatten tojōkoku	発展途上国	developing nation	48
hayai	早い	early	14
hayai	速い	fast	20
hayame	早目	early	30
Hayashi	林	[surname]	27
hayashi	林	forest, wood	8
Hayashida	林田	[surname]	27
hazu	はず	expectation	49
hazukashii	恥ずかしい	shy, shameful	43
hazusu	はずす (席を)	remove, (be absent from one's desk)	31
heibon	平凡	ordinary	27
heii	平易	easy	26

heiki	平気	indifferent, calm	38
heikōsen	平行線	parallel line	48
Heisei	平成	Heisei era	14
heiwa	平和	peace	13
hen	変	strange	13
hen	辺	area	28
henji	返事	reply	21
Heren	ヘレン	Helen	19
heta	下手	bad at	13
heya	部屋	room	7
heyakazu	部屋数	number of rooms	20
hi	日	day	14
hi	日	sun	42
hibi	日々	days/every day	8
hidari	左	left	6
hidarite	左手	left hand (side)	41
hidoi	ひどい	terrible	24
hiekomu	冷えこむ	get chilled	52
higashi	東	east	10
hihan	批判 (する)	criticise	27
Hijiribashi	聖橋	place name	46
Hikari	ひかり	Hikari (train)/light	10
hikitoru	引き取る	take over	29
hikiukeru	引き受ける	take on, undertake	29
hikkoshi	引っ越し (する)	move house	20
hikōki	飛行機	aircraft	21
hiku	ひく (ピアノを)	play (piano)	34
hiku	ひく (かぜを)	catch (a cold)	19
hikui	低い	low	38
hima	ひま	time to spare	13
hiragana	ひらがな	*hiragana* syllabary	1
hiraku	開く	open	39
hirogeru	広げる	widen	49
hiroi	広い	wide	12
Hiroshima	広島	place name	10
hiru	昼	noon	15
hirugohan	昼ごはん	lunch	8
hiruma	昼間	daytime	23
hirune	昼寝 (する)	nap	19
hisashiburi	久しぶり	it's been a long time	16
hito	人	person	11

hitobito	人々	people	8
hitokurō	ひと苦労	a real effort	37
hitori	一人	one person	9
hitotoki	一時	for a while	19
hitotsu	一つ	one	18
hitoyasumi	一休み	short break	18
hitsuyō	必要	necessity	31
hittakuri	ひったくり	snatching, snatcher	35
hittakuru	ひったくる	snatch	35
hiyake	日焼け	suntan	32
hō	方	direction	5
hō ga ii (yoi)	方がいい（よい）	[comparative]	29
hodo	ほど	degree, amount	15
hōgen	方言	dialect	48
hogo	保護（する）	protect	25
hōhō	方法	method	27
hoka	他	other	36
hoka ni	ほかに	apart from	9
Hokkaidō	北海道	[place name]	14
hōkō	方向	direction	42
hōkokusho	報告書	report	47
hokōsha	歩行者	pedestrian	5
hōmu	ホーム	platform	35
hon	本	book	1
hon no	ほんの	just a...	35
hon, bon, pon	本	'long, thin object' [classifier]	9
hone	骨	bone	34
Hongō sanchome	本郷三丁目	[place name]	46
honkakuteki	本格的	real, proper	39
Honkon	香港	Hong Kong	45
honmono	本物	the real thing	38
honnin	本人	person concerned	37
Honoruru	ホノルル	Honolulu	42
honsha	本社	head office	6
Honshū	本州	[place name]	40
hontō	本当	real, true	13
hon'ya	本屋	bookshop	8
hon'yaku	ほん訳（する）	translation	38
hōritsu	法律	law	23
hoshi	星	star	15

hoshigaki	干し柿	dried persimmon	52
hoshii	ほしい	desire	30
hoshō	保障	guarantee, ensure	36
hōsō	放送 (する)	broadcast	41
hoteru	ホテル	hotel	24
hotondo	ほとんど	almost all	15
hotte oku	ほっておく	leave alone	44
hotto	ホット	hot coffee	37
hyaku	百	hundred	4
hyōgen	表現 (する)	express	29
hyōjungo	標準語	standard language	48
ichi	一	one	4
ichiba	市場	market	43
ichiji-azuke	一時預け	left luggage	50
ichinichi-jū	一日中	all day long	14
ichinichi-oki	一日おき	every other day	31
ichiō	一応	for the time being	29
Ichirō	一郎	[given name]	27
ichi'in	一員	one member	52
ideru	いでる	be, come, go	34
ie	家	house	7
igai	以外	apart from	14
igaku	医学	medicine	21
igakubu	医学部	faculty of medicine	19
Igirisu	イギリス	United Kingdom	2
Igirisujin	イギリス人	British (person)	3
iibun	言い分	statement, one's say	45
iie	いいえ	no	1
iikagen	いいかげん	vague, irresponsible	46
ijimeru	いじめる	bully	36
ijiwaru	意地悪 (する)	spiteful	36
ijō	以上	more than	15
ika	以下	less than	48
ikaga	いかが	how	23
ike	池	pond	42
ikebana	生け花	flower arrangement	32
iken	意見	opinion	26
ikenai	いけない	no good	33
ikinari	いきなり	abruptly, suddenly	47
ikiru	生きる	live	17

ikki ni	一気に	at one stretch	51
iku	行く	go	7
ikura	いくら	how much?	9
ikutsu	いくつ	how many?	9
ima	居間	living room	34
ima	今	now	5
ima ni mo	今にも	any moment	32
ima no tokoro	今のところ	for the time being	24
ima no uchi	今のうち (に)	while the iron is hot	46
imagoro	今ごろ	about this time	24
imi	意味	meaning	18
imiai	意味合い	nuance	42
imōto	妹	younger sister	2
inai	以内	within	44
Indo	インド	India	22
Indojin	インド人	Indian (person)	6
inemuri	いねむり (する)	doze, nap	19
inochi	命	life	32
inoru	祈る	pray	52
inshō	印象	impression	48
inu	犬	dog	8
ippai	いっぱい	full	10
ippan	一般	ordinary	49
ippanteki	一般的	general	27
irai	依頼 (する)	request	33
irasshaimase	いらっしゃいませ	welcome! come in!	41
irassharu	いらっしゃる	come, go, be	25
ira'ira suru	イライラする	be irritated	51
ireru	いれる (希望を)	accept	37
ireru	入れる	put in	33
ireru	入れる (お茶を)	make (infuse) tea	28
iriguchi	入口	entrance	6
iro	色	colour	11
iroiro	いろいろ	various	24
irotoridori	色とりどり	various colours	52
irozuku	色づく	colour	25
iru	いる	be (exist)	6
iru	要る	be necessary	16
isha	医者	doctor	3
ishi	意志	will	43
ishi	医師	doctor	27

ishiki	意識 (する)	consciousness	43
isogashii	忙しい	busy	13
isogu	急ぐ	hurry	22
issho kenmei	一所懸命	heart and soul	33
issho ni	いっしょに	together	9
issō	一層	all the more	52
isu	いす	chair	1
Īsutā	イースター	Easter	30
itadakimasu	いただきます	'for what we are about to receive'	40
itadaku	いただく	to receive	12
itai	痛い	painful	22
itamidome	痛み止め	pain killer	33
Itaria	イタリア	Italy	18
itasu	いたす (致す)	do	31
itoko	いとこ	cousin	19
itsu	いつ	when	10
itsu demo	いつでも	anytime	33
itsu goro	いつごろ	about what time?	25
itsumo	いつも	always	15
itsutsu	五つ	five	18
itte irasshai	行っていらっしゃい	'take care'	31
itte kimasu	行ってきます	'I'm off now'	23
itte mairimasu	行って参ります	'I'm off now'	50
iu	言う	say	7
iwa	岩	rock	12
iwai	祝い	celebration	41
iya	いや	no	18
iya	いや	unpleasant	13
iya iya	いやいや	no, no	34
iyami	いやみ	disagreeable words	36
iya'iya nagara	いやいやながら	reluctantly	50
Izumitani	泉谷	[surname]	41
izure ni shitemo	いずれにしても	in any case	27
jama	じゃま(邪魔)	obstruction	49
jēāru	ジェー・アール (JR)	Japan Rail	10
Jēmusu	ジェームス	James	40
Jēn	ジェーン	Jane	41
ji	字	character, writing	18
ji	時	o'clock	5

jiai	自愛	take care of oneself	52
jibiinkōka	耳鼻咽喉科	ear, nose and throat	34
jibun	自分	oneself	26
jidai	時代	era, period	15
jidaiokure	時代遅れ	anachronistic	36
jidō	児童	school children	50
jidōsha	自動車	car	11
jidōshi	自動詞	intransitive verb	42
jikan	時間	time	13
jikan	時間	'hours' [classifier]	9
jikandōri	時間通り	punctually	22
jikanteki	時間的	timewise	30
jiken	事件	incident	42
jiki	時期	period	30
jikken	実験 (する)	experiment	19
jikkō	実行 (する)	put into practice	46
jiko	事故	accident	25
jimushitsu	事務室	office	35
jimusho	事務所	office	22
-jin	〜人	'native of...', person	3
Jingūmae	神宮前	[place name]	32
jinja	神社	shrine	12
jinkō	人口	population	46
jinmin	人民	people	30
jinrui	人類	mankind	49
jinsei	人生	life	50
jisatsu	自殺 (する)	suicide	49
jishin	自信	confidence	29
jishin	自身	self	43
jishin	地震	earthquake	32
jisho	辞書	dictionary	44
jissai	実際	real, actual	43
jisshū	実習 (する)	practice	37
jitensha	自転車	bicycle	30
jitsu wa	実は	to tell the truth	27
jiyū	自由	freedom	13
jiyūseki	自由席	non-reserved seat	10
jōbu	丈夫	good health, solid	13
jōdan	じょうだん	joke	37
jogingu	ジョギング	jogging	9
Jōji	ジョージ	George	40

jōjun	上旬	first ten days of month	52
jōkyō	状況	situation, circumstances	42
Jon Sumisu	ジョン・スミス	John Smith	3
Jōnzu	ジョーンズ	Jones	36
jōshaken	乗車券	train ticket	10
joshi	助詞	particle	42
jōshō	上昇 (する)	increase	48
joshu	助手	assistant	31
jōzu	上手	good at	13
JR-sen	JR 線	Japan Rail line	20
jū	十	ten	4
jūbun	十分	enough, plenty	35
jugyō	授業	lecture, class	8
junbi	準備 (する)	prepare	18
junsa	巡査	policeman	35
Jurian	ジュリアン	Julian	6
jūsho	住所	address	17
jūsu	ジュース	juice	18
jūyō	重要	important	35
jūyōsei	重要性	importance	25
ka	か	[question marker]	1
ka	科	section, clinic	34
ka	課	section, chapter	31
ka mo shirenai	かもしれない	perhaps	24
kaban	かばん	bag	29
kabuki	歌舞伎	Kabuki theatre	31
kachi	価値	value	49
kachō	課長	section chief	17
kado	かど (角)	corner	18
kādo	カード	card	39
kaeru	変える	change [trans.]	21
kaeru	帰る	go home, return [intrans.]	7
kaesu	返す	return [trans.]	18
kaesu	帰す	send back	42
kaette	かえって	on the contrary	50
kagaku	科学	science	26
kagakusha	科学者	scientist	26
kagen	かげん	condition	34
kagetsu, kagetsukan	ヶ月、ヶ月間	'months' [classifier]	9

kagi	かぎ	key	1
kagiranai	限らない	not limited to	52
kagiru	限る	limit	52
kagu	かぐ	smell, sniff	14
kai	かい	[question marker]	25
kai	会	meeting	38
kai	回	'times' [classifier]	9
kai, gai	階	floor	5
kaigai	海外	abroad	25
kaigan	海岸	beach, coast	37
kaigi	会議	meeting	22
kaiketsu	解決 (する)	solve	46
kaimono	買物 (する)	shopping	9
kaisatsuguchi	改札口	ticket barrier	33
kaisha	会社	company	6
kaishain	会社員	company employee	17
kaisoku	快速	rapid, express	46
kaiwa	会話	conversation	43
kaji	火事	fire	24
kakaeru	かかえる	hold	48
kakaru	かかる	engage, start	51
kakaru	かかる	take (of time)	7
kakaru	かかる (電話が)	have a phone call from X	39
kakejiku	かけじく	scroll	43
-kakeru	〜かける	on the verge of, begin to	38
kakeru	かける	hang	7
kakeru	かける (かぎを)	lock	24
kakeru	かける (時間を)	take (of time)	45
kakeru	かける (心配を)	cause (worry)	34
kakeru	かける (電話を)	ring someone	19
kakeru	かける (命を)	risk one's life	44
kaki	柿	persimmon	25
kakitoru	書き取る	write down	29
kakki	活気	vigour, animation	45
kaku	書く	write	7
kakuchi	各地	each region	52
kakuekiteisha	各駅停車	stop at every station	46
kakureru	隠れる	hide [intrans.]	43
kakusu	隠す	hide [trans.]	43
Kamakura	鎌倉	[place name]	38

kamawanai	かまわない	not mind	18
kamera	カメラ	camera	15
kameraya	カメラ屋	camera shop	19
kami	神	deity	50
Kamikōchi	上高地	[place name]	15
kaminoke	かみの毛	hair (human)	12
kana	かな	syllabary	1
Kanada	カナダ	Canada	17
kanarazu	必ず	without fail	28
kanari	かなり	fairly	14
kanashii	悲しい	sad	20
kanashimu	悲しむ	sadden	37
Kanazawa	金沢	[place name]	10
kane (o-kane)	金 (お金)	money	4
Kaneko	金子	[surname]	22
kanemochi	金持ち	rich person	38
kanemōke	金もうけ	money making	50
kangae	考え	idea, thought	17
kangaekata	考え方	way of thinking	27
kangaeru	考える	think	18
kangei	歓迎 (する)	welcome	52
kangofu	看護婦	nurse	33
kanja	患者	patient	34
kanji	感じ	feeling	48
kanji	漢字	*kanji*	1
kanjō	感情	emotion, feeling	40
kankei	関係 (する)	relation, connection	35
kankeisha	関係者	person concerned	48
kankōkyaku	観光客	tourist	24
kankyō	環境	environment	49
kanō	可能	possible	42
kanojo	彼女	she	19
kanōsei	可能性	possibility	38
kanpō	漢方	Chinese medicine	34
kansuru	関する	concerning, about	44
Kantaberī	カンタベリー	Canterbury	4
kantan	簡単	easy, simple	20
Kantō	関東	[place name]	50
kao	顔	face	18
kaoiro	顔色	complexion	22
kappatsu	活発	vigorous	48

kara	から	for, because	16
kara	から	from (space)	7
kara	から	from (time)	5
karada	体	body	13
karatto shita	カラッとした	crisp (of weather)	38
kare	彼	he	13
karē raisu	カレー・ライス	curry rice	18
karejji	カレッジ	college	19
kariru	借りる	borrow	23
karui	軽い	light	26
kasa	かさ	umbrella	1
kasanaru	重なる	pile [intrans.]	43
kasaneru	重ねる	pile [trans.]	43
kasegu	かせぐ	earn	38
kasetto tēpu	カセット・テープ	cassette tape	49
kashira	かしら	[question marker]	24
kasu	貸す	lend	14
Kasuga jinja	春日神社	Kasuga shrine	23
kata	肩	shoulder	52
kata	方	person	2
katachi	形	shape, form	42
katai	かたい	hard	34
katakana	かたなか	*katakana* syllabary	1
kataritsutaeru	語り伝える	hand down (story)	35
katazuke	片付け	tidying up	20
katazukeru	片付ける	clean up, clean away	23
katei	家庭	home	40
katsu	勝つ	win	39
katsudō	活動	activity	8
katsudōteki	活動的	active	30
katte	勝手	selfish	37
kau	かう	keep (a pet)	36
kau	買う	buy	7
kawa	川	river	1
Kawada	川田	[surname]	17
kawaigaru	かわいがる	make a pet of	32
kawaii	かわいい	pretty	32
kawaisō	かわいそう	pitiful	52
Kawakita	川北	[surname]	41
kawaku	かわく	dry	15
kawari	代わり	substitute	25

kawaru	変わる	change [intrans.]	38
kawase	為替	exchange (money)	31
kawatta	変わった	strange, unusual	41
Kawazato	川里	[surname]	32
kayōbi	火曜日	Tuesday	8
kayou	通う	commute	25
kaze	かぜ (風邪)	a cold	15
kaze	風	wind	16
kazegimi	かぜ気味	touch of cold	43
kazoku	家族	family	9
kazu	数	number	39
Kazuko	和子	[given name]	11
Kazuo	一男	[given name]	25
ka'nai	家内	my wife	33
kega	けが	injury	32
keibetsu	軽蔑 (する)	despise	36
keikaku	計画 (する)	plan	19
keikan	警官	policeman	50
keiken	経験 (する)	experience	52
keiko	けいこ (する)	lesson, practice	40
keisan	計算(する)	calculate	14
keisanki	計算機	calculator	36
keisatsu	警察	police	46
keisatsukan	警察官	policeman	50
keiyū	経由	via	50
keizai	経済	economics	21
kēki	ケーキ	cake	28
kekka	結果	result	33
kekkateki	結果的	as a result	42
kekkō	けっこう (結構)	fine	10
kekkon	結婚 (する)	marry	27
kekkonshiki	結婚式	wedding	41
kekkyoku	結局	after all	39
ken	件	matter	44
ken	券	ticket	31
ken	県	prefecture	22
Kenburijji	ケンブリッジ	Cambridge	7
Kenchō-ji	建長寺	[place name]	38
kendō	剣道	kendo	28
kenkō	健康	health	22
kenkyū	研究 (する)	research	26

kenkyūshitsu	研究室	study, office	44
kensa	検査 (する)	examine	33
kensachū	検査中	under examination	34
keredo/kedo	けれど/けど	but, however	17
Kerun	ケルン	Cologne	50
kesa	今朝	this morning	18
keshō	化粧 (する)	make up	37
kesshin	決心 (する)	decide	27
kēsu	ケース	case	41
kewashii	けわしい	steep	20
ki	気	feeling	36
ki	木	tree	1
ki ga mijikai	気が短い	short-tempered	41
ki ga suru	気がする	have a feeling	36
ki ga tsuku	気がつく	notice	25
ki ni iru	気に入る	be fond of	14
ki ni naru	気になる	be worried about	34
ki ni suru	気にする	be bothered	29
ki o tsukeru	気を付ける	be careful	35
kibishii	厳しい	strict	50
kibō	希望 (する)	hope	30
kibun	気分	feeling (physical)	46
kichinto	きちんと	properly	21
kichō	貴重	precious	40
kigaeru	着がえる	change clothes	40
kiiro(i)	黄色 (い)	yellow	11
kiji	記事	article	44
kikai	機械	machine	35
kikai	機会	opportunity	36
kiken	危険	danger	17
kikichigai	聞きちがい	mishearing	27
kikitoru	聞きとる	catch (conversation)	49
kikkari	きっかり	precisely	17
kikoeru	聞こえる	audible	22
kikoku	帰国 (する)	return (to one's homeland)	51
kiku	聞く	listen, hear, ask	7
kimaru	決まる	decide [intrans.]	29
kimeru	決める	decide [trans.]	21
kimi	君	you	17
kimochi	気持	feeling (emotional)	15

kimono	着物	kimono	11
Kimura	木村	[family name]	11
kinen	記念 (する)	commemorate	38
kingaku	金額	amount of money	24
kinjo	近所	neighbourhood	28
kinmu	勤務 (する)	be on duty, serve	48
kinmusaki	勤務先	place of one's work	35
kinō	きのう	yesterday	14
kinō	機能	function	41
Kinoshita	木下	[surname]	3
kin'ensha	禁煙車	non-smoking car	10
kin'yōbi	金曜日	Friday	8
ki'nyū	記入 (する)	fill in a form	35
kioku	記憶 (する)	remember	37
kion	気温	temperature	23
kippu	きっぷ	ticket	10
kirai	きらい	dislike	13
kirei	きれい	pretty	13
kiriageru	切り上げる	wind up, finish	29
Kirimanjero	キリマンジェロ	Mt Kilimanjaro	43
kirishitan	キリシタン	Christian	50
kiro	キロ	kilo	9
kiru	着る	wear	17
kisetsu	季節	season	12
kisha	汽車	train	39
kisha	貴社	your company	52
kissaten	きっさ店	coffee shop	18
Kita-Kamakura	北鎌倉	[place name]	38
kitaguchi	北口	north exit	5
kitamawari	北回り	via North Pole	50
kitsui	きつい	tight, severe	30
kitte	切手	stamp	10
kitto	きっと	surely	24
Kiyoko	清子	[given name]	12
Kiyomizu-dera	清水寺	[place name]	45
ko	個	'object' [classifier]	9
ko	子	child	2
kō iu	こういう	this type of	33
kō shiro	こうしろ	do this!	48
kō shite	こうして	like this, thus	43
kōban	交番	police station	35

kōcha	紅茶	English tea	7
kochira	こちら	this way, this side	3
kochira e	こちらへ	this way (please)	5
kochira koso	こちらこそ	no, it is I...	3
Kodama	こだま	Kodama (train)/echo	10
Kodera	小寺	[surname]	20
kōdō	行動 (する)	act	50
kodomo	子供	child	18
kodomotachi	子供達	children	22
koe	声	voice	18
kōen	公園	park	13
Kōenji	高円寺	[place name]	20
kōgai	郊外	suburb	14
kogata	小型	small size	50
kogeru	こげる	burn [intrans.]	36
kōhan	後半	latter	45
kōhei	公平	fair	45
kōhī	コーヒー	coffee	7
koi	こい (濃い)	dark	11
koishi	小石	pebble	12
kōji	工事	construction	24
kōjitsu	口実	excuse	43
kōjō	工場	factory	12
kōkanshu	交換手	operator	31
koko	ここ	this place	5
kōkō	高校	senior high school	37
kokonotsu	九つ	nine	18
kokoro	心	heart	52
kokorobosoi	心細い	helpless, forlorn	32
kokorogakeru	心がける	aim for, try hard to	49
kokorozukai	心づかい	care	50
kokorozuyoi	心強い	reassuring, encouraging	34
kōkōsei	高校生	senior high school pupil	9
kōkūbin	航空便	air mail	40
kokudo	国土	territory	35
kokujin	黒人	black people	36
kokumin	国民	national	35
kokunai	国内	internal, domestic	51
kokuren	国連	United Nations	52
kokuritsu kōen	国立公園	national park	49
kokusai	国際	international	21

kokutetsu	国鉄	National Rail System	10
komakai	細かい	detailed	29
komaru	困る	be in trouble	33
komatta	困った	troublesome	41
kome	米	rice	25
komu	混む	be crowded	16
kon	こん (紺)	dark blue	11
kōnai	構内	premises, grounds	46
konban	今晩	this evening	27
konban wa	今晩は	good evening	16
Kondō	近藤	[surname]	32
kondo	今度	this time, next time	18
kongaragaru	こんがらがる	entangle	44
kongetsu	今月	this month	14
konkai	今回	this time	34
konna	こんな	like this	11
konnichi	今日	today	14
konnichi wa	今日は	hello	3
kono	この	this	2
kono aida	この間	the other day	19
kono mae	この前	the other day	24
kono toki	この時	this moment	24
kono ue mo nai	この上もない	extremely	52
konogoro	このごろ	recently, these days	13
konpyūtā	コンピューター	computer	9
konpyūtā gēmu	コンピューター・ゲーム	computer game	20
konshū	今週	this week	14
kopī	コピー	copy	10
kore	これ	this thing	1
kore de	これで	with this	6
kore kara	これから	from now	5
kore wa	これは	my goodness!	34
koro	ころ	period of time	14
koro, goro	ころ、ごろ	about	7
Koronbusu	コロンブス	Columbus	35
korosu	殺す	kill	30
kosame	小雨	drizzle	39
koshi	腰	waist	52
kōshō	交渉 (する)	negotiate	48
kōshū	公衆	public	51
kōsoku dōro	高速道路	motorway	29

kotae	答え	answer	23
kotaeru	答える	answer	23
kotatsu	こたつ	foot warmer	50
kōtei	校庭	school playground	22
koto	こと	matter	19
kōto	コート	coat	52
koto aru goto ni	ことあるごとに	every time	52
kotoba	言葉	word, language	13
kotoshi	今年	this year	12
kotoshijū	今年中	before the end of the year	27
kotowaru	断る	refuse	44
kōtsū jiko	交通事故	traffic accident	32
kowai	こわい	fearful, be scared	32
kowareru	壊れる	break [intrans.]	43
kowasu	こわす (おなかを)	have stomach trouble	32
kowasu	壊す	break [trans.]	43
kōyō	紅葉 (する)	turn (as of leaves)	23
koyomi	こよみ	calendar	38
kōzan	高山	alpine mountains	15
kozutsumi	小包	parcel	25
ku	区	ward	22
ku, kyū	九	nine	4
kudamono	くだもの	fruit	8
kudaranai	下らない	trifle	43
kudaru	下る	go down	38
kudasai	下さい	please give	10
kudasaru	下さる	give	10
kudasu	下す (判断を)	pass (judgement)	45
kūki	空気	air	28
kūkō	空港	airport	24
kumiai	組合	union	47
kumiawasu	組み合わす	match [trans.]	41
kumo	雲	cloud	43
kun	君	[familiar version of *san*]	25
kun	訓	*kun* reading	8
kuni	国	country	4
Kuniko	国子	[given name]	4
kūrā	クーラー	air conditioner	37
kurabu	クラブ	club	8
kurai	暗い	dark	46

kurai, gurai	くらい、ぐらい	about	7
kurasu	クラス	lecture, class	7
kurasu	暮らす	make living	45
kuregure mo	くれぐれも	great care (take)	52
kurejitto kādo	クレジット・カード	credit card	41
kureru	くれる	give, let have	31
kurikaesu	繰り返す	repeat	48
Kurisumasu	クリスマス	Christmas	30
kurō	苦労 (する)	go through hardship	37
kuro	黒	black	11
kuroi	黒い	black	11
Kurosawa Akira	黒沢明	[name]	27
kuru	来る	come	7
kuruma	車	car	2
kusai	くさい	-ish, smacks of	51
kuse	くせ	vice, peculiarity	29
kusuri	薬	medicine, drug	40
kutsu	くつ	shoes	11
kutsushita	くつ下	socks	12
kuwashii	詳しい	detailed	32
kyaku	客	guest	17
kyakuma	客間	guest room	40
kyanpu	キャンプ	camp	9
kyō	今日	today	6
kyōdai	兄弟	brother(s)	33
kyōdō	共同 (する)	co-operate	27
kyōiku	教育 (する)	education, educate	49
kyōin	教員	teacher	37
kyojin	巨人	giant	42
kyōju	教授	professor	4
kyōjū	今日中	before tomorrow	49
kyoka	許可 (する)	permit	47
kyōkai	教会	church	12
kyōmi	興味	interest	27
kyonen	去年	last year	14
kyōsan shugisha	共産主義者	communist	32
kyōshitsu	教室	classroom	13
kyōsō	競争 (する)	compete	40
Kyōto	京都	[place name]	3
kyū	急	sudden	15
kyū	灸	moxa	34

kyūka	休暇	holiday	52
kyūkō	急行	express	15
kyūryō	給料	salary	45
Kyūshū	九州	[place name]	26
kyūyū	旧友	old friend	49
mā	まあ	well	37
ma ni au	間に合う	be in time	21
machi	町	town	11
machiawase	待ち合わせ	rendezvous	32
machigaeru	間違える	make a mistake	36
machigai	間違い	mistake	47
machigau	まちがう	make an error	27
mada	まだ	still, yet	9
madamada	まだまだ	not yet	26
made	まで	till, until	5
made	まで	up to	7
mado	まど (窓)	window	28
madoguchi	窓口	counter	34
mae	前	before (hour)	5
mae	前	before	24
mae	前	in front of	6
Maeda	前田	[surname]	27
maemae kara	前々から	far in advance	52
mafuyu	真冬	mid-winter	37
mai	枚	'flat things' [classifier]	10
mainichi	毎日	everyday	8
mairu	参る	go, come	34
maitsuki	毎月	every month	24
majime	真面目	serious	44
makaseru	まかせる (任せる)	entrust to	31
māketto	マーケット	market	8
makka	真っ赤	crimson	28
makoto ni	誠に	indeed, sincerely	31
Māku Buraun	マーク・ブラウン	Mark Brown	34
māmā	まあまあ	so so	13
mamoru	守る	protect, keep	30
man	万	ten thousand	4
mannaka	まん中	centre	17
Manshū	満州	Manchuria	46
manzoku	満足 (する)	content, happy with	52

Marī Pere	マリー・ペレ	Marie Perret	3
maru	まる	entirely, in all	52
maru de	まるで	as if	36
marui	丸い	round	44
Marunouchisen	丸の内線	Marunouchi line	46
masshiro	真っ白	pure white	28
mata	又	again	20
mato	的	target	43
matomo ni	まともに	correctly, properly	43
matsu	待つ	wait	7
Matsumoto	松本	[place name]	15
Matsumoto	松本	[surname]	40
mattaku	全く	completely	16
mawari	まわり (周り)	surroundings	28
mawaru	まわる	go round	19
mazu	まず	to start with	7
mazui	まずい	not tasty	20
mazushii	貧しい	poor	30
me	目	eye	12
me	目	occurrence, experience	34
megane	めがね	glasses	1
meiga	名画	old famous film	43
Meiji	明治	Meiji era	14
meishi	名刺	name card	5
meisho	名所	place of note	19
meiwaku	迷惑	trouble, inconvenience	45
Mekishiko	メキシコ	Mexico	39
mekkiri	めっきり	noticeably	14
memo	メモ (する)	memo	51
mendō	面倒	trouble	50
menkai	面会 (する)	receive personally	34
mensetsu	面接 (する)	interview	34
mensuru	面する	confront, face	49
menyū	メニュー	menu	34
meshiagaru	召し上がる	eat	49
messēji	メッセージ	message	26
mesu	召す	wear	49
metta ni + neg.	めったに	rarely	43
mētoru	メートル	metre	9
meue	目上	one's superior	51
mezurashii	めずらしい	rare	15

miai	見合い	meeting with	
		prospective partner	49
miai kekkon	見合い結婚	arranged marriage	49
miawasu	見合わす	put off till later	29
michi	道	road, path	15
Michiko	道子	[given name]	40
Michiko	美智子	[given name]	50
midori	緑	green	11
midori no madoguchi	みどりの窓口	JR reservation office	10
mieru	見える	visible	28
migaku	みがく	brush, polish	44
migi	右	right	6
migoto	見事	splendid	23
mijikai	短い	short	11
mikake	見かけ	appearance	48
mikan	みかん	tangerine orange	8
mikata	味方	supporter, ally	47
mimai	見舞い	visit a sick person	32
mimi	耳	ear	13
mina, minna	みな (皆) / みんな	all	52
minami	南	south	26
Minami Amerika	南アメリカ	South America	26
minamigawa	南側	south side	42
Minami Wingu	南ウィング	South Wing	50
Minato ku	港区	[place name]	52
minna de	みんなで	altogether	9
Minoru	実	[given name]	3
miokuru	見送る	see off	29
mirai	未来	future	18
miru	見る	see, look at	7
miru	診る	examine (medically)	51
miruku	ミルク	milk	7
mirukutī	ミルク・ティー	milk tea	40
mise	店	shop	20
miseru	見せる	show	28
mitai	みたい (～みたい)	appear to be	32
mītingu	ミィーティング	meeting	5
mitomeru	認める	admit	47
mitsukaru	見つかる	be found	35
mittsu	三つ	three	18
Miyasaka	宮坂	[surname]	40

mizu	水	water	7
mizuiro	水色	light blue	11
mizutamari	水たまり	puddle	32
mizuumi	湖	lake	37
mo	も	also, too	3
mo	も	[emphatic marker]	9
mō	もう	already	14
mō ichido	もう一度	once again	24
mō sugu	もうすぐ	soon	17
mochiron	もちろん	of course	6
moderu	モデル	model	41
modoru	もどる	return	16
mokuhyō	目標	aim	48
mokuteki	目的	aim	27
mokutekigo	目的語	object	42
mokuyōbi	木曜日	Thursday	8
momo	桃	peach	11
momoiro	桃色	pink	11
Monburan	モンブラン	Mont Blanc	40
mondai	問題	problem, issue	30
mondaiten	問題点	point at issue	52
monku	文句	complaint	20
mono	物	thing	12
mono	もの	matter	36
monogatari	物語	tale, story	22
monogoto	ものごと	matters	44
monowasure	もの忘れ	forgetfulness	51
Monperie	モンペリエ	Montpellier	4
monsūn	モンスーン	monsoon	32
morau	もらう	receive	21
Mōri	毛利	[surname]	49
moshi	もし	if	51
mōshiageru	申し上げる	say	49
mōshibun nai	申し分ない	perfect, faultless	22
moshikashitara	もしかしたら	possibly	51
mōshikomu	申し込む	propose, apply	44
moshimoshi	もしもし	hello [on telephone]	17
mōshiwake gozaimasen	申し訳ございません	no excuse, sorry	31
mōsu	申す	say	31
Mosukuwa	モスクワ	Moscow	50
mōtābaiku	モーターバイク	motor bike	39

motomoto	もともと	from the beginning	48
motsu	持つ	have, hold	12
motto	もっと	more	37
mukaeru	迎える	welcome	39
mukashi	昔	ancient time	14
mukau	向かう	go towards [intrans.]	23
mukeru	向ける	turn towards [trans.]	45
muki	向き	suited for	47
mukō	向こう	the other side of	6
mura	村	village	13
murasaki	むらさき (紫)	purple	11
muri	無理 (する)	go out of one's way	20
mushiatsui	むし暑い	hot and sticky	48
musuko	息子	son	4
musume	娘	daughter	36
muttsu	六つ	six	18
muzukashii	むずかしい (難しい)	difficult	20
myō	妙	strange	46
myōgonichi	明後日	day after tomorrow	34
myōnichi	明日	tomorrow	14
na	な	[final particle]	25
nadaraka	なだらか	gentle (slope)	15
nado	など	and so on	8
nagabanashi	長話	long chat	49
nagabiku	長引く	prolong	51
nagai	長い	long	11
nagai aida	長い間	long time	36
nagai koto	長いこと	long time	36
nagame	ながめ	view	28
nagara	ながら	while	23
nagareru	流れる	flow	43
nagasu	流す	pour, let flow	43
Nagoya	名古屋	[place name]	23
naika	内科	internal medicine	34
Nairugawa	ナイル川	River Nile	40
naisen	内線	extension	5
naishōbanashi	ないしょ話	private conversation	43
naiyō	内容	content	48
naka	中	inside	6
naka de	中で	out of	40

nakaba	半ば	halfway through	14
nakama	仲間	companion	36
nakamahazure	仲間はずれ	shun	36
nakanaka	なかなか	not easily	29
Nakano shōji	中野商事	[proper name]	31
nakigoe	泣き声	crying voice	43
naku	泣く	cry	23
naku	鳴く	sing (of bird etc.)	28
nakunaru	亡くなる	die	49
nakusu	なくす	lose	32
nama	生	raw	22
namae	名前	name	4
nan to itte mo	何と言っても	say what you will	43
nan to shite mo	何としても	at any cost	47
nan toka	何とか	one way or other	26
nan, nani	何	what?	1
nana	七	seven	4
nanatsu	七つ	seven	18
nanbyō	難病	difficult disease	42
nandai	何台	how many (machines etc.)?	9
nandaka	何だか	somehow	42
nangatsu	何月	which month?	10
nani yori mo	何よりも	above all	39
naniiro	何色	which colour?	11
nanijin	何人	which nationality?	11
nanika	何科	which section/clinic?	34
nanika ni tsukete	何かにつけて	whatever, no matter what	52
nanika to	何かと	one way or another	49
nanisen	何線	which line?	35
nanji	何時	what time?	5
nanjikan	何時間	how many hours?	9
nanko	何個	how many (apples etc.)?	9
nannen	何年	which year? how many years?	14
nannichi	何日	which day of the month?	10
nannin	何人	how many people?	9
nansai	何歳	how old?	9
nansensu	ナンセンス	nonsense	13
nanshoku	何色	how many colours?	11

naoru	治る	be cured	42
naoru	直る	be repaired, corrected	46
naosu	治す	cure	42
naosu	直す	correct	29
Nara	奈良	[place name]	12
naraberu	並べる	arrange	43
narabu	並ぶ	be lined up	43
narau	習う	learn	24
nareru	慣れる	get used to	49
Narita	成田	[place name]	39
naru	なる	come to, become	10
naru	なる	ring (bell, telephone)	24
nasaru	なさる	do	41
Nashonaru Gyararī	ナショナル・ギャラリー	National Gallery	5
natsu	夏	summer	12
Natsuko	夏子	[given name]	13
natsuyasumi	夏休み	summer holiday	14
nattoku	納得 (する)	consent, understand	38
naze	なぜ	why?	22
ne	ね (...ね)	'isn't it?'	5
nē	ねえ	'isn't it?'	24
nedan	値段	price	43
negaigoto	願いごと	wish	43
nekasu	寝かす	put to bed, put to sleep	43
neko	ねこ	cat	8
nemui	眠い	sleepy	29
nemuru	眠る	sleep	30
nen	年	year	14
nen, nenkan	年、年間	'years' [classifier]	9
nengō	年号	era name	14
nenrei	年齢	age	35
Nepāru	ネパール	Nepal	27
neru	寝る	go to bed	7
nesshin	熱心	eager	40
netsu	熱	fever, temperature	28
ni	に	at	7
ni	に	[direction marker]	7
ni	に	for	15
ni	に	[location marker]	6
ni	に	'per'	9
ni	二	two	4

ni okeru	における	in, at	27
ni totte	にとって	as regards	27
ni tsuite	について	about, concerning	16
ni yoru to	によると	according to	37
ni yotte	によって	by	35
ni-sannichichū	二、三日中	within two or three days	33
nichi	日	day	6
nichi	日	'days' [classifier]	9
nichiei	日英	Anglo-Japanese	45
nichijō	日常	daily	36
nichiyōbi	日曜日	Sunday	8
nigeru	逃げる	escape, run away	51
Nihon Kōkū	日本航空	Japan Air Lines	18
Nihon, Nippon	日本	Japan	2
nihoncha	日本茶	Japanese tea	40
Nihongo	日本語	Japanese (language)	7
Nihonjin	日本人	Japanese (person)	3
nihonshu	日本酒	Japanese sake	46
nikki	日記	diary	35
Nikkō	日光	[place name]	45
Nikku	ニック	Nick	40
Nikorasu	ニコラス	Nicholas	19
niku	肉	meat, flesh	19
-nikui	〜にくい	difficult to	29
nimotsu	荷物	luggage	43
nin	人	'people' [classifer]	9
ningen	人間	humanity, people	50
ninki	人気	popularity	40
nioi	におい	smell	36
nisemono	にせ物	fake	43
nishi	西	west	28
nitchū	日中	day time	52
nittei	日程	schedule	27
niwa	庭	garden	12
niwatori	にわとり	chicken	17
nizukuri	荷造り	packing	51
no	の	[final particle]	24
no	の	[nominaliser]	22
no	の	of	2
no	の	the one	11

nō	能	Nō theatre	31
Nōberu shō	ノーベル賞	Nobel Prize	21
noboru	登る	climb	14
Nobuko	信子	[given name]	4
nochi	のち	after	39
node	ので	for, because	16
nodo	のど	throat	15
nōen	農園	farm	17
nogasu	のがす	miss, let slip	36
nōjō	農場	farm	19
nokori	残り	rest	50
nokoru	残る	remain	24
nokosu	残す	leave behind	43
nomimono	飲み物	drinks	18
nomu	飲む	drink	7
noni	のに	although	38
norikaeru	乗り換える	change (train or bus)	46
noriokureru	乗り遅れる	miss public transport	29
noru	のる (相談に)	help with (advice)	44
noru	乗る	get on, ride	7
nōryoku	能力	ability	44
noseru	乗せる	give a ride to	43
nōto	ノート	notebook	1
nugu	ぬぐ	take clothes off	19
nukeru	ぬける	pass through	38
nureru	ぬれる	get wet	19
nusumu	ぬすむ	steal	19
Nyū Yōku	ニュー・ヨーク	New York	52
nyūin	入院 (する)	go into hospital	32
nyūsu	ニュース	news	7
o	を	[direct object marker]	7
o-	お〜	[polite prefix]	3
o-agari ni naru	お上がりになる	enter	49
o-aisuru	お会いする	meet	49
o-bake	おばけ	ghost	32
o-bāsan/sama	おばあさん/さま	grandmother	2
o-daiji ni	お大事に	take care	33
o-hayō gozaimasu	おはようございます	good morning	8
o-ide ni naru	おいでになる	be, come, go	49
o-jama shimasu	おじゃまします	excuse me	26

o-jiisan/sama	おじいさん/さま	grandfather	2
o-jōsan	おじょうさん	daughter	4
o-kaeri nasai	お帰りなさい	welcome home	40
o-kage de	おかげで	thanks to	36
o-kagesama de	おかげさまで	thanks to (you)	17
o-kāsan/sama	おかあさん/さま	mother	2
o-machidō sama	お待ちどうさま	sorry to have kept you	18
o-mawarisan	お巡りさん	policeman	36
o-me ni kakaru	お目にかかる	meet	45
o-me ni kakeru	お目にかける	show	49
o-medetō gozaimasu	おめでとうございます	congratulations	38
o-meshi ni naru	お召しになる	wear	49
o-mise suru	お見せする	show	49
o-naka	おなか	tummy	15
o-nakunari ni naru	お亡くなりになる	die	49
o-negai shimasu	お願いします	please	3
o-nēsan/sama	おねえさん/さま	elder sister	2
o-nigiri	おにぎり	rice ball	15
o-niisan/sama	おにいさん/さま	elder brother	2
o-tagai	お互い	mutual	47
o-tōsan/sama	おとうさん/さま	father	2
o-yasui goyō	お安い御用	easy job	33
o-yasumi nasai	お休みなさい	good night	20
oba	おば	aunt	19
oboeru	覚える	remember	17
oboeru	覚える (味を)	acquire a taste	25
Ochanomizu	お茶の水	[place name]	46
ochiau	落ち合う	meet up	29
ochiru	落ちる	fall	17
ochiru	落ちる (試験に)	fail (in an exam)	38
ochitsuku	落ち着く	settle down	20
oeru	終える	finish [trans.]	42
ōganemochi	大金持ち	millionaire	21
ōi	多い	many	12
oishii	おいしい	delicious	11
ōisogi	大急ぎ	in great hurry	28
oji	おじ	uncle	19
okashii	おかしい	strange, funny	28
Ōkawa	大川	[surname]	16
ōkii	大きい (おおきい)	large	11
ōkina	大きな (おおきな)	large, big	11

okiru	起きる	get up	7
okiru	起きる	happen	42
okiwasureru	置き忘れる	leave behind	35
Okkusufōdo	オックスフォード	Oxford	9
okonau	行う	do	22
okoru	おこる	get angry	28
okoru	起こる	happen	25
okosu	起こす	wake up [trans.]	30
oku	おく (置く)	put	30
okureru	遅れる	be late	21
okuru	送る	send	33
okusan	おくさん (奥さん)	wife	4
omoidasu	思い出す	recall, remember	18
omoidebanashi	思い出話	reminiscences	19
omoiokosu	思い起こす	recall	52
omoshiroi	おもしろい	interesting, funny	12
omou	思う	think	27
on	音	*on* reading	8
onaji	同じ	same	14
ongakkai	音楽会	concert	31
ongaku	音楽	music	16
onna	女	woman	2
onna no ko	女の子	girl	2
Ōno	大野	[surname]	49
onshitsu	温室	greenhouse	37
oreru	折れる	break	34
ori	折	occasion	52
orību	オリーブ	olive	17
oriru	降りる	descend, get off	38
oru	おる	be	31
Ōsaka	大阪 (おおさか)	[place name]	11
oshieru	教える	teach	17
oshōsan	おしょうさん	Buddhist monk	33
osoi	遅い	late	27
osoku made	遅くまで	until late	22
osoku tomo	遅くとも	at the latest	39
ossharu	おっしゃる	say	34
osu	おす (押す)	push	35
Ōsutoraria	オーストラリア	Australia	12
Ōtemachi	大手町	[place name]	5
oto	音	sound	22

otoko	男	man	2
otoko no ko	男の子	boy	2
otona	大人	adult	50
otosu	落とす	drop	36
otōto	弟	younger brother	2
ototoi	おととい	the day before yesterday	14
owari	終わり	end	34
owaru	終わる	end [intrans.]	20
oya	親	parent	35
Ōyama	大山	[surname]	25
oyogu	泳ぐ	swim	14
ōyorokobi	大喜び	very pleased	52
ōyuki	大雪	heavy snow	32
pabu	パブ	pub	16
pan	パン	bread	7
panda	パンダ	panda	30
pan'ya	パン屋	bakery	8
Pari	パリ	Paris	12
pāsento	パーセント	percent	48
pasupōto	パスポート	passport	35
pātī	パーティー	party	29
pēji	ページ	page	18
Pekin	北京	Beijing	19
pen	ペン	pen	1
pianisuto	ピアニスト	pianist	31
piano	ピアノ	piano	9
Pikaso	ピカソ	Picasso	2
pikunikku	ピクニック	picnic	9
Piramiddo	ピラミッド	Pyramids	51
Pītā	ピーター	Peter	6
pittari	ぴったり	just	15
Pochi	ポチ	[common dog's name]	28
poketto	ポケット	pocket	35
pondo	ポンド	pound	39
Pōrando	ポーランド	Poland	21
purezento	プレゼント	gift, present	15
purojekuto	プロジェクト	project	36
pūru	プール	swimming pool	37

raigetsu	来月	next month	14
rainen	来年	next year	9
raishū	来週	next week	10
rajio	ラジオ	radio	1
raku ni naru	楽になる	become easier	33
ranchi setto	ランチ・セット	lunch set menu	18
-rashii	〜らしい	appear to be	23
rasshu	ラッシュ	rush (hour)	46
rei	例	example	42
rei	礼 (お礼)	gratitude	31
rei	零	zero	4
reigi tadashii	礼儀正しい	polite and proper	22
rekishi	歴史	history	12
rekōdo	レコード	record	15
renkyū	連休	consecutive holidays	25
renraku	連絡 (する)	contact	32
renshū	練習 (する)	practice, practise	9
renshū mondai	練習問題	exercises	37
renzoku	連続 (する)	continue	52
renzu	レンズ	lens	19
repōto	レポート	report	19
ressha	列車	train	32
resutoran	レストラン	restaurant	8
rikai	理解 (する)	understand	23
ringo	りんご	apple	7
rippa	立派	splendid	13
risōteki	理想的	ideal	22
ritsu	率	rate, ratio	48
riyō	利用 (する)	use	25
riyū	理由	reason	37
rōjin	老人	old people	37
rōjinhōmu	老人ホーム	old people's home	37
roku	六	six	4
Rōma	ローマ	Rome	19
ronbun	論文	essay, dissertation	33
Rondon	ロンドン	London	7
Roshia	ロシア	Russia	39
roshiago	ロシア語	Russian (language)	49
rōshikan	労使間	between union and management	48
rusu	留守 (する)	be away from home	23

rūto	ルート	route	15
ryō	量	quantity	49
ryōhō	両方	both	41
ryōkin	料金	fare	34
ryokō	旅行 (する)	trip	9
ryokōsha	旅行者	traveller	41
ryōri	料理 (する)	cooking	9
ryōshin	両親	parents	14
ryūgaku	留学 (する)	study abroad	37
ryūgakuchū	留学中	during study abroad	52
sa, sā	さ、さあ	well now	26
sā	さあ	well...	16
sabishii	さびしい	lonely	33
sae	さえ	even	44
sagaru	下がる	go down	23
sagasu	捜す	look for	24
sai	歳	'years old' [classifier]	3
saifu	さいふ	purse	19
saigo	最後	last	14
saihakkō	再発行 (する)	reissue	35
saijitsu	祭日	public holiday	27
saikin	最近	recently	15
sainō	才能	talent	50
saisho	最初	at the beginning	26
saitei	最低	minimum	51
saiwai	幸い	fortunately	32
saizu	サイズ	size	41
sakan	さかん	thriving, active	48
sakana	魚	fish	17
sakanaya	魚屋	fish shop	17
sake	酒	sake, alcoholic drink	11
saki ni	先に	before	40
sakimidareru	咲き乱れる	bloom in profusion	52
sakka	作家	writer	13
sakki	さっき	a few minutes ago	18
saku	さく (咲く)	bloom	16
sakubun	作文	composition	17
sakujitsu	昨日	yesterday	14
sakunen	昨年	last year	14
sakura	桜	cherry blossoms	28

sama	様	Mr, Mrs [polite]	31
sameru	覚める (目が)	wake up	50
samui	寒い	cold	12
samusa	寒さ	coldness	52
san	さん	[polite suffix – Mr, Mrs etc.]	2
san	三	three	4
sandoitchi	サンドイッチ	sandwich	7
sanfujinka	産婦人科	obstetrics & gynaecology	34
sanka	参加 (する)	participate	21
sanpo	散歩 (する)	walk	9
sanpomichi	散歩道	track, walking route	38
sansei	賛成 (する)	agree	26
sansuiga	山水画	landscape picture	43
sappari + neg.	さっぱり	not at all	47
sappari suru	さっぱりする	feel refreshed	19
sapparishita	さっぱりした	clean, simple	41
Sapporo	札幌	[place name]	49
sashiageru	差し上げる	give, offer up	31
sassa to	さっさと	immediately	47
sassoku	さっそく	immediately	33
satsumaimo	さつまいも	sweet potato	25
Sauji Arabia	サウジアラビア	Saudi Arabia	26
sawagu	さわぐ (騒ぐ)	make noise	22
sawayaka	さわやか	fresh	52
sayō	さよう	correct	49
sayōnara	さようなら	good bye	17
sayū	左右	right and left	47
se	背	back	12
sei	せい	cause	50
seidai	盛大	grand	52
seido	制度	system	36
seifuku	制服	uniform	11
seihin	製品	product	48
seiji	政治	politics	16
seijigaku	政治学	politics (study of)	21
seijika	政治家	politician	48
seikaku	性格	character	41
seikaku	正確	precise	20
seikatsu	生活 (する)	make a living	27

seiketsu	清潔	clean	24
seiki	世紀	century	39
seikō	成功 (する)	succeed	33
seinen	青年	youth	22
seiri	整理 (する)	rearrange	52
seishiki	正式	formal	35
seishin	精神	spirit	30
seito	生徒	pupil	37
seiyō	西洋	the West	25
sekai	世界	world	26
sekai ichi	世界一	number one in the world	33
seki	席	seat	31
sekinin	責任	responsibility	44
sekininsha	責任者	person responsible	30
sekkaku	せっかく	specially	38
semai	せまい	narrow	22
semaru	迫る	urge	48
sen	千	thousand	4
senaka	背中	back	35
senchimētoru	センチメートル	centimetre	9
Sendai	仙台	[place name]	10
sengakki	先学期	last term	37
sengetsu	先月	last month	14
senjitsu	先日	the other day	27
senketsu	先決	first consideration	46
senkyo	選挙 (する)	election	48
senmon	専門	speciality	44
senmonka	専門家	expert	29
sensei	先生	teacher	2
senshinkoku	先進国	advanced nation	48
senshū	先週	last week	14
sensō	戦争 (する)	war	25
sentaku	せんたく (する)	wash (clothes)	26
sen'yaku	先約	previous engagement	31
Sēra	セーラ	Sarah	41
sērusuman	セールスマン	salesman	37
sētā	セーター	jersey	11
setsu	節	season, period	52
setsubi	設備	facilities	49
Setsuko	節子	[given name]	41

setsumei	説明 (する)	explain	26
sewa	世話 (する)	help	31
shaberu	しゃべる	chat	41
shachō	社長	company director, boss	17
shain	社員	staff	37
shakai	社会	society	27
shashin	写真	photograph	12
shatsu	シャツ	shirt	11
Shefīrudo	シェフィールド	Sheffield	16
shi	し	[conjunctive particle]	22
shi	四	four	4
shi	市	city	22
shiageru	仕上げる	complete	29
shiai	試合	match	25
shiatsu	指圧	massage	34
shiawase	幸せ	happiness	52
shibaraku	しばらく	for a while	29
Shibuya	渋谷	[place name]	32
shichi	七	seven	4
shidai	次第	order	50
shidōsha	指導者	director, leader	30
shieki	使役	causative	42
shigoto	仕事 (する)	work	9
shika	歯科	dental surgery	34
shika	鹿	deer	23
shikaku	資格	qualification	37
shikamo	しかも	in addition to	20
shikaru	しかる	scold	36
shikata	仕方	way of doing something	50
shikata ga nai	仕方がない	can't be helped	22
shiken	試験 (する)	examination	24
shikkari	しっかり	firmly	48
Shikoku	四国	[place name]	24
Shimada	島田	[surname]	26
shimai	しまい	end	51
shimaru	閉まる	shut, close [intrans.]	42
shimatta	しまった	Blast!	36
shimau	しまう	end, finish	36
shimeru	閉める	shut [trans.]	39
Shimizu	清水	[surname]	32
Shin Ōsaka	新大阪 (しんおおさか)	[place name]	10

shinamono	品物	goods	28
shinbun	新聞	newspaper	8
shingakki	新学期	new term	33
shingō	信号	traffic light	36
shinjiru	信じる	believe	22
Shinjuku	新宿	[place name]	15
Shinkansen	新幹線	Super Express	10
shinkō	信仰 (する)	faith	50
shinkō hōkō	進行方向	direction train is facing	46
shinkoku	深刻	serious	44
shinnen	新年	New Year	38
shinpai	心配 (する)	worry	32
shinpo	進歩 (する)	progress	49
shinrin	森林	forest	25
shinryoku	新緑	new green (leaves)	52
shinsen	新鮮	fresh	33
shinsetsu	親切	kind	33
shinu	死ぬ	die	14
Shin'yakushi-ji	新薬師寺	[place name]	23
shippai	失敗 (する)	fail	38
shippo	しっぽ	tail	28
shiraberu	調べる	investigate	44
shiraseru	知らせる	inform	27
shiriau	知り合う	get to know	29
shiro	白	white	11
Shirogane	白金	[place name]	52
shiroi	白い	white	11
shiru	知る	know	17
shiseikatsu	私生活	private life	50
shisha	死者	dead, casualties	39
shita	下	under, below	6
shitaku	支度 (する)	get ready	28
shiteiseki	指定席	reserved seat	10
shiteki	私的	private	30
shiten	支店	branch office	6
shitenchō	支店長	branch manager	23
shitsu	質	quality	40
shitsumon	質問 (する)	question	9
shitsurei desu ga	失礼ですが	excuse me, but...	11
shitsurei shimasu	失礼します	excuse me	5
shiya	視野	field of vision, outlook	29

shizen	自然	nature	49
shizuka	静か	quiet	13
shōchi	承知 (する)	agree	31
shōgakkō	小学校	primary school	19
shōgakusei	小学生	primary school pupil	40
shōgatsu	正月	New Year	33
shōgo	正午	noon	5
shōjiki	正直	honest	13
shōjin ryōri	精進料理	vegetarian food	38
shōka	消化 (する)	digest	52
shōkai	紹介 (する)	introduce	35
shokkingu	ショッキング	shocking, outrageous	13
shokubutsu	植物	plant, vegetation	15
shokudō	食堂	canteen, restaurant	8
shokuji	食事 (する)	have meal	28
shokuminchi	植民地	colony	24
shokuryō	食料	food	51
shokuyoku	食欲	appetite	38
shōnika	小児科	paediatric clinic	34
shōrai	将来	future	21
shorui	書類	document	35
shōsetsu	小説	novel	11
shōshō	少々	a few, a little	34
shōtai	招待 (する)	invite	30
Shōwa	昭和	Shōwa era	14
shufu	主婦	housewife	9
shugo	主語	subject	42
shūji	習字	calligraphy	33
shujin	主人	husband	49
shujutsu	手術 (する)	operate	50
shūkan	週間	'weeks'	9
shukudai	宿題	homework	8
shūkurīmu	シュークリーム	chou crème	40
shūmatsu	週末	weekend	16
shunkan	瞬間	moment	35
shuppatsu	出発 (する)	departure	15
shūri	修理 (する)	repair	46
shushō	首相	prime minister	16
shusseki	出席 (する)	attend	38
shutchō	出張 (する)	go on business trip	26
shū'nyū	収入	income	48

sō	そう	correct, so	1
-sō	〜そう	seem	32
sō ieba	そう言えば	come to think of it	21
sō suru to	そうすると	in that case	46
soba	そば	near by	24
sōbetsukai	送別会	farewell party	51
sobo	祖母	grandmother	2
sochira	そちら	over there	4
sōdan	相談 (する)	consult	30
sodatekata	育て方	way of bringing up	33
sodateru	育てる	bring up	35
sofu	祖父	grandfather	2
sōhō	双方	both	48
sōji	そうじ (する)	sweep, dust, clean	26
sokkenai	そっけない	curt, indifferent	28
soko	そこ	that place	5
soku, zoku	足	'a pair of' [classifier]	12
sokutatsu	速達	express mail	19
son	損	loss	29
sonkei	尊敬 (する)	respect	35
sonna	そんな	that kind of	11
sonna ni	そんなに	to that extent	22
sono	その	that	2
sono aida	その間	during that time	19
sono go/sono ato	その後	after that	25
sono mae	その前	before that	24
sono mama	そのまま	as it is	48
sono toki	その時	at that time	24
sono uchi	そのうち	near future	46
sono ue	その上	in addition to that	36
sono ta/sono hoka	その他	apart from that	52
sora	空	sky	11
sore	それ	that thing	1
sore de	それで	with that	10
sore de wa/sore ja	それでは/それじゃ	in that case	6
sore ga	それが	and yet	36
sore hodo	それほど	as much as	36
sore kara	それから	after that	5
sore nara	それなら	if so	46
sore ni	それに	furthermore	22
sore ni shite mo	それにしても	and yet	47

sore wa sore wa	それはそれは	well, well	45
sore yori	それより	rather than that	34
soretomo	それとも	or	50
sorezore	それぞれ	respectively	47
soroban	そろばん	abacus	14
sorosoro	そろそろ	'it's time...'	25
sorou	そろう	line up together	22
sōsō	そうそう	I remember!	25
soto	外	outside	28
sōtō	相当	considerably	32
sotsugyō	卒業 (する)	graduate	19
sotsuron	卒論	graduation thesis	37
subarashii	すばらしい	splendid	15
sue	すえ (末)	end	25
sūfun	数分	a few minutes	35
sūgaku	数学	mathematics	13
sūgakusha	数学者	mathematician	20
sugata	すがた	figure, appearance	28
sugi	すぎ	past	5
suginai	過ぎない	nothing but	43
Suginami ku	杉並区	[place name]	22
sugiru	過ぎる	pass, exceed	29
sugoi	すごい	amazing	48
sugosu	過ごす	spend	14
sugu (ni)	すぐ (に)	soon, immediately	25
sugureru	すぐれる	excel	41
sugureta	すぐれた	superior	41
suimasen	すいません	thank you	5
suimin	睡眠	sleep	51
suisen	水仙	daffodil	25
Suisu	スイス	Switzerland	7
Suisujin	スイス人	Swiss (person)	6
suiyōbi	水曜日	Wednesday	8
sūji	数字	figure, number	48
suki	好き	like	13
sukī	スキー	ski	13
suki na dake	好きなだけ	as much as you like	37
sukkari	すっかり	completely	20
sukoshi	少し	a little, a few	7
sukoshi mo + neg	少しも	not in the least	15
sukoshi zutsu	少しづつ	gradually	33

sukotchi	スコッチ	Scotch whisky	43
Sukottorando	スコットランド	Scotland	40
suku	すく	become empty	15
suku	好く	like	48
sukunai	少ない	few, not much	12
sukunaku tomo	少なくとも	at least	22
sumasu	す済ます (済ます)	finish [trans.]	42
sumimasen ga	すみませんが	excuse me but...	5
sumu	すむ (済む)	finish [intrans.]	18
sumu	住む	live	17
sumūzu	スムーズ	smooth	48
supōtsu	スポーツ	sports	40
suri	すり	a pickpocket	35
suru	する	do	7
suru	する	pickpocket [verb]	35
sushi	すし	sushi	7
sushiya	すし屋	sushi restaurant	16
susumeru	進める	advance [trans.]	42
susumu	進む	advance [intrans.]	26
suteru	捨てる	throw away	50
suto	スト	strike	44
suu	すう (タバコを)	smoke	18
suwaru	座わる	sit down	21
Suwēden	スウェーデン	Sweden	18
Sūzan	スーザン	Susan	52
Suzuki	鈴木	[surname]	38
tabako	タバコ	tobacco	18
taberu	食べる	eat	7
tabi	旅	trip	32
tabi ni	たびに (度に)	every time	32
tabun	多分	probably	35
-tachi	～達	[plural marker]	24
tachiba	立場	position, standpoint	42
tachiyoru	立ち寄る	drop in	29
tada	ただ	but, however	44
tada	ただ	free of charge	49
tadaima	ただいま	'I'm back'	40
tadaima	ただ今	right now	31
Tadashi	正	[given name]	3
tadashii	正しい	correct, right	45

tadoru	たどる	trace	48
tadōshi	他動詞	transitive verb	42
tagon	他言 (する)	disclose	47
taiboku	大木	large tree	35
taido	態度	attitude	51
taifū	台風	typhoon	24
Taigo	タイ語	Thai (language)	26
taihen	たいへん (大変)	very, terrible	12
taiho	退歩 (する)	regress, retreat	49
taiiku	体育	physical training	40
Taijin	タイ人	Thai (person)	6
taimusu	タイムス	*The Times*	16
taipu	タイプ (する)	type	33
tairiku	大陸	continent	35
taisetsu	大切	precious, important	13
taishikan	大使館	embassy	44
Taishō	大正	Taishō era	14
taisuru	対する	concerning	48
taitei	たいてい	usually	8
taizai	滞在 (する)	stay	26
tai'in suru	退院 (する)	leave hospital	32
Takahashi	高橋	[surname]	40
takai	高い	expensive, high	11
Takako	孝子	[given name]	41
Takano	高野	[surname]	39
taku	宅	house, your house	49
takusan	たくさん	many	6
takushī	タクシー	taxi	11
tama/dama	玉	coin	20
tamago	たまご	egg	10
tamaru	たまる	accumulate [intrans.]	41
tame ni	ために	for	21
tameru	ためる	save [trans.]	19
tana	たな	shelf	35
Tanabata matsuri	七夕祭り	Tanabata festival	20
Tanaka	田中	[surname]	19
tango	単語	word	44
tanjōbi	誕生日	birthday	15
tannin	担任	have charge of teaching	47
tanomu	頼む	ask, request	35
tanoshii	楽しい	joyous, pleasant	13

tanoshimi	楽しみ	pleasure	31
tanoshimi ni suru	楽しみにする	look forward to	20
tanoshimu	楽しむ	enjoy	28
tanpa	短波	short-wave	41
tantō	担当 (する)	be in charge of	26
taosu	倒す	fell, pull down	35
tappuri	たっぷり	fully	50
tariru	足りる	be sufficient	38
tashika	確か	certain, definite	21
tashikameru	確かめる	ascertain	24
tasukaru	助かる	be saved	42
tasukeru	助ける	save	42
tatemono	建物	building	11
tateru	建てる	build	35
tateru	立てる (計画を)	draw up a plan	36
tatoeba	たとえば (例えば)	for example	31
tatsu	たつ (経つ)	pass (of time)	19
tatsu	建つ	be built	42
tatsu	発つ	depart	45
tatsu	立つ	stand up	21
tatta	たった	only	50
tayori	便り	news, letter	52
tazuneru	訪ねる	visit	38
ta'nin	他人	stranger	27
te o tsukeru	手をつける	start something	51
tebukuro	手ぶくろ	gloves	33
tēburu	テーブル	table	6
techō	手帳	pocket notebook	50
tegaki	手書き	handwritten	33
tegami	手紙	letter	7
teiden	停電 (する)	power cut	30
teinei	ていねい	polite	13
teiryūjo	停留所	bus stop	45
teki	敵	enemy	30
-teki	的	-ish, -like	30
tekisuto	テキスト	text	37
temae	手前	this side	38
ten	点	mark, grade, score	47
ten	点	point	30
tenisu	テニス	tennis	8
tenjihin	展示品	exhibits	47

tenki	天気	weather	13
tennin	転任 (する)	change of post	41
tennō	天皇	emperor	35
tentō	転倒 (する)	lose one's balance	36
ten'in	店員	shop assistant	12
teoshiguruma	手押し車	cart	50
tēpurekōdā	テープレコーダー	tape recorder	15
tera	寺	temple	12
terebi	テレビ	television	1
terefon kādo	テレフォン・カード	telephone card	51
tesage kaban	手さげかばん	brief case	35
tesuto	テスト	test	40
tetsu	鉄	iron	42
tetsudau	手伝う	help	15
to	と	and	3
to	と	[quotative marker]	27
to	と	[sentence particle]	28
to	と	with	9
to	戸	door	24
to	都	metropolis	22
tō	十	ten	18
tobasu	飛ばす	fly [trans.]	43
tobu	飛ぶ	fly [intrans.]	39
tōchaku	到着 (する)	arrive	45
tochū	途中	on the way	15
Tōdai	東大	Tōkyō University	46
todoke	届け	report	35
todokeru	届ける	send, register	50
todoku	届く	reach	40
tōgi	討議 (する)	debate	52
Tōhoku	東北	[place name]	52
tōhyō	投票 (する)	casting a vote	48
tōi	遠い (とおい)	far	12
tōitsu	統一 (する)	unify	42
tokai	都会	city	20
Tōkaidō	東海道	Tōkaidō route	10
tokei	時計	watch, clock	6
toki	時	time	18
toki	時	when	24
toki ni wa	時には	at times	48
tokidoki	時々	sometimes	8

tokkyū	特急	special express	10
tokkyūken	特急券	special express ticket	10
tokonoma	床の間	alcove	43
tokoro	ところ	place	12
tokoro de	ところで	but then...	18
tokoro ga	ところが	however	44
toku ni	特に	particularly	12
tokubetsu	特別	special	31
tokui	得意	be good at, pride	28
Tōkyō	東京	[place name]	3
Tōkyō-to	東京都	Tōkyō Metropolitan	22
Tōkyōjū	東京中	all over Tōkyō	25
tomadou	とまどう	be bewildered	43
tomaru	止まる	stop [intrans.]	15
tomaru	泊まる	stay the night	14
tomeru	止める	stop [trans.]	42
tomo	伴	companion	45
tomo ni	共に	together with	52
tomodachi	友達	friend	2
Tomoko	知子	[given name]	28
tonari	となり	next to	6
tonda	とんだ	surprising	49
tondemonai	とんでもない	far from it, outrageous	37
tonneru	トンネル	tunnel	15
toraberāzu chekku	トラベラーズ・チェック	traveller's cheques	23
torakku	トラック	lorry, truck	32
toranjisutā rajio	トランジスター・ラジオ	transistor radio	34
tori	鳥	bird	11
tōrigakaru	通りがかる	pass by	42
toriireru	取り入れる	introduce	35
torikaeru	取り替える	change, exchange	44
toru	とる (疲れを)	remove, take away	51
toru	とる (撮る)	take a photograph	30
toru	とる (取る)	take, obtain	30
toru	とる (責任を)	take (responsibility)	44
tōru	通る (とおる)	pass [intrans.]	15
toshi	年	age	50
tōshi	投資 (する)	invest	50
toshi o toru	年をとる	get on in years	28
toshin	都心	city centre	25
toshite	として	as, for	22

toshiyori	年寄り	old person	51
toshokan	図書館	library	21
tōsu	通す	pass [trans.]	43
tōsuto	トースト	toast	7
totemo	とても	very	11
tōtō	とうとう	finally	36
totonoeru	整える	arrange	49
totte oku	とっておく	set aside, reserve	30
tōyō	東洋	the East, Orient	25
Tōzai	東西	[proper name]	5
tsū	通	'letters' [classifier]	24
tsūchō	通帳	booklet	35
tsugi	次	next	10
tsugō	都合	convenience	27
tsui	つい	unintentionally	51
tsui	つい	just, only	30
tsuide	ついで	by the way	45
tsuishi	追試	make-up test	47
tsuite iku	ついて行く	accompany [intrans.]	48
tsukaikata	使い方	way of use	42
tsukamaru	つかまる	be caught	35
tsukare	疲れ	fatigue	51
tsukareru	疲れる	get tired	15
tsukau	使う	use	7
tsukemono	つけもの	pickle	45
tsukiai	付き合い	association	51
Tsukiji	築地	[place name]	45
tsukimashite wa	つきましては	as regards...	45
tsukinami	月並み	ordinary	45
tsuku	つく	attach	41
tsuku	つく (うそを)	tell (a lie)	36
tsuku	つく (くせが)	become [of habit]	29
tsuku	つく (決心が)	come to a decision	27
tsuku	つく (都合が)	be convenient	48
tsuku	つく (連絡が)	contact	33
tsuku	着く	arrive	7
tsukue	つくえ	desk	1
tsukuribanashi	つくり話	fabrication	43
tsukuru	作る	make	20
tsumami	つまみ	snack	25
tsumamigui	つまみ食い	picking at one's food	43

tsumaranai	つまらない	trifle, uninteresting	51
tsumari	つまり	in other words	46
tsumeru	つめる	pack tight,	
		apply oneself to	51
tsumetai	冷たい	cold	16
tsumiorosu	つみおろす	unload	29
tsumori	つもり	intention	21
tsureru	連れる	take along with	19
tsuri (o-tsuri)	つり（おつり）	change	10
tsutaeru	伝える	transmit	23
tsutawaru	伝わる	be transmitted	42
tsuyoi	強い	strong	36
tsuyomaru	強まる	become strong	50
tsuyu	梅雨	rainy season	28
tsuzukeru	続ける	continue [trans.]	23
tsuzuku	続く	continue [intrans.]	29
uchi	うち	home	20
uchi de	うちで	out of	40
uchi ni	うちに	while	46
ue	上	above, on top of	6
ue	上（…の上で）	added to, according to	38
ue	上	in addition to	39
ueki	植木	potplant	31
Ueno	上野	[place name]	35
ueru	植える	plant	25
ugokasu	動かす	move [trans.]	43
ugoku	動く	move [intrans.]	32
ukabu	浮かぶ	float (into mind)	31
ukagau	伺う	visit, ask	45
ukanai	浮かない	gloomy, downcast	44
ukeireru	受け入れる	accept	52
ukemi	受け身	passive (voice)	42
ukeru	受ける	receive	32
uketamawaru	承る	listen	49
uketoru	受け取る	receive	28
uketsuke	受付	reception	34
uma	馬	horse	37
umai	うまい	good, tasty	33
umareru	生まれる	be born	17
ume	梅	plum	38

umi	海	sea, ocean	12
un	運	luck	36
ūn	うーん	well	12
unazuku	うなずく	nod	52
undō	運動 (する)	exercise, sport	9
undō	運動	movement	48
unten	運転 (する)	driving	9
untenshu	運転手	driver	39
Uogashi	魚河岸	[place name]	45
ureru	売れる	sell [intrans.]	41
ureshii	嬉しい	be pleased	16
uriba	売り場	sales counter	41
urikire	売り切れ	sold out	30
uru	売る	sell [trans.]	20
urusai	うるさい	noisy	22
ushiro	後ろ	behind	6
uso	うそ	lie	36
usui	うすい	light, thin	11
uta	歌	song	9
utau	歌う	sing	19
utouto	ウトウト (する)	doze off	50
utsu	うつ	type, hit (keys)	33
utsu	打つ	hit	34
utsukushii	美しい	beautiful	11
utsuru	うつる (病気が)	be infected	42
utsuru	移る	move [intrans.]	22
utsuru	写る	come out (of photo)	50
utsusu	うつす (病気を)	infect	42
utsusu	移す	move, transfer [trans.]	46
uwagi	上着	jacket	19
uwasa	うわさ	rumour	27
vaiorin	ヴァイオリン	violin	13
wa	は	[topic marker]	1
wa	わ	[final particle]	24
wā	わあ	really!	38
wain	ワイン	wine	40
waipā	ワイパー	windscreen wiper	36
wakai	若い	young	20
wakareru	別れる	part, separate	39

wakaru	分かる	understand	16
wake	わけ	reason	47
wakeru	分ける	divide	51
wanpīsu	ワンピース	dress	50
wāpuro	ワープロ	word processor	13
warai	笑い	smile	23
waraigoto	笑いごと	laughing matter	44
waraimono	笑い者	a laughing stock	36
warau	笑う	laugh, smile	22
wareru	割れる	break [intrans.]	42
wari	割	10 per cent	48
wari ni	割に	relatively	13
waribiki	割り引き	discount	45
warikiru	割り切る	give a clear solution for	29
waru	割る	break [trans.]	42
warui	悪い	bad	22
wasuremono	忘れ物	thing left behind	50
wasureru	忘れる	forget	18
watakushi	私	I	2
watakushi-tachi	私達	we	2
watakushi-domo	私共	we	45
wataru	わたる	range, cover, extend	43
wataru	渡る	cross	36
watasu	渡す	hand over, hand in	35
wayaku	和訳 (する)	translate into Japanese	48
wazawaza	わざわざ	especially	33
weitoresu	ウェイトレス	waitress	18
Wēruzu	ウェールズ	Wales	40
wisukī	ウィスキー	whisky	43
ya	や (...や...)	and	8
ya	矢	arrow	43
yā	やあ	Hi!	3
yado	宿	inn, hotel	15
yahari	やはり	indeed, as expected	46
yakeru	焼ける	grill [intrans.]	42
yakkyoku	薬局	chemist	34
yaku	焼く	bake [trans.]	38
yaku-	約〜	approximately	35
yaku ni tatsu	役に立つ	be useful	41
yakusha	役者	actor	18

yakusoku	約束 (する)	promise	30
yakusokudōri	約束通り	as promised	52
yakusu	訳す	translate	29
yakuwari	役割	role	27
yakyū	野球	baseball	40
yama	山	mountain	1
Yamabiko	やまびこ	Yamabiko (train)/echo	10
Yamada	山田	[surname]	7
yamagoya	山小屋	mountain hut	15
Yamaguchi	山口	[place name]	27
yamahodo	山ほど	mountainous load	22
Yamakawa	山川	[surname]	2
yamamichi	山道	mountain path	15
Yamamoto	山本	[surname]	2
Yamano	山野	[surname]	19
yamanobori	山登り	mountaineering	13
yamayama	山々	mountains	8
yameru	やめる	give up	31
yamu	やむ	stop (raining etc.)	14
yaoya	八百屋	greengrocer	45
yappari	やっぱり	as expected	27
yaru	やる	do	29
yaru	やる	give	31
yaruki	やる気	enthusiasm	42
yasai	野菜	vegetable	8
yasashii	やさしい (易しい)	easy	12
-yasui	～やすい	easy to	29
yasui	安い	cheap	11
yasumi	休み	day off, holiday	9
yasumu	休む	rest	9
yatara	やたら	at random, excessively	47
yatte kuru	やって来る	put in an appearance	51
yatto	やっと	finally, at last	20
yattsu	八つ	eight	18
yo	よ	[exclamatory marker]	5
yo	夜	night	25
yō	用	business	31
-yō	～よう	seem	32
yobiokosu	呼び起こす	awake	30
yobu	よぶ (呼ぶ)	call	26
yobun	余分	extra	47

yochi	余地	room	44
yōchien	幼稚園	kindergarten	42
yochiyochi aruki	ヨチヨチ歩き	toddle	37
yōfuku	洋服	Western clothes	16
yogoreru	汚れる	become dirty	43
yogosu	汚す	make dirty	43
yohodo	余程	very, considerably	31
yoi/ii	よい (良い) /いい	good, fine	12
yōi	用意 (する)	prepare	25
yōji	用事	business	22
yōki	陽気	season, weather	52
yoko	横	by the side of	6
Yōku	ヨーク	York	5
yoku	よく	often	9
yōkyū	要求 (する)	demand	47
yomiageru	読み上げる	read out, finish reading	29
yomikata	読み方	way of reading	18
yomu	読む	read	7
yon	四	four	4
Yoneda	米田	[surname]	16
yori	より	than	34
yori	より (寄り)	side	46
yorokobi	喜び	pleasure	52
yorokobu	喜ぶ	be pleased	23
Yōroppa	ヨーロッパ	Europe	9
yoroshii	よろしい	acceptable	31
yoroshiku	よろしく	'my best'	3
yoru	夜	night	8
yoshū	予習 (する)	prepare lesson	21
yotei	予定 (する)	plan	26
yottsu	四つ	four	18
yowai	弱い	weak	28
yoyaku	予約 (する)	reserve	24
Yoyogi	代々木	[place name]	46
yozora	夜空	night sky	15
yu	湯	hot water	51
yūbin	郵便	mail	33
yūbin bangō	郵便番号	post code	52
yūbinkyoku	郵便局	post office	13
yūgata	夕方	evening	8
yūgohan	夕ごはん	evening meal	16

yūjin	友人	friend	36
yuki	雪	snow	16
yukidaruma	雪だるま	snowman	37
yukigeshō	雪化粧 (する)	a coating of snow	37
yukkuri	ゆっくり (する)	slowly	30
yume	夢	dream	52
yūmei	有名	famous	13
yurusu	ゆるす	forgive	46
yūshoku	夕食	supper	8
yūshū	優秀	excellent	26
yūsu hosuteru	ユースホステル	youth hostel	14
zaiseijō	財政上	as regards financial administration	47
zannen nagara	残念ながら	regrettably	26
zaseki	座席	seat	52
zasshi	雑誌	magazine	15
zatsuyō	雑用	miscellaneous jobs	48
zātto	ザーっと	downpour [onomatopeia]	32
zehi	是非	by all means	45
zenbu	全部	all	10
zenbu de	全部で	altogether	12
zensha	前者	former	42
zentai ni	全体に	whole, entirely	32
zenzen + neg.	全然	not at all	13
zetsubō	絶望 (する)	despair	50
zettai	絶対	absolutely	39
zo	ぞ	[final particle, male]	33
zō	象	elephant	12
zonjiageru	存じ上げる	know	49
zonjiru	存じる	know, think	45
zubon	ズボン	trousers	35
zuibun	ずいぶん	fairly	11
Zuisen-ji	瑞泉寺	[place name]	38
-zuke	～付	dated…	52
zukizuki suru	ズキズキする	throb, ache	33
zutsu	づつ (…づつ)	each	12
zutsū	頭痛	headache	33
zutto	ずっと	all the time	19

Vocabulary: English–Japanese

NB: Numbers refer to the lesson in which the word first appears.

a.m.	午前	gozen	5
AM	AM	ēemu	41
a few	少々	shōshō	34
a few minutes	数分	sūfun	35
a few minutes ago	さっき	sakki	18
a little	ちょこっと	chokotto	44
a little	ちょっと	chotto	12
a little	少し	sukoshi	7
'a pair of' [classifier]	足	soku, zoku	12
abacus	そろばん	soroban	14
ability	能力	nōryoku	44
about (time)	ころ、ごろ	koro, goro	7
about	くらい、ぐらい	kurai, gurai	7
about	について	ni tsuite	16
about this time	今ごろ	imagoro	24
about what time?	いつごろ	itsu goro	25
above	上	ue	6
above all	何よりも	nani yori mo	39
abroad	海外	kaigai	25
abruptly	いきなり	ikinari	47
absent from one's desk	はずす (席を)	hazusu	31
absent-minded	ボンヤリする	bonyari suru	36
absolutely	絶対	zettai	39
accent	アクセント	akusento	36
accept	いれる (希望を)	ireru	37
accept	受け入れる	ukeireru	52
acceptable	よろしい	yoroshii	31
accident	事故	jiko	25
accompany [intrans.]	ついて行く	tsuite iku	48
accompany [trans.]	同行 (する)	dōkō	46
according to	によると	ni yoru to	37
according to	上 (…の上で)	ue	38
accumulate [intrans.]	たまる	tamaru	41
ache	ズキズキする	zukizuki suru	33
acquire a taste	覚える (味を)	oboeru	25

act	行動 (する)	kōdō	50
active	活動的	katsudōteki	30
activity	活動	katsudō	8
actor	役者	yakusha	18
actual	実際	jissai	43
acupuncture	針	hari	34
add insult to injury	ふんだりけったり	fundari kettari	36
added to	上 (…の上で)	ue	38
address	住所	jūsho	17
admit	認める	mitomeru	47
adult	大人	otona	50
advance [intrans.]	進む	susumu	26
advance [trans.]	進める	susumeru	42
advanced nation	先進国	senshinkoku	48
advice	アドバイス	adobaisu	31
afresh	改めて	aratamete	43
Africa	アフリカ	Afurika	19
after	後	ato, go	25
after	のち	nochi	39
after all	結局	kekkyoku	39
after an absence of…	ぶりに	buri ni	24
after that	あれから、それから	are kara, sore kara	5
after that	その後	sono go/sono ato	25
again	又	mata	20
age	年齢	nenrei	35
age	年	toshi	50
agree	賛成 (する)	sansei	26
agree	承知 (する)	shōchi	31
aid	援助 (する)	enjo	48
aim	目標	mokuhyō	48
aim	目的	mokuteki	27
aim for	心がける	kokorogakeru	49
air	空気	kūki	28
air conditioner	クーラー	kūrā	37
air mail	航空便	kōkūbin	40
aircraft	飛行機	hikōki	21
airport	空港	kūkō	24
alcove	床の間	tokonoma	43
alien registration card	外人登録証明書	gaijin tōroku shōmeisho	35
all	みな (皆) /みんな	mina, minna	52

all	全部	zenbu	10
all day long	一日中	ichinichi-jū	14
all over Tōkyō	東京中	Tōkyōjū	25
all right	大丈夫	daijōbu	29
all the more	一層	issō	52
all the time	ずっと	zutto	19
ally	味方	mikata	47
almost all	ほとんど	hotondo	15
alpine mountains	高山	kōzan	15
Alps	アルプス	Arupusu	15
already	もう	mō	14
also, too	も	mo	3
although	のに	noni	38
altogether	みんなで	minna de	9
altogether	全部で	zenbu de	12
always	いつも	itsumo	15
amazing	すごい	sugoi	48
America	アメリカ	Amerika	6
American (person)	アメリカ人	Amerikajin	6
amount of money	金額	kingaku	24
anachronistic	時代遅れ	jidaiokure	36
Anchorage	アンカレッジ	Ankarejji	50
ancient time	昔	mukashi	14
and	と	to	3
and	や (…や…)	ya	8
and so on	など	nado	8
and yet	それが	sore ga	36
and yet	それにしても	sore ni shite mo	47
anew	改めて	aratamete	43
Anglo–Japanese	日英	Nichiei	45
angry, get	おこる	okoru	28
animal	動物	dōbutsu	11
animal food	えさ	esa	31
animation	活気	kakki	45
Anna Karenina	アンナ・カレーニナ	Anna Karēnina	12
answer [noun]	答え	kotae	23
answer [verb]	答える	kotaeru	23
any moment	今にも	ima ni mo	32
anytime	いつでも	itsu demo	33
apart from	ほかに	hoka ni	9
apart from	以外	igai	14

apart from that	その他	sono ta/sono hoka	52
apartment	アパート	apāto	11
apologise	あやまる	ayamaru	30
appear	出る	deru	18
appear to be	みたい (〜みたい)	mitai	32
appear to be	〜らしい	-rashii	23
appearance	見かけ	mikake	48
appearance	すがた	sugata	28
appetite	食欲	shokuyoku	38
apple	りんご	ringo	7
apply	申し込む	mōshikomu	44
apply oneself to	つめる	tsumeru	51
approach	近寄る	chikayoru	48
approximately	約〜	yaku-	35
Arabia	アラビア	Arabia	26
Arabic (language)	アラビア語	Arabiago	26
area	辺	hen	28
arrange	並べる	naraberu	43
arrange	整える	totonoeru	49
arranged marriage	見合い結婚	miai kekkon	49
arrive	到着 (する)	tōchaku	45
arrive	着く	tsuku	7
arriving	〜着	-chaku	10
arrow	矢	ya	43
art gallery	美術館	bijutsukan	47
article	記事	kiji	44
as	として	toshite	22
as a result	結果的	kekkateki	42
as expected	やはり	yahari	46
as expected	やっぱり	yappari	27
as it is	ありのまま	ari no mama	44
as it is	そのまま	sono mama	48
as much as	出来るだけ	dekiru dake	49
as much as	それほど	sore hodo	36
as much as you like	好きなだけ	suki na dake	37
as promised	約束通り	yakusokudōri	52
as regards	にとって	ni totte	27
as regards...	つきましては	tsukimashite wa	45
as regards financial administration	財政上	zaiseijō	47
as usual	相変わらず	aikawarazu	16

ascertain	確かめる	tashikameru	24
ash	灰	hai	11
Asia	アジア	Ajia	13
ask	聞く	kiku	7
ask	頼む	tanomu	35
ask	伺う	ukagau	45
assigned characters	当て字	ateji	6
assistant	助手	joshu	31
association	付き合い	tsukiai	51
at	に	ni	7
at any cost	どうしても	dō shite mo	47
at any cost	何としても	nan to shite mo	47
at least	少なくとも	sukunaku tomo	22
at one stretch	一気に	ikki ni	51
at random	やたら	yatara	47
at that time	あのころ	ano koro	25
at that time	その時、あの時	sono toki, ano toki	24
at the beginning	最初	saisho	26
at the latest	遅くとも	osoku tomo	39
at times	時には	toki ni wa	48
attach	つく	tsuku	41
attend	出席 (する)	shusseki	38
attitude	態度	taido	51
audible	聞こえる	kikoeru	22
aunt	おば	oba	19
Australia	オーストラリア	Ōsutoraria	12
autumn	秋	aki	12
awake	呼び起こす	yobiokosu	30
away from home	留守 (する)	rusu	23
baby	赤ちゃん	akachan	30
baby	赤ん坊	akanbo	37
back	背	se	12
back	背中	senaka	35
bad	悪い	warui	22
bad at	下手	heta	13
bag	かばん	kaban	29
bake [trans.]	焼く	yaku	38
bakery	パン屋	pan'ya	8
bakufu government	幕府	bakufu	39
bank	銀行	ginkō	5

bank employee	銀行員	ginkōin	17
baseball	野球	yakyū	40
bath	ふろ	furo	19
bathroom	ふろ場	furoba	20
battery	電池	denchi	41
be [copula]	だ	da	6
be [copula, formal]	である	de aru	6
be [copula, polite]	です	desu	1
be	いでる	ideru	34
be	いらっしゃる	irassharu	25
be	おいでになる	o-ide ni naru	49
be	おる	oru	31
be (exist)	ある	aru	6
be (exist)	いる	iru	6
beach	海岸	kaigan	37
beautiful	美しい	utsukushii	11
because	から	kara	16
because	ので	node	16
become	なる	naru	10
become (of habit)	つく（くせが）	tsuku	29
beef	牛肉	gyūniku	40
beer	ビール	bīru	7
Beethoven	ベートーベン	Bētōben	22
before	前	mae	24
before (hour)	前	mae	5
before	先に	saki ni	40
before noon	午前中	gozenchū	10
before that	その前	sono mae	24
before the end of the year	今年中	kotoshijū	27
before tomorrow	今日中	kyōjū	49
begin to	〜かける	-kakeru	38
beginning	初め	hajime	16
behind	背後	haigo	29
behind	後ろ	ushiro	6
Beijing	北京	Pekin	19
believe	信じる	shinjiru	22
below	下	shita	6
between	間	aida	6
between union and management	労使間	rōshikan	48
bewildered	とまどう	tomadou	43

bicycle	自転車	jitensha	30
big	大きな (おおきな)	ōkina	11
bird	鳥	tori	11
birthday	誕生日	tanjōbi	15
black	黒	kuro	11
black	黒い	kuroi	11
black people	黒人	kokujin	36
Blast!	しまった	shimatta	36
bloom	さく (咲く)	saku	16
bloom in profusion	咲き乱れる	sakimidareru	52
blow	ふく (吹く)	fuku	43
blue	青	ao	11
blue	青い	aoi	11
blue	ブルー	burū	35
boat	船	fune	26
body	体	karada	13
bone	骨	hone	34
Bonn	ボン	Bon	22
book	本	hon	1
booklet	通帳	tsūchō	35
bookshop	本屋	hon'ya	8
bored	飽きる	akiru	38
born	生まれる	umareru	17
borrow	拝借 (する)	haishaku	49
borrow	借りる	kariru	23
boss	社長	shachō	17
Boston	ボストン	Bosuton	39
both	どっちも／どちらも	dotchi mo/dochira mo	40
both	両方	ryōhō	41
both	双方	sōhō	48
bothered	気にする	ki ni suru	29
boy	男の子	otoko no ko	2
branch manager	支店長	shitenchō	23
branch office	支店	shiten	6
bread	パン	pan	7
break [intrans.]	壊れる	kowareru	43
break [intrans.]	折れる	oreru	34
break [intrans.]	割れる	wareru	42
break [trans.]	壊す	kowasu	43
break [trans.]	割る	waru	42
breakfast	朝ごはん	asagohan	7

bridge	橋	hashi	46
brief case	手さげかばん	tesage kaban	35
bright	明るい	akarui	13
bright	あざやか	azayaka	15
bring up	育てる	sodateru	35
British (person)	イギリス人	Igirisujin	3
broadcast	放送 (する)	hōsō	41
brother(s)	兄弟	kyōdai	33
Brown	ブラウン	Buraun	5
brown	茶色(い)	chairo, chairoi	11
bruise	打撲傷	dabokushō	32
brush	みがく	migaku	44
Buddhism	仏教	bukkyō	35
Buddhist monk	おしょうさん	oshōsan	33
build	建てる	tateru	35
building	ビル	biru	5
building	建物	tatemono	11
built, be	建つ	tatsu	42
bully	いじめる	ijimeru	36
burglar	どろぼう	dorobō	19
Burma	ビルマ	Biruma	45
burn [intrans.]	こげる	kogeru	36
bus	バス	basu	7
bus stop	停留所	teiryūjo	45
business	用	yō	31
business	用事	yōji	22
business trip, go on	出張 (する)	shutchō	26
busy	忙しい	isogashii	13
but	だって	datte	47
but	でも	demo	11
but	けれど/けど	keredo/kedo	17
but	ただ	tada	44
but then...	ところで	tokoro de	18
buy	買う	kau	7
by	で	de	26
by	によって	ni yotte	35
by all means	是非	zehi	45
by chance	偶然	gūzen	15
by the side of	横	yoko	6
by the way	ついで	tsuide	45

cake	ケーキ	kēki	28
calculate	計算 (する)	keisan	14
calculator	計算機	keisanki	36
calendar	こよみ	koyomi	38
call	よぶ (呼ぶ)	yobu	26
calligraphy	習字	shūji	33
calm	平気	heiki	38
Cambridge	ケンブリッジ	Kenburijji	7
camera	カメラ	kamera	15
camera shop	カメラ屋	kameraya	19
camp	キャンプ	kyanpu	9
Canada	カナダ	Kanada	17
canteen, restaurant	食堂	shokudō	8
Canterbury	カンタベリー	Kantaberī	4
can't be helped	仕方がない	shikata ga nai	22
capable of	出来る	dekiru	16
car	自動車	jidōsha	11
car	車	kuruma	2
card	カード	kādo	39
care	心づかい	kokorozukai	50
careful	注意深い	chūibukai	48
careful	気を付ける	ki o tsukeru	35
cart	手押し車	teoshiguruma	50
case	場合	baai	29
case	ケース	kēsu	41
cash	現金	genkin	36
cassette tape	カセット・テープ	kasetto tēpu	49
casting a vote	投票 (する)	tōhyō	48
casualties	死者	shisha	39
cat	ねこ	neko	8
catch (a cold)	ひく (かぜを)	hiku	19
catch (broadcast)	入る (AM, FM etc.が)	hairu	41
catch (words)	聞きとる	kikitoru	49
caught, be	つかまる	tsukamaru	35
causative	使役	shieki	42
cause	せい	sei	50
cause (worry)	かける (心配を)	kakeru	34
cautious	注意 (する)	chūi	18
celebration	祝い	iwai	41
centimetre	センチメートル	senchimētoru	9
central exit/entrance	中央口	chūōguchi	5

centre	中心	chūshin	13
centre	まん中	mannaka	17
century	世紀	seiki	39
certain	確か	tashika	21
chair	いす	isu	1
change	つり (おつり)	tsuri (o-tsuri)	10
change [intrans.]	変わる	kawaru	38
change [trans.]	変える	kaeru	21
change [trans.]	取り替える	torikaeru	44
change clothes	着がえる	kigaeru	40
change of post	転任 (する)	tennin	41
change (train or bus)	乗り換える	norikaeru	46
chapter	課	ka	31
character (written)	字	ji	18
character (personality)	性格	seikaku	41
chat	しゃべる	shaberu	41
cheap	安い	yasui	11
check in	チェック・イン	chekku in	50
chemist	薬局	yakkyoku	34
cherry blossoms	桜	sakura	28
chicken	にわとり	niwatori	17
child	子	ko	2
child	子供	kodomo	18
children	子供達	kodomotachi	22
chilled, get	冷えこむ	hiekomu	52
China	中国	Chūgoku	7
Chinese (person)	中国人	Chūgokujin	6
Chinese medicine	漢方	kanpō	34
chocolate	チョコレート	chokorēto	29
chocolate cake	チョコレート・ケーキ	chokorēto kēki	40
choose	選ぶ	erabu	21
chopsticks	はし (箸)	hashi	7
chou crème	シュークリーム	shūkurīmu	40
Christian	キリシタン	kirishitan	50
Christmas	クリスマス	kurisumasu	30
Chūō line	中央線	Chūōsen	35
church	教会	kyōkai	12
cinema	映画	eiga	14
circumstances	状況	jōkyō	42
city	市	shi	22
city	都会	tokai	20

city centre	都心	toshin	25
civilisation	文明	bunmei	30
class	授業	jugyō	8
class	クラス	kurasu	7
classroom	教室	kyōshitsu	13
clean	さっぱりした	sapparishita	41
clean	清潔	seiketsu	24
clean [verb]	そうじ (する)	sōji	26
clean up	片付ける	katazukeru	23
clear	あざやか	azayaka	15
clear	晴れ	hare	39
clear day in autumn	秋晴れ	akibare	16
clearly	はっきり	hakkiri	21
climb	登る	noboru	14
clinic	科	ka	34
clock	時計	tokei	6
cloud	雲	kumo	43
club	クラブ	kurabu	8
coach	馬車	basha	43
coast	海岸	kaigan	37
coat	コート	kōto	52
coat hanger	ハンガー	hangā	19
coating of snow	雪化粧 (する)	yukigeshō	37
coffee	コーヒー	kōhī	7
coffee shop	きっさ店	kissaten	18
coin	玉	tama/dama	20
cold	寒い	samui	12
cold	冷たい	tsumetai	16
cold (a cold)	かぜ (風邪)	kaze	15
coldness	寒さ	samusa	52
college	カレッジ	karejji	19
collide with	ぶつかる	butsukaru	32
Cologne	ケルン	Kerun	50
colony	植民地	shokuminchi	24
colour [noun]	色	iro	11
colour [verb]	色づく	irozuku	25
Columbus	コロンブス	Koronbusu	35
come	いでる	ideru	34
come	いらっしゃる	irassharu	25
come	来る	kuru	7
come	参る	mairu	34

come	おいでになる	o-ide ni naru	49
come in!	いらっしゃいませ	irasshaimase	41
come out (of photo)	写る	utsuru	50
come to	なる	naru	10
come to a decision	つく (決心が)	tsuku	27
come to think of it	そう言えば	sō ieba	21
commemorate	記念 (する)	kinen	38
communist	共産主義者	kyōsan shugisha	32
commute	通う	kayou	25
companion	仲間	nakama	36
companion	伴	tomo	45
company	会社	kaisha	6
company director	社長	shachō	17
company employee	会社員	kaishain	17
compete	競争 (する)	kyōsō	40
complaint	文句	monku	20
complete	仕上げる	shiageru	29
completely	全く	mattaku	16
completely	すっかり	sukkari	20
complexion	顔色	kaoiro	22
composition	作文	sakubun	17
compromise	妥協 (する)	dakyō	47
compulsory education	義務教育	gimu kyōiku	49
computer	コンピューター	konpyūtā	9
computer game	コンピューター・ゲーム	konpyūtā gēmu	20
concerning	関する	kansuru	44
concerning	について	ni tsuite	16
concerning	対する	taisuru	48
concert	音楽会	ongakkai	31
concrete	具体的	gutaiteki	48
condition	かげん	kagen	34
condition	調子	chōshi	52
condition	具合	guai	33
conference	学会	gakkai	21
confidence	自信	jishin	29
confront	面する	mensuru	49
congratulations	おめでとうございます	o-medetō gozaimasu	38
connection	関係 (する)	kankei	35
consciousness	意識 (する)	ishiki	43
consecutive holidays	連休	renkyū	25

consent	納得 (する)	nattoku	38
considerably	相当	sōtō	32
considerably	余程	yohodo	31
construction	工事	kōji	24
consult	相談 (する)	sōdan	30
contact	連絡 (する)	renraku	32
contact	つく (連絡が)	tsuku	33
content	内容	naiyō	48
content, be	満足 (する)	manzoku	52
continent	大陸	tairiku	35
continue [intrans.]	続く	tsuzuku	29
continue [trans.]	続ける	tsuzukeru	23
continue (link)	連続 (する)	renzoku	52
contribute	出し合う	dashiau	29
convenience	都合	tsugō	27
convenient	便利	benri	13
convenient, be	つく (都合が)	tsuku	48
conversation	会話	kaiwa	43
cooking	料理 (する)	ryōri	9
co-operate	共同 (する)	kyōdō	27
copy	コピー	kopī	10
corner	かど (角)	kado	18
correct, so	さよう	sayō	49
correct, so	そう	sō	1
correct	正しい	tadashii	45
correct [verb]	直す	naosu	29
corrected, be	直る	naoru	46
correctly	まともに	matomo ni	43
counter	窓口	madoguchi	34
country	国	kuni	4
cousin	いとこ	itoko	19
cover	わたる	wataru	43
credit card	クレジット・カード	kurejitto kādo	41
criminal	犯人	hannin	35
crimson	真っ赤	makka	28
crisp (of weather)	カラッとした	karatto shita	38
criticise	批判 (する)	hihan	27
cross	渡る	wataru	36
crowded, be	混む	komu	16
cry	泣く	naku	23
crying voice	泣き声	nakigoe	43

culture	文化	bunka	30
'cups of' [classifier]	杯	hai	38
cure	治す	naosu	42
cured, be	治る	naoru	42
curry rice	カレー・ライス	karē raisu	18
curt	そっけない	sokkenai	28
daffodil	水仙	suisen	25
daily	毎日	mainichi	8
danger	危険	kiken	17
dangerous	危ない	abunai	20
dark	こい (濃い)	koi	11
dark	暗い	kurai	46
dark blue	こん (紺)	kon	11
-dated	～付	-zuke	52
daughter	娘	musume	36
daughter	おじょうさん	o-jōsan	4
dawdle	ぐずぐず	guzuguzu	47
dawn	明ける	akeru	25
day	日	hi	14
day	日	nichi	6
day after tomorrow	あさって	asatte	31
day after tomorrow	明後日	myōgonichi	34
day before yesterday	おととい	ototoi	14
day off	休み	yasumi	9
'days' [classifier]	日	nichi	9
days/every day	日々	hibi	8
daytime	昼間	hiruma	23
daytime	日中	nitchū	52
dead	死者	shisha	39
debate	議論 (する)	giron	25
debate	討議 (する)	tōgi	52
decide	決心 (する)	kesshin	27
decide [intrans.]	決まる	kimaru	29
decide [trans.]	決める	kimeru	21
deeply (sleep)	ぐっすり	gussuri	44
deer	鹿	shika	23
deference, show	遠慮 (する)	enryo	34
definite	確か	tashika	21
degree	ほど	hodo	15
deity	神	kami	50

delicious	おいしい	oishii	11
demand	要求 (する)	yōkyū	47
dental surgery	歯科	shika	34
depart	発つ	tatsu	45
departing	～発	-hatsu	10
department head	部長	buchō	22
department store	デパート	depāto	19
departure	出発 (する)	shuppatsu	15
deposit	預ける	azukeru	40
descend	降りる	oriru	38
desert	デザート	dezāto	18
desire	ほしい	hoshii	30
desk	つくえ	tsukue	1
despair	絶望 (する)	zetsubō	50
despise	軽蔑 (する)	keibetsu	36
detailed	細かい	komakai	29
detailed	詳しい	kuwashii	32
developing nation	発展途上国	hatten tojōkoku	48
dialect	方言	hōgen	48
diary	日記	nikki	35
dictionary	辞書	jisho	44
die	亡くなる	nakunaru	49
die	死ぬ	shinu	14
differ	ちがう	chigau	16
difference	ちがい	chigai	25
difficult	むずかしい (難しい)	muzukashii	20
difficult disease	難病	nanbyō	42
difficult to	～にくい	-nikui	29
digest	消化 (する)	shōka	52
diplomat	外交官	gaikōkan	32
direct	直接	chokusetsu	51
direct flight	直行便	chokkōbin	50
direction	方	hō	5
direction	方向	hōkō	42
direction train is facing	進行方向	shinkō hōkō	46
director	指導者	shidōsha	30
dirty, become	汚れる	yogoreru	43
dirty [trans.]	汚す	yogosu	43
disagreeable words	いやみ	iyami	36
disappointed, be	がっかり (する)	gakkari	30
disclose	他言 (する)	tagon	47

discount	割り引き	waribiki	45
discover	発見 (する)	hakken	35
discuss	話し合う	hanashiau	29
dislike	きらい	kirai	13
disorder	ごちゃごちゃ	gocha gocha	51
dissatisfaction	不満	fuman	47
dissertation	論文	ronbun	33
district	府	fu	22
divide	分ける	wakeru	51
do	いたす (致す)	itasu	31
do	行う	okonau	22
do	なさる	nasaru	41
do	する	suru	7
do	やる	yaru	29
do that!	ああしろ	ā shiro	48
do this!	こうしろ	kō shiro	48
doctor	医者	isha	3
doctor	医師	ishi	27
document	書類	shorui	35
dog	犬	inu	8
dollar	ドル	doru	39
domestic	国内	kokunai	51
door	戸	to	24
downcast	浮かない	ukanai	44
downpour	ザーっと	zātto	32
doze	いねむり (する)	inemuri	19
doze off	ウトウト (する)	utouto	50
dozen	ダース	dāsu	10
draw up a plan	立てる (計画を)	tateru	36
dream	夢	yume	52
dress	ワンピース	wanpīsu	50
drink	飲む	nomu	7
drinks	飲み物	nomimono	18
driver	運転手	untenshu	39
driving	ドライブ	doraibu	14
driving	運転 (する)	unten	9
drizzle	小雨	kosame	39
drop	落とす	otosu	36
drop in	立ち寄る	tachiyoru	29
drug	薬	kusuri	40
dry	かわく	kawaku	15

during that time	その間、あの間	sono aida, ano aida	19
dust	そうじ (する)	sōji	26
duty	義務	gimu	49
each	づつ (...づつ)	zutsu	12
eager	熱心	nesshin	40
ear	耳	mimi	13
ear, nose and throat	耳鼻咽喉科	jibiinkōka	34
early	早い	hayai	14
early	早目	hayame	30
earn	かせぐ	kasegu	38
earthquake	地震	jishin	32
easier, become	楽になる	raku ni naru	33
east	東	higashi	10
Easter	イースター	Īsutā	30
easy	平易	heii	26
easy	簡単	kantan	20
easy	やさしい (易しい)	yasashii	12
easy job	お安い御用	o-yasui goyō	33
easy to	～やすい	-yasui	29
eat	召し上がる	meshiagaru	49
eat	食べる	taberu	7
eat (a meal)	食事 (する)	shokuji	28
echo	こだま	kodama	10
economics	経済	keizai	21
Edinburgh	エジンバラ	Ejinbara	26
education	教育 (する)	kyōiku	49
effort, make an	努力 (する)	doryoku	50
egg	たまご	tamago	10
Egypt	エジプト	Ejiputo	51
eight	八	hachi	4
eight	八つ	yattsu	18
elder brother	兄	ani	2
elder brother	おにいさん/さま	o-niisan/sama	2
elder sister	姉	ane	2
elder sister	おねえさん/さま	o-nēsan/sama	2
election	選挙 (する)	senkyo	48
electric train	電車	densha	15
electricity	電気	denki	48
elephant	象	zō	12
embassy	大使館	taishikan	44

emotion	感情	kanjō	40
emperor	天皇	tennō	35
empty, become	空く	aku	24
empty, become	すく	suku	15
encounter	あう (遭う)	au	24
encouraging	心強い	kokorozuyoi	34
end	終わり	owari	34
end	しまい	shimai	51
end	すえ (末)	sue	25
end [intrans.]	終わる	owaru	20
end of month	月末	getsumatsu	29
end of year party	忘年会	bōnenkai	46
enemy	敵	teki	30
engage	かかる	kakaru	51
engine	エンジン	enjin	12
engineer	エンジニア	enjinia	9
English conversation	英会話	eikaiwa	8
English (language)	英語	eigo	8
English literature	英文学	eibungaku	8
English tea	紅茶	kōcha	7
enjoy	楽しむ	tanoshimu	28
enough	十分	jūbun	35
ensure	保障	hoshō	36
entangle	こんがらがる	kongaragaru	44
enter	入る	hairu	7
enter	お上がりになる	o-agari ni naru	49
enthusiasm	やる気	yaruki	42
enthusiastic, be	張り切る	harikiru	29
entirely	まる	maru	52
entirely	全体に	zentai ni	32
entrance	入口	iriguchi	6
entrance fee	拝観料	haikanryō	12
entrance (of house)	玄関	genkan	26
entrust to	まかせる (任せる)	makaseru	31
environment	環境	kankyō	49
era	時代	jidai	15
escalator	エスカレター	esukaretā	41
escape	逃げる	nigeru	51
especially	わざわざ	wazawaza	33
essay	論文	ronbun	33
Europe	ヨーロッパ	Yōroppa	9

even	さえ	sae	44
evening	夕方	yūgata	8
evening meal	夕ごはん	yūgohan	16
every other day	一日おき	ichinichi-oki	31
every time	ことあるごとに	koto aru goto ni	52
every time	たびに (度に)	tabi ni	32
everyday (usual)	日常	nichijō	36
examination	試験 (する)	shiken	24
examine	検査 (する)	kensa	33
examine (medically)	診る	miru	51
example	例	rei	42
exceed	過ぎる	sugiru	29
excel	すぐれる	sugureru	41
excellent	優秀	yūshū	26
excessively	やたら	yatara	47
exchange	取り替える	torikaeru	44
exchange (money)	為替	kawase	31
excursion	遠足	ensoku	21
excuse	口実	kōjitsu	43
excuse me...	あのう	anō	5
excuse me	ごめん下さい	gomen kudasai	26
excuse me	おじゃまします	o-jama shimasu	26
excuse me	失礼します	shitsurei shimasu	5
excuse me, but...	失礼ですが	shitsurei desu ga	11
excuse me, but...	すみませんが	sumimasen ga	5
exercise	運動 (する)	undō	9
exercises	練習問題	renshū mondai	37
exhibits	展示品	tenjihin	47
expectation	はず	hazu	49
expensive	高い	takai	11
experience	経験 (する)	keiken	52
experiment	実験 (する)	jikken	19
expert	専門家	senmonka	29
explain	説明 (する)	setsumei	26
express (train)	急行	kyūkō	15
express [verb]	表す	arawasu	42
express [verb]	表現 (する)	hyōgen	29
express mail	速達	sokutatsu	19
extend	わたる	wataru	43
extension	内線	naisen	5
extra	余分	yobun	47

extremely	この上もない	kono ue mo nai	52
eye	目	me	12
eye clinic	眼科	ganka	34

FM	FM	efuemu	41
fabrication	つくり話	tsukuribanashi	43
face	顔	kao	18
face [verb]	面する	mensuru	49
facilities	設備	setsubi	49
factory	工場	kōjō	12
faculty of medicine	医学部	igakubu	19
fail	失敗 (する)	shippai	38
fail (in an exam)	落ちる (試験に)	ochiru	38
fair	公平	kōhei	45
fairly	だいぶ	daibu	11
fairly	かなり	kanari	14
fairly	ずいぶん	zuibun	11
faith	信仰 (する)	shinkō	50
fake	にせ物	nisemono	43
fall (rain, snow)	降る	furu	14
fall	落ちる	ochiru	17
family	家族	kazoku	9
famous	有名	yūmei	13
far	遠い (とおい)	tōi	12
far from it	とんでもない	tondemonai	37
far in advance	前々から	maemae kara	52
fare	料金	ryōkin	34
farewell party	送別会	sōbetsukai	51
farm	農園	nōen	17
farm	農場	nōjō	19
fast	速い	hayai	20
father	父	chichi	2
father	おとうさん/さま	o-tōsan/sama	2
fatigue	疲れ	tsukare	51
fax	ファックス	fakkusu	46
fearful	こわい	kowai	32
feeling	感じ	kanji	48
feeling	感情	kanjō	40
feeling	気	ki	36
feeling	気分	kibun	46
feeling	気持	kimochi	15

fell [trans.]	倒す	taosu	35
fever	熱	netsu	28
few	少ない	sukunai	12
field	分野	bun'ya	38
field of vision	視野	shiya	29
figure	すがた	sugata	28
figure	数字	sūji	48
fill in a form	記入 (する)	ki'nyū	35
film	映画	eiga	14
finally	とうとう	tōtō	36
finally	やっと	yatto	20
fine	けっこう (結構)	kekkō	10
finish	しまう	shimau	36
finish [intrans.]	すむ (済む)	sumu	18
finish [trans.]	終える	oeru	42
finish [trans.]	すます (済ます)	sumasu	42
finish reading	読み上げる	yomiageru	29
fire	火事	kaji	24
firmly	しっかり	shikkari	48
first class	グリーン席	gurīnseki	23
first sunrise of the year	初日の出	hatsuhi no de	23
first ten days of month	上旬	jōjun	52
first year of an era	元年	gannen	14
fish	魚	sakana	17
fish shop	魚屋	sakanaya	17
fit together	合わせる	awaseru	52
five	五	go	4
five	五つ	itsutsu	18
flat	アパート	apāto	11
'flat things' [classifier]	枚	mai	10
flesh	肉	niku	19
flight	便	bin	18
flight	フライト	furaito	50
float (into mind)	浮かぶ	ukabu	31
floor	階	kai, gai	5
florist	花屋	hanaya	8
flow	流れる	nagareru	43
flower	花	hana	1
flower arrangement	生け花	ikebana	32
flute	ふえ (笛)	fue	43
fly [intrans.]	飛ぶ	tobu	39

fly [trans.]	飛ばす	tobasu	43
fond of, be	気に入る	ki ni iru	14
food	食料	shokuryō	51
fool	ばか/バカ	baka	36
foot	足	ashi	12
foot warmer	こたつ	kotatsu	50
football	フットボール	futtobōru	40
for	に	ni	15
for	ために	tame ni	21
for a while	一時	hitotoki	19
for a while	しばらく	shibaraku	29
for example	たとえば (例えば)	tatoeba	31
for the first time	初めて	hajimete	11
for the time being	一応	ichiō	29
for the time being	今のところ	ima no tokoro	24
force	力	chikara	50
foreign	外国	gaikoku	9
foreign affairs	外務	gaimu	42
foreigner	外人	gaijin	38
foreigner	外国人	gaikokujin	6
forest	林	hayashi	8
forest	森林	shinrin	25
forget	忘れる	wasureru	18
forgetfulness	もの忘れ	monowasure	51
forgive	ゆるす	yurusu	46
form	形	katachi	42
formal	正式	seishiki	35
former	前者	zensha	42
fortunately	幸い	saiwai	32
found, be	見つかる	mitsukaru	35
four	四	shi	4
four	四	yon	4
four	四つ	yottsu	18
France	フランス	Furansu	3
Frankfurt	フランクフルト	Furankufuruto	50
free of charge	ただ	tada	49
freedom	自由	jiyū	13
French (language)	フランス語	Furansugo	7
French (person)	フランス人	Furansujin	3
French bread	フランスパン	furansupan	42
fresh	さわやか	sawayaka	52

English	Japanese	Romaji	
fresh	新鮮	shinsen	33
Friday	金曜日	kin'yōbi	8
friend	友達	tomodachi	2
friend	友人	yūjin	36
from (space)	から	kara	7
from (time)	から	kara	5
from now	これから	kore kara	5
from the beginning	もともと	motomoto	48
fruit	くだもの	kudamono	8
full	いっぱい	ippai	10
fully	たっぷり	tappuri	50
function	機能	kinō	41
funny	おかしい	okashii	28
funny	おもしろい	omoshiroi	12
furthermore	それに	sore ni	22
future	未来	mirai	18
future	将来	shōrai	21
Galileo	ガリレオ	Garireo	44
game	ゲーム	gēmu	43
garden	庭	niwa	12
gather	集まる	atsumaru	33
gathering	集まり	atsumari	27
general	一般的	ippanteki	27
generation	代	dai	43
gentle (slope)	なだらか	nadaraka	15
George	ジョージ	Jōji	40
German (language)	ドイツ語	Doitsugo	7
German (person)	ドイツ人	Doitsujin	6
Germany	ドイツ	Doitsu	16
get off [trans.]	降りる	oriru	38
get on in years	年をとる	toshi o toru	28
get on (ride)	乗る	noru	7
get to know	知り合う	shiriau	29
get up [intrans.]	起きる	okiru	7
get used to	慣れる	nareru	49
ghost	おばけ	o-bake	32
giant	巨人	kyojin	42
gift	プレゼント	purezento	15
girl	女の子	onna no ko	2
give	上げる	ageru	31

give	与える	ataeru	48
give	下さる	kudasaru	10
give	くれる	kureru	31
give	差し上げる	sashiageru	31
give	やる	yaru	31
give a ride to	乗せる	noseru	43
give up	あきらめる	akirameru	39
give up	やめる	yameru	31
glass	ガラス	garasu	42
glasses	めがね	megane	1
globe	地球	chikyū	44
gloomy	浮かない	ukanai	44
gloves	手ぶくろ	tebukuro	33
go	いでる	ideru	34
go	行く	iku	7
go	いらっしゃる	irassharu	25
go	参る	mairu	34
go	おいでになる	o-ide ni naru	49
go down	下る	kudaru	38
go down	下がる	sagaru	23
go into hospital	入院 (する)	nyūin	32
go out	出かける	dekakeru	19
go out	出る	deru	7
go out	外出 (する)	gaishutsu (suru)	15
go out of one's way	無理 (する)	muri	20
go round	まわる	mawaru	19
go to bed	寝る	neru	7
go towards	向かう	mukau	23
good	うまい	umai	33
good	よい (良い) /いい	yoi/ii	12
good at	上手	jōzu	13
good at, be	得意	tokui	28
good evening	今晩は	konban wa	16
good health	元気	genki	13
good health	丈夫	jōbu	13
good morning	おはようございます	o-hayō gozaimasu	8
good night	お休みなさい	o-yasumi nasai	20
goodbye	さようなら	sayōnara	17
goods	品物	shinamono	28
gorgeous	ゴージャス	gōjasu	13
grade	点	ten	47

gradually	少しづつ	sukoshi zutsu	33
graduate	卒業 (する)	sotsugyō	19
graduation thesis	卒論	sotsuron	37
gram	グラム	guramu	9
grammar	文法	bunpō	12
grand	盛大	seidai	52
grandfather	おじいさん/さま	o-jiisan/sama	2
grandfather	祖父	sofu	2
grandmother	おばあさん/さま	o-bāsan/sama	2
grandmother	祖母	sobo	2
gratitude	礼 (お礼)	rei	31
Great Buddha	大仏	daibutsu	38
green	緑	midori	11
green seat	グリーン席	gurīnseki	23
greengrocer	八百屋	yaoya	45
greenhouse	温室	onshitsu	37
greet	挨拶 (する)	aisatsu	49
grey	灰色	haiiro	11
grill [intrans.]	焼ける	yakeru	42
grounds	構内	kōnai	46
guarantee	保障	hoshō	36
guest	客	kyaku	17
guest room	客間	kyakuma	40
guide	案内 (する)	annai	45
hair (human)	かみの毛	kaminoke	12
half	半	han	5
half a year	半年	hantoshi	31
half-way through	半ば	nakaba	14
Hamilton	ハミルトン	Hamiruton	45
hand down (a story)	語り伝える	kataritsutaeru	35
hand over	渡す	watasu	35
handbag	ハンドバッグ	handobaggu	22
handkerchief	ハンカチ	hankachi	41
handwritten	手書き	tegaki	33
handy	便利	benri	13
hang	かける	kakeru	7
happen	起きる	okiru	42
happen	起こる	okoru	25
happiness	幸せ	shiawase	52
Happy New Year	明けましておめでとう	akemashite o-medetō	38

hard	かたい	katai	34
Harris	ハリス	Harisu	37
have (carry)	持つ	motsu	12
have (time)	あく (時間が)	aku	22
have a feeling	気がする	ki ga suru	36
he	彼	kare	13
head	頭	atama	12
head office	本社	honsha	6
headache	頭痛	zutsū	33
health	健康	kenkō	22
hear	聞く	kiku	7
heart	心	kokoro	52
heart and soul	一所懸命	issho kenmei	33
heat	暑さ	atsusa	52
heavy snow	大雪	ōyuki	32
Helen	ヘレン	Heren	19
hello	今日は	konnichi wa	3
hello (on the telephone)	もしもし	moshimoshi	17
help	援助 (する)	enjo	48
help	手伝う	tetsudau	15
help (noun)	世話 (する)	sewa	31
helpless	心細い	kokorobosoi	32
here and there	あちこち	achikochi	19
Hi!	やあ	yā	3
hide [intrans.]	隠れる	kakureru	43
hide [trans.]	隠す	kakusu	43
high	高い	takai	11
history	歴史	rekishi	12
hit	打つ	utsu	34
hit [intrans.]	当たる	ataru	42
hit [trans.]	当てる	ateru	42
hit (knock into)	ぶつかる	butsukaru	32
hold	かかえる	kakaeru	48
hold	持つ	motsu	12
holiday	休暇	kyūka	52
holiday	休み	yasumi	9
home (family)	家庭	katei	40
home	うち	uchi	20
home town	ふるさと	furusato	20
homework	宿題	shukudai	8
honest	正直	shōjiki	13

Hong Kong	香港	Honkon	45
Honolulu	ホノルル	Honoruru	42
hope	希望 (する)	kibō	30
horse	馬	uma	37
hospital	病院	byōin	9
hot	熱い	atsui	46
hot (of weather)	暑い	atsui	12
hot and sticky	むし暑い	mushiatsui	48
hot coffee	ホット	hotto	37
hot water	湯	yu	51
hotel	ホテル	hoteru	24
hotel	宿	yado	15
'hours' [classifier]	時間	jikan	9
house	家	ie	7
house (your house)	宅	taku	49
housewife	主婦	shufu	9
how?	どうやって/どうして	dō yatte/dōshite	41
how?	いかが	ikaga	23
how about?	どう	dō	10
how do you do?	始めまして	hajimemashite	3
how many?	いくつ	ikutsu	9
how many (apples etc.)?	何個	nanko	9
how many (machines etc.)?	何台	nandai	9
how many colours?	何色	nanshoku	11
how many hours?	何時間	nanjikan	9
how many people?	何人	nannin	9
how many years?	何年	nannen	14
how much?	いくら	ikura	9
how old?	何歳	nansai	9
however	でも	demo	11
however	けれど/けど	keredo/kedo	17
however	ただ	tada	44
however	ところが	tokoro ga	44
humanity	人間	ningen	50
hundred	百	hyaku	4
hurry	急ぐ	isogu	22
husband	主人	shujin	49
I	私	watakushi	2
I (familiar)	僕	boku	13
ice cream	アイスクリーム	aisukurīmu	18

idea	アイディア	aidia	38
idea	案	an	48
idea	考え	kangae	17
ideal	理想的	risōteki	22
if	もし	moshi	51
if so	それなら	sore nara	46
illness	病気 (する)	byōki	9
'I'm back'	ただいま	tadaima	40
'I'm off now'	行ってきます	itte kimasu	23
'I'm off now'	行って参ります	itte mairimasu	50
immediately	さっさと	sassa to	47
immediately	さっそく	sassoku	33
immediately	すぐ (に)	sugu (ni)	25
importance	重要性	jūyōsei	25
important	重要	jūyō	35
important	大切	taisetsu	13
impression	印象	inshō	48
in	における	ni okeru	27
in addition to	しかも	shikamo	20
in addition to	上	ue	39
in any case	いずれにしても	izure ni shitemo	27
in charge of, be	担当 (する)	tantō	26
in charge of teaching	担任	tannin	47
in front of	前	mae	6
in other words	つまり	tsumari	46
in that case	それでは/それじゃ	sore de wa/sore ja	6
in that case	そうすると	sō suru to	46
in the near future	近いうちに	chikai uchi ni	20
incident	出来事	dekigoto	27
incident	事件	jiken	42
income	収入	shū'nyū	48
inconvenience	迷惑	meiwaku	45
inconvenient	不便	fuben	45
increase	増える	fueru	25
increase	上昇 (する)	jōshō	48
indeed	誠に	makoto ni	31
indeed	やはり	yahari	46
independent, become	独立 (する)	dokuritsu	24
India	インド	Indo	22
Indian (person)	インド人	Indojin	6
indifferent	平気	heiki	38

indifferent	そっけない	sokkenai	28
infect	うつす (病気を)	utsusu	42
infected, be	うつる (病気が)	utsuru	42
inform	知らせる	shiraseru	27
injury	けが	kega	32
inn	宿	yado	15
inside	中	naka	6
insufficient	不足 (する)	fusoku	51
intention	つもり	tsumori	21
interest	興味	kyōmi	27
interesting	おもしろい	omoshiroi	12
internal	国内	kokunai	51
internal medicine	内科	naika	34
international	国際	kokusai	21
interview	面接 (する)	mensetsu	34
intransitive verb	自動詞	jidōshi	42
introduce	会わせる	awaseru	52
introduce	紹介 (する)	shōkai	35
introduce, into	取り入れる	toriireru	35
invest	投資 (する)	tōshi	50
investigate	調査 (する)	chōsa	27
investigate	調べる	shiraberu	44
investigating team	調査隊	chōsatai	27
invite	招待 (する)	shōtai	30
iron	鉄	tetsu	42
irresponsible	いいかげん	iikagen	46
irritated, be	イライラする	ira'ira suru	51
'isn't it?'	ね(...ね)	ne	5
'isn't it?'	ねえ	nē	24
Italy	イタリア	Itaria	18
'it's been a long time'	久しぶり	hisashiburi	16
'it's time...'	そろそろ	sorosoro	25
jacket	上着	uwagi	19
James	ジェームス	Jēmusu	40
Jane	ジェーン	Jēn	41
Japan	日本	Nihon, Nippon	2
Japan Air Lines	日本航空	Nihon Kōkū	18
Japan Rail line	JR線	JR-sen	20
Japan Rail	ジェー・アール (JR)	Jēāru	10
Japanese (language)	日本語	Nihongo	7

Japanese (person)	日本人	Nihonjin	3
Japanese sake	日本酒	nihonshu	46
Japanese tea	日本茶	nihoncha	40
jersey	セーター	sētā	11
jogging	ジョギング	jogingu	9
John Smith	ジョン・スミス	Jon Sumisu	3
joke	じょうだん	jōdan	37
joyous	楽しい	tanoshii	13
JR reservation office	みどりの窓口	midori no madoguchi	10
judgement	判断 (する)	handan	45
juice	ジュース	jūsu	18
Julian	ジュリアン	Jurian	6
just a...	ほんの	hon no	35
just	ばかり	bakari	30
just	ちょうど (丁度)	chōdo	38
just	ぴったり	pittari	15
just	つい	tsui	30
keep	預かる	azukaru	50
keep (a pet)	かう	kau	36
key	かぎ	kagi	1
kill	殺す	korosu	30
kilo	キロ	kiro	9
kimono	着物	kimono	11
kind	親切	shinsetsu	33
kindergarten	幼稚園	yōchien	42
kitchen	台所	daidokoro	8
knit	編む	amu	33
knock down	はねる	haneru	39
know	知る	shiru	17
know	存じる	zonjiru	45
know	存じ上げる	zonjiageru	49
lake	湖	mizuumi	37
landscape picture	山水画	sansuiga	43
language	言葉	kotoba	13
-language	～語	-go	7
large	大きい (おおきい)	ōkii	11
large	大きな (おおきな)	ōkina	11
last	最後	saigo	14
last month	先月	sengetsu	14

last term	先学期	sengakki	37
last week	先週	senshū	14
last year	去年	kyonen	14
last year	昨年	sakunen	14
late, be	遅れる	okureru	21
late	遅い	osoi	27
latter	後半	kōhan	45
laugh	笑う	warau	22
laughing matter	笑いごと	waraigoto	44
laughing stock	笑い者	waraimono	36
law	法律	hōritsu	23
leader	指導者	shidōsha	30
leaf	葉	ha	28
learn	習う	narau	24
leave alone	ほっておく	hotte oku	44
leave behind	残す	nokosu	43
leave behind	置き忘れる	okiwasureru	35
leave hospital	退院 (する)	tai'in suru	32
lecture	授業	jugyō	8
lecture	クラス	kurasu	7
left	左	hidari	6
left hand (side)	左手	hidarite	41
left luggage	一時預け	ichiji-azuke	50
leg	足	ashi	12
lend	貸す	kasu	14
lens	レンズ	renzu	19
less than	以下	ika	48
lesson	けいこ (する)	keiko	40
let slip	のがす	nogasu	36
letter	便り	tayori	52
letter	手紙	tegami	7
'letters' [classifier]	通	tsū	24
letter paper	びんせん	binsen	11
library	図書館	toshokan	21
lie	うそ	uso	36
life	命	inochi	32
life	人生	jinsei	50
lift	エレベーター	erebētā	24
light	明るい	akarui	13
light	軽い	karui	26
light (colour)	うすい	usui	11

light [noun]	ひかり	hikari	10
light blue	水色	mizuiro	11
lighten up	明ける	akeru	25
like	好き	suki	13
like	好く	suku	48
-like	的	-teki	30
like this	こんな	konna	11
like this	こうして	kō shite	43
limit	限る	kagiru	52
line up together	そろう	sorou	22
lined up, be	並ぶ	narabu	43
listen	聞く	kiku	7
listen	承る	uketamawaru	49
literature	文学	bungaku	26
live	生きる	ikiru	17
live	住む	sumu	17
living, make a	暮らす	kurasu	45
living, make a	生活 (する)	seikatsu	27
living room	茶の間	chanoma	40
living room	居間	ima	34
lock	かける (かぎを)	kakeru	24
lodgings	下宿	geshuku	11
London	ロンドン	Rondon	7
lonely	さびしい	sabishii	33
long	長い	nagai	11
long period	長期	chōki	26
'long, thin object' [classifier]	本	hon, bon, pon	9
long time	長い間	nagai aida	36
look at	ごらんになる	goran ni naru	49
look at	拝見 (する)	haiken	49
look at	見る	miru	7
look for	捜す	sagasu	24
look forward to	楽しみにする	tanoshimi ni suru	20
lorry	トラック	torakku	32
lose	なくす	nakusu	32
lose one's balance	転倒 (する)	tentō	36
lose one's composure	上がる	agaru	34
loss	損	son	29
low	低い	hikui	38
luck	運	un	36

luggage	荷物	nimotsu	43
lunch	昼ごはん	hirugohan	8
machine	機械	kikai	35
'machine' [classifier]	台	dai	9
magazine	雑誌	zasshi	15
mail	郵便	yūbin	33
make	作る	tsukuru	20
make a mistake	間違える	machigaeru	36
make (infuse) tea	入れる (お茶を)	ireru	28
make up	化粧 (する)	keshō	37
make-up test	追試	tsuishi	47
man	男	otoko	2
Manchuria	満州	Manshū	46
mankind	人類	jinrui	49
many	多い	ōi	12
many	たくさん	takusan	6
map	地図	chizu	46
Marie Perret	マリー・ペレ	Marī Pere	3
Mark Brown	マーク・ブラウン	Māku Buraun	34
mark	点	ten	47
market	市場	ichiba	43
market	マーケット	māketto	8
marry	結婚 (する)	kekkon	27
massage	指圧	shiatsu	34
match	合う	au	15
match [trans.]	組み合わす	kumiawasu	41
match [noun]	試合	shiai	25
mathematician	数学者	sūgakusha	20
mathematics	数学	sūgaku	13
matter	件	ken	44
matter	こと	koto	19
matter	もの	mono	36
matters	ものごと	monogoto	44
meal	ごはん	gohan	33
meaning	意味	imi	18
meat	肉	niku	19
medicine	医学	igaku	21
medicine	薬	kusuri	40
medium build	中肉	chūniku	35
medium height	中背	chūzei	35

meet	会う	au	7
meet	お会いする	o-aisuru	49
meet	お目にかかる	o-me ni kakaru	45
meet up with	落ち合う	ochiau	29
meeting	会	kai	38
meeting	会議	kaigi	22
meeting	ミィーティング	mītingu	5
memo	メモ (する)	memo	51
memorise	暗記 (する)	anki	50
menu	メニュー	menyū	34
message	伝言	dengon	23
message	メッセージ	messēji	26
method	方法	hōhō	27
metre	メートル	mētoru	9
metropolis	都	to	22
Mexico	メキシコ	Mekishiko	39
mid-winter	真冬	mafuyu	37
middle	中心	chūshin	13
milk	ミルク	miruku	7
milk tea	ミルク・ティー	mirukutī	40
millionaire	大金持ち	ōganemochi	21
minimum	最低	saitei	51
minister	大臣	daijin	42
minutes	分	fun, pun,	5
miscellaneous jobs	雑用	zatsuyō	48
mishearing	聞きちがい	kikichigai	27
miss	のがす	nogasu	36
miss public transport	乗り遅れる	noriokureru	29
mistake	間違い	machigai	47
model	モデル	moderu	41
moment	瞬間	shunkan	35
Monday	月曜日	getsuyōbi	8
money	金 (お金)	kane (o-kane)	4
money making	金もうけ	kanemōke	50
monsoon	モンスーン	monsūn	32
Mont Blanc	モンブラン	Monburan	40
month	月	gatsu	10
monthly	毎月	maitsuki	24
'months' [classifier]	ヶ月、ヶ月間	kagetsu, kagetsukan	9
Montpellier	モンペリエ	Monperie	4
more	もっと	motto	37

more than	以上	ijō	15
morning	朝	asa	5
morning and evening	朝夕	asayū	52
morning edition	朝刊	chōkan	23
Moscow	モスクワ	Mosukuwa	50
mother	母	haha	2
mother	母親	hahaoya	37
mother	おかあさん/さま	o-kāsan/sama	2
mother tongue	母国語	bokokugo	43
motor bike	モーターバイク	mōtābaiku	39
motorway	高速道路	kōsoku dōro	29
mountain	山	yama	1
mountain hut	山小屋	yamagoya	15
mountain path	山道	yamamichi	15
mountaineering	山登り	yamanobori	13
mountainous load	山ほど	yamahodo	22
mountains	山々	yamayama	8
move [intrans.]	動く	ugoku	32
move [intrans.]	移る	utsuru	22
move [trans.]	動かす	ugokasu	43
move [trans.]	移す	utsusu	46
move house	引っ越し (する)	hikkoshi	20
movement	運動	undō	48
moxa	灸	kyū	34
Mr, Mrs [polite]	様	sama	31
Mt Everest	エベレスト	Eberesuto	40
Mt Fuji	富士山	Fuji-san	23
Mt Kilimanjaro	キリマンジェロ	Kirimanjero	43
much more...	ぐっと	gutto	23
music	音楽	ongaku	16
mutual	お互い	o-tagai	47
my!	あら	ara	17
'my best'	よろしく	yoroshiku	3
my goodness!	アッ	a!	35
my goodness!	これは	kore wa	34
mysterious	不思議	fushigi	40
name	名前	namae	4
name card	名刺	meishi	5
nap	昼寝 (する)	hirune	19
nap	いねむり (する)	inemuri	19

narrow	せまい	semai	22
National Gallery	ナショナル・ギャラリー	Nashonaru Gyararī	5
National Rail System	国鉄	kokutetsu	10
national park	国立公園	kokuritsu kōen	49
'native of...', person	～人	-jin	3
nature	自然	shizen	49
near	近い	chikai	12
Near and Middle East	中近東	Chūkintō	26
near by	そば	soba	24
near future	そのうち	sono uchi	46
necessary, be	要る	iru	16
necessity	必要	hitsuyō	31
needle	針	hari	34
negotiate	交渉 (する)	kōshō	48
neighbourhood	近所	kinjo	28
Nepal	ネパール	Nepāru	27
new	新しい	atarashii	11
new green (leaves)	新緑	shinryoku	52
new term	新学期	shingakki	33
New Year	新年	shinnen	38
New Year	正月	shōgatsu	33
New York	ニュー・ヨーク	Nyū Yōku	52
news	ニュース	nyūsu	7
news	便り	tayori	52
newspaper	新聞	shinbun	8
next	次	tsugi	10
next month	来月	raigetsu	14
next time	今度	kondo	18
next to	となり	tonari	6
next week	来週	raishū	10
next year	来年	rainen	9
Nicholas	ニコラス	Nikorasu	19
Nick	ニック	Nikku	40
night	晩	ban	5
night	夜	yo	25
night	夜	yoru	8
night sky	夜空	yozora	15
'night's stay' [classifier]	泊	haku	14
nine	九つ	kokonotsu	18
nine	九	ku, kyū	4

no	いいえ	iie	1
no	いや	iya	18
no. –	～番	-ban	5
no. –	～号	-gō	10
no good	だめ	dame	13
no good	いけない	ikenai	33
no, no	いやいや	iya iya	34
no matter what	何かにつけて	nanika ni tsukete	52
Nobel Prize	ノーベル賞	Nōberu shō	21
nod	うなずく	unazuku	52
noisy	うるさい	urusai	22
non-reserved seat	自由席	jiyūseki	10
non-smoking car	禁煙車	kin'ensha	10
nonsense	ナンセンス	nansensu	13
noon	昼	hiru	15
noon	正午	shōgo	5
normally	普段	fudan	43
north exit	北口	kitaguchi	5
nose	はな (鼻)	hana	12
not at all	ちっとも	chittomo + neg.	12
not at all	どういたしまして	dō itashimashite	5
not at all	さっぱり	sappari + neg.	47
not at all	全然	zenzen + neg.	13
not easily	なかなか	nakanaka	29
not in the least	少しも	sukoshi mo + neg	15
not limited to	限らない	kagiranai	52
not so	あまり	amari + neg.	12
not so	あんまり	anmari + neg.	33
not suited	不向き	fumuki	47
not yet	まだまだ	madamada	26
notebook	ノート	nōto	1
nothing wrong with	別条はない	betsujō wa nai	32
notice	気がつく	ki ga tsuku	25
noticeably	めっきり	mekkiri	14
novel	小説	shōsetsu	11
now	今	ima	5
nuance	意味合い	imiai	42
number	番号	bangō	5
number	数	kazu	39
number	数字	sūji	48
number of rooms	部屋数	heyakazu	20

number one in the world	世界一	sekai ichi	33
nurse	看護婦	kangofu	33
object	目的語	mokutekigo	42
'object' [classifier]	個	ko	9
obstetrics & gynaecology	産婦人科	sanfujinka	34
obstruction	じゃま (邪魔)	jama	49
obvious	明らか	akiraka	42
occasion	折	ori	52
occurrence	目	me	34
ocean	海	umi	12
o'clock	時	ji	5
of course	もちろん	mochiron	6
office	事務室	jimushitsu	35
office	事務所	jimusho	22
office	研究室	kenkyūshitsu	44
often	よく	yoku	9
oh!	あ	a	26
oh!	ああ	ā	3
old	古い	furui	11
old friend	旧友	kyūyū	49
old people	老人	rōjin	37
old people's home	老人ホーム	rōjinhōmu	37
old person	年寄り	toshiyori	51
olive	オリーブ	orību	17
on duty, be	勤務 (する)	kinmu	48
on the contrary	かえって	kaette	50
on the verge of	～かける	-kakeru	38
on the way	途中	tochū	15
on top of	上	ue	6
once again	もう一度	mō ichido	24
one	一つ	hitotsu	18
one	一	ichi	4
one member	一員	ichi'in	52
one per cent	分	bu	48
one person	一人	hitori	9
one way or another	何かと	nanika to	49
one way or another	何とか	nan toka	26
oneself	自分	jibun	26
one's superior	目上	meue	51
only	だけ	dake	12

only	たった	tatta	50
open [intrans.]	開く	aku	25
open [trans.]	開ける	akeru	33
open	開く	hiraku	39
operate	手術 (する)	shujutsu	50
operator	交換手	kōkanshu	31
opinion	意見	iken	26
opportunity	機会	kikai	36
oppose	反対 (する)	hantai	36
or	それとも	soretomo	50
orange colour	だいだい色	daidaiiro	44
order	注文 (する)	chūmon	49
order	次第	shidai	50
ordinal marker	～番目	-banme	18
ordinary	平凡	heibon	27
ordinary	一般	ippan	49
ordinary	月並み	tsukinami	45
ordinary carriage	普通車	futsūsha	34
Orient	東洋	tōyō	25
other	他	hoka	36
outrageous	ショッキング	shokkingu	13
outrageous	とんでもない	tondemonai	37
outside	外	soto	28
over there	あっち	atchi	44
over there	そちら、あちら	sochira, achira	4
Oxford	オックスフォード	Okkusufōdo	9
p.m.	午後	gogo	5
pack tight	つめる	tsumeru	51
packed lunch	弁当	bentō	23
packing	荷造り	nizukuri	51
paediatric clinic	小児科	shōnika	34
page	ページ	pēji	18
pain killer	痛み止め	itamidome	33
painful	痛い	itai	22
painting	絵	e	2
pale	青白い	aojiroi	21
panda	パンダ	panda	30
parallel line	平行線	heikōsen	48
parcel	小包	kozutsumi	25
parent	親	oya	35

parents	両親	ryōshin	14
Paris	パリ	Pari	12
park	公園	kōen	13
park a car	駐車 (する)	chūsha	41
parking (lot)	駐車場	chūshajō	47
part	部分	bubun	22
part	別れる	wakareru	39
participate	参加 (する)	sanka	21
particle	助詞	joshi	42
particularly	別に	betsu ni	47
particularly	特に	toku ni	12
party	パーティー	pātī	29
pass [intrans.]	通る (とおる)	tōru	15
pass (judgement)	下す (判断を)	kudasu	45
pass (of time)	たつ (経つ)	tatsu	19
pass [trans.]	通す	tōsu	43
pass by	通りがかる	tōrigakaru	42
pass through	ぬける	nukeru	38
passive (voice)	受け身	ukemi	42
passport	パスポート	pasupōto	35
past	すぎ	sugi	5
patient	患者	kanja	34
pay	払う	harau	24
peace	平和	heiwa	13
peach	桃	momo	11
pebble	小石	koishi	12
peculiarity	くせ	kuse	29
pedestrian	歩行者	hokōsha	5
pen	ペン	pen	1
pencil	えんぴつ	enpitsu	1
people	人々	hitobito	8
people	人民	jinmin	30
people	人間	ningen	50
'people' [classifer]	人	nin	9
'per'	で	de	12
'per'	に	ni	9
per cent	パーセント	pāsento	48
perfect	申し分ない	mōshibun nai	22
perform music	演奏 (する)	ensō	31
perhaps	かもしれない	ka mo shirenai	24
period	時代	jidai	15

period	時期	jiki	30
period	節	setsu	52
period of time	ころ	koro	14
permit	許可 (する)	kyoka	47
persimmon	柿	kaki	25
persimmon, dried	干し柿	hoshigaki	52
person	人	hito	11
person	方	kata	2
person concerned	本人	honnin	37
person concerned	関係者	kankeisha	48
person responsible	責任者	sekininsha	30
pet [verb]	かわいがる	kawaigaru	32
Peter	ピーター	Pītā	6
petrol	ガソリン	gasorin	33
petrol station	ガソリン・スタンド	gasorin sutando	33
photograph	写真	shashin	12
physical condition	気分	kibun	46
physical training	体育	taiiku	40
physicist	物理学者	butsurigakusha	36
physics	物理学	butsurigaku	21
pianist	ピアニスト	pianisuto	31
piano	ピアノ	piano	9
Picasso	ピカソ	Pikaso	2
picking at one's food	つまみ食い	tsumamigui	43
pickle	つけもの	tsukemono	45
pick pocket [verb]	する	suru	35
pickpocket [noun]	すり	suri	35
picnic	ピクニック	pikunikku	9
pile [intrans.]	重なる	kasanaru	43
pile [trans.]	重ねる	kasaneru	43
pink	桃色	momoiro	11
pitch	アクセント	akusento	36
pitiful	かわいそう	kawaisō	52
place	場所	basho	18
place	ところ	tokoro	12
place of note	名所	meisho	19
place of work	勤務先	kinmusaki	35
plan	計画 (する)	keikaku	19
plan	予定 (する)	yotei	26
plan [noun]	案	an	48
plant [noun]	植物	shokubutsu	15

plant [verb]	植える	ueru	25
platform	ホーム	hōmu	35
platform no. –	～番線	-bansen	10
play	遊ぶ	asobu	23
play (piano)	ひく (ピアノを)	hiku	34
pleasant	楽しい	tanoshii	13
please	どうぞ	dōzo	3
please	お願いします	o-negai shimasu	3
please give	下さい	kudasai	10
pleased, be	嬉しい	ureshii	16
pleased, be	喜ぶ	yorokobu	23
pleasure	楽しみ	tanoshimi	31
pleasure	喜び	yorokobi	52
plenty	十分	jūbun	35
plum	梅	ume	38
pocket	ポケット	poketto	35
pocket calculator	電卓	dentaku	14
pocket notebook	手帳	techō	50
point	点	ten	30
point at issue	問題点	mondaiten	52
Poland	ポーランド	Pōrando	21
police	警察	keisatsu	46
police station	交番	kōban	35
policeman	巡査	junsa	35
policeman	警官	keikan	50
policeman	警察官	keisatsukan	50
policeman	お巡りさん	o-mawarisan	36
polish	みがく	migaku	44
polite	ていねい	teinei	13
polite and proper	礼儀正しい	reigi tadashii	22
politician	政治家	seijika	48
politics	政治	seiji	16
politics (study of)	政治学	seijigaku	21
pond	池	ike	42
poor	貧しい	mazushii	30
popularity	人気	ninki	40
population	人口	jinkō	46
pork	ぶた肉	butaniku	40
position	立場	tachiba	42
possibility	可能性	kanōsei	38
possible	可能	kanō	42

possibly	もしかしたら	moshikashitara	51
post code	郵便番号	yūbin bangō	52
post office	郵便局	yūbinkyoku	13
postcard	はがき	hagaki	31
postcard	絵はがき	ehagaki	12
potplant	植木	ueki	31
pound	ポンド	pondo	39
pour	流す	nagasu	43
power	力	chikara	50
power cut	停電 (する)	teiden	30
practice	実習 (する)	jisshū	37
practice, practise	けいこ (する)	keiko	40
practice, practise	練習 (する)	renshū	9
pray	祈る	inoru	52
precious	貴重	kichō	40
precious	大切	taisetsu	13
precise	正確	seikaku	20
precisely	きっかり	kikkari	17
prefecture	県	ken	22
premises	構内	kōnai	46
prepare	準備 (する)	junbi	18
prepare	用意 (する)	yōi	25
prepare lesson	予習 (する)	yoshū	21
present (time)	現在	genzai	30
present (gift)	プレゼント	purezento	15
pretend	ふり (をする)	furi (o suru)	38
pretty	きれい	kirei	13
pretty (cute)	かわいい	kawaii	32
previous engagement	先約	sen'yaku	31
price	値段	nedan	43
price of commodity	物価	bukka	33
primary school	小学校	shōgakkō	19
primary school pupil	小学生	shōgakusei	40
prime minister	首相	shushō	16
private	私的	shiteki	30
private conversation	ないしょ話	naishōbanashi	43
private life	私生活	shiseikatsu	50
probably	多分	tabun	35
problem	問題	mondai	30
product	製品	seihin	48
professor	教授	kyōju	4

progress	進歩 (する)	shinpo	49
project	プロジェクト	purojekuto	36
prolong	長引く	nagabiku	51
promise	約束 (する)	yakusoku	30
pronunciation	発音 (する)	hatsuon	9
proper	本格的	honkakuteki	39
properly	ちゃんと	chanto	17
properly	きちんと	kichinto	21
properly	まともに	matomo ni	43
propose	申し込む	mōshikomu	44
protect	保護 (する)	hogo	25
protect	守る	mamoru	30
proud of	得意	tokui	28
pub	パブ	pabu	16
public	公衆	kōshū	51
public holiday	祭日	saijitsu	27
puddle	水たまり	mizutamari	32
pull down	倒す	taosu	35
punctually	時間通り	jikandōri	22
pupil	生徒	seito	37
pure white	真っ白	masshiro	28
purple	むらさき (紫)	murasaki	11
purse	さいふ	saifu	19
push	おす(押す)	osu	35
put	おく (置く)	oku	30
put in	入れる	ireru	33
put into practice	実行 (する)	jikkō	46
put off till later	見合わす	miawasu	29
put on (socks, trousers)	はく (くつ、ズボン)	haku	29
put to bed	寝かす	nekasu	43
Pyramids	ピラミッド	Piramiddo	51
qualification	資格	shikaku	37
quality	質	shitsu	40
quantity	量	ryō	49
question	質問 (する)	shitsumon	9
quiet, be	だまる (黙る)	damaru	22
quiet	静か	shizuka	13
radio	ラジオ	rajio	1
rain	雨	ame	14

rainy season	梅雨	tsuyu	28
raise	上げる	ageru	28
range	わたる	wataru	43
rapid, express	快速	kaisoku	46
rapidly	どんどん	dondon	39
rare	めずらしい	mezurashii	15
rarely	めったに	metta ni + neg.	43
rate	率	ritsu	48
rather than that	それより	sore yori	34
ratio	率	ritsu	48
raw	生	nama	22
reach	届く	todoku	40
read	読む	yomu	7
read out	読み上げる	yomiageru	29
ready, get	支度 (する)	shitaku	28
ready (of tea)	入る (お茶が)	hairu	25
real	本格的	honkakuteki	39
real	本当	hontō	13
real	実際	jissai	43
real effort	ひと苦労	hitokurō	37
real thing	本物	honmono	38
really!	わあ	wā	38
rearrange	整理 (する)	seiri	52
reason	理由	riyū	37
reason	わけ	wake	47
reassuring	心強い	kokorozuyoi	34
recall	思い出す	omoidasu	18
recall	思い起こす	omoiokosu	52
receive	ちょうだい (する)	chōdai	49
receive	いただく	itadaku	12
receive	もらう	morau	21
receive	受ける	ukeru	32
receive	受け取る	uketoru	28
recently	このごろ	konogoro	13
recently	最近	saikin	15
reception	受付	uketsuke	34
record	レコード	rekōdo	15
red	赤	aka	11
red	赤い	akai	11
reflect	反省 (する)	hansei	45
refreshed	さっぱりする	sappari suru	19

refuse	断る	kotowaru	44
region	地方	chihō	35
register	届ける	todokeru	50
regress	退歩 (する)	taiho	49
regrettably	残念ながら	zannen nagara	26
reissue	再発行 (する)	saihakkō	35
relation	関係 (する)	kankei	35
relatively	割に	wari ni	13
relieved	安心 (する)	anshin	34
reluctantly	いやいやながら	iya'iya nagara	50
remain	残る	nokoru	24
remember	記憶 (する)	kioku	37
remember	覚える	oboeru	17
remember	思い出す	omoidasu	18
reminiscences	思い出話	omoidebanashi	19
remove	はずす	hazusu	31
remove, take away	とる (疲れを)	toru	51
rendezvous	待ち合わせ	machiawase	32
repair	修理 (する)	shūri	46
repaired, be	直る	naoru	46
repeat	繰り返す	kurikaesu	48
reply	返事	henji	21
report	報告書	hōkokusho	47
report	レポート	repōto	19
report	届け	todoke	35
request	依頼 (する)	irai	33
request	頼む	tanomu	35
research	研究 (する)	kenkyū	26
reserve	予約 (する)	yoyaku	24
reserve, keep in	とっておく	totte oku	30
reserved seat	指定席	shiteiseki	10
respect	尊敬 (する)	sonkei	35
respectively	それぞれ	sorezore	47
responsibility	責任	sekinin	44
rest	休む	yasumu	9
rest (remains)	残り	nokori	50
restaurant	レストラン	resutoran	8
restaurant	食堂	shokudō	8
result	結果	kekka	33
retreat	退歩 (する)	taiho	49
return [intrans.]	帰る	kaeru	7

return [trans.]	返す	kaesu	18
return	もどる	modoru	16
return home	帰る	kaeru	7
return (to one's homeland)	帰国 (する)	kikoku	51
revise (lesson)	復習 (する)	fukushū	21
rice	米	kome	25
rice, cooked	ごはん	gohan	33
rice ball	おにぎり	o-nigiri	15
rich person	金持ち	kanemochi	38
right	右	migi	6
right	正しい	tadashii	45
right and left	左右	sayū	47
right now	ただ今	tadaima	31
ring (bell, telephone)	なる	naru	24
ring someone	かける (電話を)	kakeru	19
risk one's life	かける (命を)	kakeru	44
river	川	kawa	1
River Nile	ナイル川	Nairugawa	40
road	道路	dōro	25
road, path	道	michi	15
rock	岩	iwa	12
role	役割	yakuwari	27
Rome	ローマ	Rōma	19
room	部屋	heya	7
room	余地	yochi	44
rose	ばら	bara	12
round	丸い	marui	44
route	ルート	rūto	15
rumour	うわさ	uwasa	27
run	走る	hashiru	19
run away	逃げる	nigeru	51
rush (hour)	ラッシュ	rasshu	46
Russia	ロシア	Roshia	39
Russian language	ロシア語	roshiago	49
sad	悲しい	kanashii	20
sadden	悲しむ	kanashimu	37
safe	安全	anzen	36
sake (alcoholic drink)	酒	sake	11
salary	給料	kyūryō	45

sales counter	売り場	uriba	41
salesman	セールスマン	sērusuman	37
same	同じ	onaji	14
sandwich	サンドイッチ	sandoitchi	7
Sarah	セーラ	Sēra	41
satisfied (with)	満足 (する)	manzoku	52
Saturday	土曜日	doyōbi	8
Saudi Arabia	サウジアラビア	Sauji Arabia	26
save [trans.]	ためる	tameru	19
save	助ける	tasukeru	42
saved, be	助かる	tasukaru	42
say	言う	iu	7
say	申し上げる	mōshiageru	49
say	申す	mōsu	31
say	おっしゃる	ossharu	34
say what you will	何と言っても	nan to itte mo	43
scared, be	こわい	kowai	32
scatter [intrans.]	散る	chiru	28
scatter [trans.]	散らす	chirasu	43
schedule	日程	nittei	27
scholar	学者	gakusha	21
school	学校	gakkō	2
school children	児童	jidō	50
school playground	校庭	kōtei	22
science	科学	kagaku	26
scientist	科学者	kagakusha	26
scold	しかる	shikaru	36
score	点	ten	47
Scotch whisky	スコッチ	sukotchi	43
Scotland	スコットランド	Sukottorando	40
scroll	かけじく	kakejiku	43
sea	海	umi	12
sea mail	船便	funabin	40
season	季節	kisetsu	12
season	節	setsu	52
season	陽気	yōki	52
seat	席	seki	31
seat	座席	zaseki	52
Second World War	第二次大戦	dainiji taisen	50
section	課	ka	31
section	科	ka	34

section chief	課長	kachō	17
see	見る	miru	7
see off	見送る	miokuru	29
seem	〜そう	-sō	32
seem	〜よう	-yō	32
self	自身	jishin	43
selfish	勝手	katte	37
sell [intrans.]	売れる	ureru	41
sell [trans.]	売る	uru	20
send	送る	okuru	33
send	届ける	todokeru	50
send back	帰す	kaesu	42
send out	出す	dasu	14
senior high school	高校	kōkō	37
senior high school pupil	高校生	kōkōsei	9
sentence	文	bun	42
sentence	文章	bunshō	29
separate	別れる	wakareru	39
separately	別に	betsu ni	47
serious	真面目	majime	44
serious	深刻	shinkoku	44
set aside	とっておく	totte oku	30
settle down	落ち着く	ochitsuku	20
seven	七	nana	4
seven	七つ	nanatsu	18
seven	七	shichi	4
severe	きつい	kitsui	30
shame	恥	haji	48
shameful	恥ずかしい	hazukashii	43
shape	形	katachi	42
she	彼女	kanojo	19
Sheffield	シェフィールド	Shefīrudo	16
shelf	たな	tana	35
shirt	シャツ	shatsu	11
shocking	ショッキング	shokkingu	13
shoes	くつ	kutsu	11
shop	店	mise	20
shop assistant	店員	ten'in	12
shopping	買物 (する)	kaimono	9
short	短い	mijikai	11
short break	一休み	hitoyasumi	18

short-tempered	気が短い	ki ga mijikai	41
short-wave	短波	tanpa	41
should	べき	beki	48
shoulder	肩	kata	52
shout	どなる	donaru	22
show	ごらんにいれる	goran ni ireru	49
show	見せる	miseru	28
show	お目にかける	o-me ni kakeru	49
show	お見せする	o-mise suru	49
shrine	神社	jinja	12
shun	仲間はずれ	nakamahazure	36
shut [intrans.]	閉まる	shimaru	42
shut [trans.]	閉める	shimeru	39
shy	恥ずかしい	hazukashii	43
sick person	病人	byōnin	32
sickroom	病室	byōshitsu	34
side	がわ (側)	gawa	6
side	より (寄り)	yori	46
simple	簡単	kantan	20
sincerely	誠に	makoto ni	31
sing	歌う	utau	19
sing (as of bird)	鳴く	naku	28
sit down	座わる	suwaru	21
situation	場合	baai	29
situation	状況	jōkyō	42
six	六つ	muttsu	18
six	六	roku	4
size	サイズ	saizu	41
ski	スキー	sukī	13
sky	空	sora	11
sleep [noun]	睡眠	suimin	51
sleep [verb]	眠る	nemuru	30
sleepy	眠い	nemui	29
slowly	ゆっくり (する)	yukkuri	30
small	小さい	chiisai	11
small size	小型	kogata	50
smacks of	くさい	kusai	51
smell [noun]	におい	nioi	36
smell [verb]	かぐ	kagu	14
smile	笑う	warau	22
smoke	すう (タバコを)	suu	18

smooth	スムーズ	sumūzu	48
snack	つまみ	tsumami	25
snatch	ひったくる	hittakuru	35
snatcher	ひったくり	hittakuri	35
snow	雪	yuki	16
snowman	雪だるま	yukidaruma	37
so so	まあまあ	māmā	13
soaked (in rain)	びしょぬれ	bishonure	36
society	社会	shakai	27
socks	くつ下	kutsushita	12
sold out	売り切れ	urikire	30
solve	解決 (する)	kaiketsu	46
somehow	どうも	dōmo	42
somehow	何だか	nandaka	42
something like	でも	demo	25
sometimes	時々	tokidoki	8
son	息子	musuko	4
song	歌	uta	9
soon	近々	chikajika	45
soon	もうすぐ	mō sugu	17
soon	すぐ (に)	sugu (ni)	25
sorry	ごめん (御免)	gomen	38
sorry	申し訳ございません	mōshiwake gozaimasen	31
sorry, I'm	ごめんなさい	gomen nasai	38
sorry to have kept you	お待ちどうさま	o-machidō sama	18
sound	音	oto	22
south	南	minami	26
South America	南アメリカ	Minami Amerika	26
south side	南側	minamigawa	42
South Wing	南ウィング	Minami Wingu	50
spare time	ひま	hima	13
speak	話す	hanasu	7
speaker	話し手	hanashite	42
special	特別	tokubetsu	31
special express	特急	tokkyū	10
special express ticket	特急券	tokkyūken	10
speciality	専門	senmon	44
specially	せっかく	sekkaku	38
speech	言論	genron	36
speech	話	hanashi	13
spend	過ごす	sugosu	14

spirit	精神	seishin	30
spiteful	意地悪 (する)	ijiwaru	36
splendid	見事	migoto	23
splendid	立派	rippa	13
splendid	すばらしい	subarashii	15
sport	運動 (する)	undō	9
sports	スポーツ	supōtsu	40
spring	春	haru	12
staff	社員	shain	37
stamp	切手	kitte	10
stand up	立つ	tatsu	21
standard language	標準語	hyōjungo	48
star	星	hoshi	15
start [intrans.]	始まる	hajimaru	17
start [trans.]	始める	hajimeru	18
start…	かかる	kakaru	51
start something	手をつける	te o tsukeru	51
statement	言い分	iibun	45
station	駅	eki	5
station attendant	駅員	eki'in	10
stay	滞在 (する)	taizai	26
stay overnight	泊まる	tomaru	14
steal	ぬすむ	nusumu	19
steep	けわしい	kewashii	20
stick	棒	bō	42
still	まだ	mada	9
stop	中止 (する)	chūshi	21
stop [intrans.]	止まる	tomaru	15
stop (raining etc.)	やむ	yamu	14
stop [trans.]	止める	tomeru	42
story	話	hanashi	13
story	物語	monogatari	22
strange	変	hen	13
strange	変わった	kawatta	41
strange	妙	myō	46
strange	おかしい	okashii	28
stranger	他人	ta'nin	27
strict	厳しい	kibishii	50
strike	スト	suto	44
strong	強い	tsuyoi	36
stronger, become	強まる	tsuyomaru	50

stubborn	がんこ	ganko	37
student	学生	gakusei	3
study [verb]	勉強 (する)	benkyō	9
study (office)	研究室	kenkyūshitsu	44
study abroad	留学 (する)	ryūgaku	37
subject (for study)	学科	gakka	47
subject (grammatical)	主語	shugo	42
subordinate	部下	buka	37
substitute	代わり	kawari	25
suburb	郊外	kōgai	14
succeed	成功 (する)	seikō	33
sudden	急	kyū	15
suddenly	ふと	futo	28
suddenly	いきなり	ikinari	47
sufficient, be	足りる	tariru	38
suicide	自殺 (する)	jisatsu	49
suited for	向き	muki	47
summer	夏	natsu	12
summer holiday	夏休み	natsuyasumi	14
summit	頂上	chōjō	15
sun	日	hi	42
Sunday	日曜日	nichiyōbi	8
suntan	日焼け	hiyake	32
superior	すぐれた	sugureta	41
supper	夕食	yūshoku	8
supporter	味方	mikata	47
surely	きっと	kitto	24
surgical clinic	外科	geka	34
surprising	とんだ	tonda	49
surroundings	まわり (周り)	mawari	28
Susan	スーザン	Sūzan	52
sushi restaurant	すし屋	sushiya	16
Sweden	スウェーデン	Suwēden	18
sweep	そうじ (する)	sōji	26
sweet	あまい	amai	20
sweet potato	さつまいも	satsumaimo	25
swim	泳ぐ	oyogu	14
swimming pool	プール	pūru	37
swing	ふる	furu	28
Swiss (person)	スイス人	Suisujin	6
Switzerland	スイス	Suisu	7

sympathy	同情心	dōjōshin	36
system	制度	seido	36
table	テーブル	tēburu	6
tail	しっぽ	shippo	28
take	とる (取る)	toru	30
take (of time) [trans.]	かかる	kakaru	7
take (of time) [intrans.]	かける	kakeru	45
take (responsibility)	とる (責任を)	toru	44
take a photograph	とる (撮る)	toru	30
take along with	連れる	tsureru	19
'take care'	行っていらっしゃい	itte irasshai	31
'take care'	お大事に	o-daiji ni	33
take care of oneself	自愛	jiai	52
take great care	大事にする	daiji ni suru	52
take off clothes	ぬぐ	nugu	19
take on	引き受ける	hikiukeru	29
take over	引き取る	hikitoru	29
tale	物語	monogatari	22
Tale of Genji	源氏物語	Genji monogatari	36
talent	才能	sainō	50
talk [noun]	話	hanashi	13
talk [verb]	話す	hanasu	7
tangerine orange	みかん	mikan	8
tape recorder	テープレコーダー	tepurekōdā	15
target	的	mato	43
taste	味	aji	25
tasty	うまい	umai	33
taxi	タクシー	takushī	11
tea	茶 (お茶)	cha (o-cha)	8
teach	教える	oshieru	17
teacher	教員	kyōin	37
teacher	先生	sensei	2
telephone	電話	denwa	5
telephone card	テレフォン・カード	terefon kādo	51
television	テレビ	terebi	1
tell (a lie)	つく (うそを)	tsuku	36
temperature	気温	kion	23
temperature (fever)	熱	netsu	28
temple	寺	tera	12
temporary work	アルバイト	arubaito	19

ten thousand	万	man	4
ten	十	jū	4
ten	十	tō	18
ten per cent	割	wari	48
tend to	がち	gachi	51
tennis	テニス	tenisu	8
terrible	ひどい	hidoi	24
terrible	たいへん (大変)	taihen	12
territory	国土	kokudo	35
test	テスト	tesuto	40
text	テキスト	tekisuto	37
Thai (language)	タイ語	Taigo	26
Thai (person)	タイ人	Taijin	6
than	より	yori	34
thank you	ありがとうございます	arigatō gozaimasu	5
thank you	どうも	dōmo	5
thank you	すいません	suimasen	5
thanks to	おかげで	o-kage de	36
thanks to (you)	おかげさまで	o-kagesama de	17
that	その	sono	2
that kind of	ああいう	ā iu	51
that kind of	あんな	anna	11
that kind of	そんな	sonna	11
that over there	あの	ano	2
that place	そこ	soko	5
that place over there	あそこ	asoko	5
that thing	それ	sore	1
that thing over there	あれ	are	1
that way	あっち	atchi	44
the East	東洋	tōyō	25
'the one'	の	no	11
the other day	この間	kono aida	19
the other day	この前	kono mae	24
the other day	先日	senjitsu	27
the other party	相手	aite	31
the other side of	向こう	mukō	6
The Times	タイムス	taimusu	16
the West	西洋	seiyō	25
therefore	だから	dakara	51
thin	うすい	usui	11
thing	物	mono	12

thing left behind	忘れ物	wasuremono	50
think	考える	kangaeru	18
think	思う	omou	27
think	存じる	zonjiru	45
this	この	kono	2
this evening	今晩	konban	27
this month	今月	kongetsu	14
this morning	今朝	kesa	18
this place	ここ	koko	5
this side	手前	temae	38
this thing	これ	kore	1
this time	今度	kondo	18
this time	今回	konkai	34
this type of	こういう	kō iu	33
this way	こちら	kochira	3
this week	今週	konshū	14
this year	今年	kotoshi	12
thought	考え	kangae	17
thousand	千	sen	4
three	三つ	mittsu	18
three	三	san	4
thriving	さかん	sakan	48
throat	のど	nodo	15
throb	ズキズキする	zukizuki suru	33
throw away	捨てる	suteru	50
Thursday	木曜日	mokuyōbi	8
ticket	券	ken	31
ticket	きっぷ	kippu	10
ticket barrier	改札口	kaisatsuguchi	33
tidying up	片付け	katazuke	20
tight	きつい	kitsui	30
till	まで	made	5
time	時間	jikan	13
time	時	toki	18
time, be in	間に合う	ma ni au	21
'times' [classifier]	回	kai	9
'times' [classifier]	度	do	9
timewise	時間的	jikanteki	30
tired, get	疲れる	tsukareru	15
to	へ	e	5
toast	トースト	tōsuto	7

tobacco	タバコ	tabako	18
today	今日	konnichi	14
today	今日	kyō	6
toddle	ヨチヨチ歩き	yochiyochi aruki	37
together	いっしょに	issho ni	9
together with	共に	tomo ni	52
Tōkyō University	東大	Tōdai	46
tomorrow	あした	ashita	10
tomorrow	明日	myōnichi	14
tool	道具	dōgu	15
tooth	歯	ha	44
touch	ふれる	fureru	47
touch of cold	かぜ気味	kazegimi	43
tourist	観光客	kankōkyaku	24
towards	へ	e	5
town	町	machi	11
trace	たどる	tadoru	48
track	散歩道	sanpomichi	38
trade	貿易	bōeki	16
traffic accident	交通事故	kōtsū jiko	32
traffic light	信号	shingō	36
train	汽車	kisha	39
train	列車	ressha	32
train ticket	乗車券	jōshaken	10
transistor radio	トランジスター・ラジオ	toranjisutā rajio	34
transitive verb	他動詞	tadōshi	42
translate	訳す	yakusu	29
translation	ほん訳 (する)	hon'yaku	38
transmit	伝える	tsutaeru	23
transmitted, be	伝わる	tsutawaru	42
traveller	旅行者	ryokōsha	41
traveller's cheques	トラベラーズ・チェック	toraberāzu chekku	23
tree	木	ki	1
trifling	下らない	kudaranai	43
trifling	つまらない	tsumaranai	51
trip	旅行 (する)	ryokō	9
trip	旅	tabi	32
trouble	迷惑	meiwaku	45
trouble	面倒	mendō	50

trouble, be in	困る	komaru	33
troublesome	困った	komatta	41
trousers	ズボン	zubon	35
truck	トラック	torakku	32
true	本当	hontō	13
try hard	頑張る	ganbaru	48
try hard to	心がける	kokorogakeru	49
Tuesday	火曜日	kayōbi	8
tummy	おなか	o-naka	15
tune	調子	chōshi	52
tunnel	トンネル	tonneru	15
turn (as of leaves)	紅葉 (する)	kōyō	23
turn towards [trans.]	向ける	mukeru	45
twenty years old	二十 (歳)	hatachi	9
two	二つ	futatsu	18
two	二	ni	4
two people	二人	futari	9
type	タイプ (する)	taipu	33
type (hit keys)	うつ	utsu	33
typhoon	台風	taifū	24
umbrella	かさ	kasa	1
uncle	おじ	oji	19
under	下	shita	6
under examination	検査中	kensachū	34
underground	地下鉄	chikatetsu	13
understand	納得 (する)	nattoku	38
understand	理解 (する)	rikai	23
understand	分かる	wakaru	16
undertake	引き受ける	hikiukeru	29
unexpectedly	案外	angai	26
unfortunately	あいにく	ainiku	49
uniform	制服	seifuku	11
unify	統一 (する)	tōitsu	42
unintentionally	つい	tsui	51
uninteresting	つまらない	tsumaranai	51
union	組合	kumiai	47
United Kingdom	イギリス	Igirisu	2
United Nations	国連	kokuren	52
university	大学	daigaku	3
university student	大学生	daigakusei	9

English	日本語	Rōmaji	No.
unkind	不親切	fushinsetsu	36
unload	つみおろす	tsumiorosu	29
unpleasant	不愉快	fuyukai	36
unpleasant	いや	iya	13
until	まで	made	5
unusual	変わった	kawatta	41
up to	まで	made	7
urge	迫る	semaru	48
use	利用 (する)	riyō	25
use	使う	tsukau	7
useful, be	役に立つ	yaku ni tatsu	41
usually	たいてい	taitei	8
vague	いいかげん	iikagen	46
value	価値	kachi	49
various	いろいろ	iroiro	24
various colours	色とりどり	irotoridori	52
vegetable	野菜	yasai	8
vegetarian food	精進料理	shōjin ryōri	38
verb	動詞	dōshi	42
very	たいへん (大変)	taihen	12
very	とても	totemo	11
very	余程	yohodo	31
very fond of	大好き	daisuki	13
very pleased	大喜び	ōyorokobi	52
via	経由	keiyū	50
via North Pole	北回り	kitamawari	50
vice	くせ	kuse	29
vice-president	副社長	fukushachō	45
vicinity	あたり	atari	15
Vietnam	ベトナム	Betonamu	24
view	ながめ	nagame	28
vigorous	活発	kappatsu	48
vigour	活気	kakki	45
village	村	mura	13
violin	ヴァイオリン	vaiorin	13
visa	ビザ	biza	30
visible	見える	mieru	28
visit	訪ねる	tazuneru	38
visit	伺う	ukagau	45
visit a sick person	見舞い	mimai	32

vivid	あざやか	azayaka	15
voice	声	koe	18
wag	ふる	furu	28
waist	腰	koshi	52
wait	待つ	matsu	7
waitress	ウェイトレス	weitoresu	18
wake up [intrans.]	覚める (目が)	sameru	50
wake up [trans.]	起こす	okosu	30
Wales	ウェールズ	Wēruzu	40
walk	歩く	aruku	7
walk	散歩 (する)	sanpo	9
walk around	歩き回る	arukimawaru	23
walking route	散歩道	sanpomichi	38
wander around	遊び歩く	asobiaruku	38
war	戦争 (する)	sensō	25
ward	区	ku	22
warm	あたたかい	atatakai	13
warm up	あたためる	atatameru	40
warrior	武士	bushi	22
wash	洗う	arau	19
wash (clothes)	せんたく (する)	sentaku	26
washing up	洗いもの	araimono	25
watch	時計	tokei	6
water	水	mizu	7
way of bringing up	育て方	sodatekata	33
way of doing something	仕方	shikata	50
way of reading	読み方	yomikata	18
way of speaking	話し方	hanashikata	20
way of thinking	考え方	kangaekata	27
way of using	使い方	tsukaikata	42
we	私共	watakushi-domo	45
we	私達	watakushi-tachi	2
weak	弱い	yowai	28
wear	着る	kiru	17
wear	召す	mesu	49
wear	お召しになる	o-meshi ni naru	49
weather	天気	tenki	13
wedding	結婚式	kekkonshiki	41
Wednesday	水曜日	suiyōbi	8
weekend	週末	shūmatsu	16

'weeks'	週間	shūkan	9
welcome!	いらっしゃいませ	irasshaimase	41
welcome	歓迎 (する)	kangei	52
welcome	迎える	mukaeru	39
welcome home!	お帰りなさい	o-kaeri nasai	40
well	ふーん	fūn	41
well	まあ	mā	37
well	さあ	sā	16
well	うーん	ūn	12
well now	ええと	ēto	5
well now	さ、さあ	sa, sā	26
well, well	それはそれは	sore wa sore wa	45
west	西	nishi	28
Western clothes	洋服	yōfuku	16
wet, get	ぬれる	nureru	19
what!	えっ	e!	44
what?	何	nan, nani	1
what kind?	どんな	donna	11
what time?	何時	nanji	5
whatever	何かにつけて	nanika ni tsukete	52
when	いつ	itsu	10
when	時	toki	24
where?	どちら	dochira	3
where?	どこ	doko	5
which	どの	dono	4
which colour?	何色	naniiro	11
which day of the month?	何日	nannichi	10
which line?	何線	nanisen	35
which month?	何月	nangatsu	10
which nationality?	何人	nanijin	11
which section?	何科	nanika	34
which year?	何年	nannen	14
while	間	aida	19
while	ながら	nagara	23
while	うちに	uchi ni	46
while the iron is hot	今のうち (に)	ima no uchi	46
whisky	ウィスキー	wisukī	43
white	白	shiro	11
white	白い	shiroi	11
who?	だれ	dare	2
who?	どなた	donata	2

whole	全体に	zentai ni	32
why?	どうして	dō shite	22
why?	なぜ	naze	22
wide	広い	hiroi	12
widen	広げる	hirogeru	49
wife	おくさん (奥さん)	okusan	4
wife, my	家内	ka'nai	33
will	意志	ishi	43
win	勝つ	katsu	39
wind	風	kaze	16
wind and rain	風雨	fūu	50
wind up	切り上げる	kiriageru	29
window	まど (窓)	mado	28
windscreen wiper	ワイパー	waipā	36
wine	ワイン	wain	40
winter	冬	fuyu	12
wish	願いごと	negaigoto	43
with	で	de	7
with	と	to	9
within	以内	inai	44
within two or three days	二、三日中	ni-sannichichū	33
without ceremony	遠慮なく	enryo naku	34
without fail	必ず	kanarazu	28
woman	婦人	fujin	19
woman	女	onna	2
wood	林	hayashi	8
word	言葉	kotoba	13
word	単語	tango	44
word processor	ワープロ	wāpuro	13
work [noun]	働き	hataraki	43
work	働く	hataraku	9
work	仕事 (する)	shigoto	9
work, cause to	働かす	hatarakasu	48
world	世界	sekai	26
worried about, be	気になる	ki ni naru	34
worry	心配 (する)	shinpai	32
write	書く	kaku	7
write down	書き取る	kakitoru	29
writer	作家	sakka	13
writing	文	bun	42
writing	文章	bunshō	29

English	Japanese	Romaji	No.
writing brush	ふで (筆)	fude	1
wrong, be	ちがう	chigau	16
yawn	あくび	akubi	29
year	年	nen	14
'years' [classifier]	年、年間	nen, nenkan	9
'years old' [classifier]	歳	sai	3
yellow	黄色 (い)	kiiro(i)	11
yen	円	en	9
yes	ええ	ē	1
yes	はい	hai	1
yesterday	きのう	kinō	14
yesterday	昨日	sakujitsu	14
York	ヨーク	Yōku	5
you	あなた	anata	2
you	君	kimi	17
young	若い	wakai	20
younger brother	弟	otōto	2
younger sister	妹	imōto	2
youth	青年	seinen	22
youth hostel	ユースホステル	yūsu hosuteru	14
zero	零	rei	4

Printed in Great Britain by
Amazon.co.uk, Ltd.,
Marston Gate.